証券市場論

二上季代司・代田 純 編

有斐閣ブックス

はしがき

　本書は，大学生や一般社会人向けに執筆された証券市場論のテキストである。
　近年，証券市場論のテキストは，新古典派経済学をベースに「Finance」論や「Investment」論に依拠して，発行会社や投資家等の財務的行動に焦点を当てたものが主流になっている。こうした傾向は，最近の金融的諸現象を射程距離に収めることに成功した反面，「証券」のもつ独自の意義に関する認識を希薄にしたように思われる。
　本書では「証券」そのものに焦点を当て，「市場」で取引されることの意義や諸現象ならびに市場の仕組みについて論述している。つまり言葉の本来の意味での「証券市場」の記述を目標にしている。
　証券市場論は古くて新しい学問である。戦前の証券市場論は，商業学の一分科である「取引所論」として商品と証券の両方の取引所を含めて体系づけられていた。日本経済を主導した財閥系企業の資金調達が基本的に財閥内自己金融によって充足されていたため，公開された証券市場は企業の資金調達機能よりも価格変動や投機取引といった商品売買との共通面だけが利用されていたからである。
　しかし，戦後の財閥解体とその後の経済成長は証券市場のあり方を劇的に変えた。主要企業の株式は財閥解体により大衆に公開され，復興資金やその後の成長資金は，活発な増資や起債を通じて広く大衆資金に求められるようになった。この結果，証券市場は企業の資金調達や金融市場との広い関わりの中でとらえられ，経営財務論，金融論，取引所論（商業学）と関連させたテキストが生まれるようになった。その代表作の1つが川合一郎・一泉知永編『証券市場論』（有斐閣双書，初版1966年，改訂版1972年）である。
　ところが，1970年代後半以降，日本経済の成長は鈍化傾向を強め，これにつれて証券市場のあり方も変質していった。企業の設備投資は自己金融の範囲内に収まるようになり，他面，財政支出のウエイトは高まって国債発行は増加の一途をたどった。証券市場には国債を含め大量の金融資産が滞留し，資金は証券発行（フロー）よりも既存金融資産（ストック）の売却・流動化によって流れる割合が高まった。これと並行して投資の機関化が進展し，機関投資家の資

産選択行動が資金の流れに支配的な影響を与えるようになった。

　この結果，証券市場は金融市場と一体となって，機関投資家の資産選択行動を通して資源が効率的に配分される場とみなされるようになっている。証券市場は，資金調達機能よりもむしろ，資金配分機能ならびに配分のシグナルとなる価格の発見機能が重視されるようになる。

　こうして，最近の証券市場論では，投資家の資産選択行動，効率的市場，資本資産価格モデル（CAPM），株主利益に沿った財務政策やそれを経営者に規律づけるガバナンス等が，トピックスとして取り上げられるようになった。このように近年の証券市場論のテキストは，証券市場の変化の実相をよくとらえているが，「証券とは何か」といった原理的な論点までさかのぼって取り上げることは少なくなった。金融資産の厚い雲に覆われて，その上から証券市場を俯瞰(ふかん)しているため，貨幣と金融資産，金融資産と実物資産の区別は，流動性の程度の違いとしかとらえていないようにさえ思われる。

　そこで，本書は前掲の川合一郎・一泉知永編『証券市場論』を出発点とすることとし，序章に見られるように「証券とは何か」といった原理的な論点から始める構成をとった。もちろん，この間の証券市場の変化も念頭に置きながら，近年の証券市場論からも多くを摂取したつもりである。

　各章の分担は，二上（序章・3章・6章），代田（4章1～3節・5章1～3節・9章），松尾（1章・8章），伊豆（2章・7章），須藤（4章4節・10章），勝田（5章4節）である。執筆者のうち，二上，代田，松尾，伊豆は（公益法人）日本証券経済研究所大阪研究所に在籍していた元同僚である。また須藤は同研究所（東京）に在籍中である。今回，再び共通の目標に向かって共同執筆できたことは望外の喜びである。

　執筆にあたっては，同研究所のご好意により会議室をお借りして数回の研究会をもった。この研究会を通じてできるかぎり意見の集約を試みたつもりであるが，執筆者各位の見解を細部まで統一させることはしていない。大方の読者諸賢のご叱正，ご批判を仰ぎたいと思う。

　なお，本書の完成にあたっては有斐閣の秋山講二郎氏に多大のお世話になった。記して謝意を表したい。

2010年12月

二 上 季 代 司

目　次

は し が き

序　章　有価証券とは何か──────────────────────── i
　　　　──本書の対象と構成──

第１章　株式会社──────────────────────── 11
　1　会社の定義と種類 …………………………………………… 11
　2　株式会社の歴史と特徴 ……………………………………… 17
　3　株式会社における株主の権利・特性 ……………………… 23
　4　株式会社の抱える問題 ……………………………………… 32
　　●コラム①：さまざまな企業形態（13）
　　●コラム②：合同会社と有限責任事業組合（14）
　　●コラム③：基準日と権利付き・権利落ち（25）
　　●コラム④：総会屋と利益供与（27）
　　●コラム⑤：倒産と企業再生（30）

第２章　証券の流通──────────────────────── 41
　1　資金の満期変換とその方法 ………………………………… 41
　2　有価証券とは何か …………………………………………… 43
　3　権利と証券の結合と分離 …………………………………… 45
　4　株券の電子化 ………………………………………………… 49
　5　証券取引所の役割と特徴 …………………………………… 52
　6　証券取引所の変貌 …………………………………………… 57
　　●コラム⑥：有価証券という概念（50）
　　●コラム⑦：PTSの出現（59）

第３章　証券価格の形成──────────────────────── 63
　1　株式の権利と株価 …………………………………………… 63
　2　利潤証券（収益価値）……………………………………… 64

3 財産証券（資産価値）………………………………………… 73
　4 支配証券（のれん価値）………………………………………… 76
　5 株価の変動要因 ………………………………………………… 79
　6 効率的市場仮説と CAPM ……………………………………… 82
　7 アメリカの株価，日本の株価 ………………………………… 86
　　● コラム⑧：日本の株価成長（71）
　　● コラム⑨：元祖「トービンの q」（76）
　　● コラム⑩：CAPM による割引率の計測（83）

第4章　証券発行市場 ——————————————— 91
　1 企業金融と証券発行 …………………………………………… 91
　2 社債とエクイティ・ファイナンス …………………………… 99
　3 アセット・ファイナンスと証券化 ………………………… 104
　4 国債制度 ……………………………………………………… 106
　　● コラム⑪：MM 理論（100）

第5章　証券流通市場 ——————————————— 117
　1 株式の取引所市場と店頭市場 ………………………………… 117
　2 株式流通市場と投資家 ……………………………………… 125
　3 株式分析 ……………………………………………………… 129
　4 債券流通市場 ………………………………………………… 134
　　● コラム⑫：マーケット・マイクロストラクチャー論とは何か（122）
　　● コラム⑬：ダウ式修正株価（132）

第6章　証券業と証券会社 ————————————— 145
　1 証券業務とその機能 ………………………………………… 145
　2 証券業者——証券業務の担い手 …………………………… 155
　3 日本の証券会社 ……………………………………………… 159
　4 証券会社の収支・財務 ……………………………………… 163
　　● コラム⑭：情報の非対称性と情報生産機能（151）
　　● コラム⑮：グラス・スティーガル法とその修正・撤廃（159）
　　● コラム⑯：自己資本規制比率（166）

第7章　金融資産の累積と機関投資家────171
1　金融資産の累積とその背景 …………………………………… 171
2　機関投資家の成長 ……………………………………………… 178
3　機関化の影響 …………………………………………………… 193
● コラム⑰：プルーデントマン・ルール（Prudent man Rule）（184）
● コラム⑱：生命保険会社の三利源とインカム配当原則（187）

第8章　株式所有構造の変化と企業買収────199
1　株式市場と所有構造 …………………………………………… 199
2　財閥解体と持合いの発端 ……………………………………… 201
3　持合いの目的 …………………………………………………… 207
4　持合いの影響 …………………………………………………… 210
5　持合い関係の解消 ……………………………………………… 213
6　持合い関係低下による変化 …………………………………… 216
7　ライブドアによるニッポン放送買収 ………………………… 219
8　敵対的買収防衛策 ……………………………………………… 223
● コラム⑲：戦前の財閥（202）
● コラム⑳：株式公開買付（TOB）（218）
● コラム㉑：大量保有報告制度（220）

第9章　デリバティブ────231
1　先　　物 ………………………………………………………… 231
2　オプション ……………………………………………………… 237
3　スワップ ………………………………………………………… 244
4　サブプライム問題と金融危機 ………………………………… 247

第10章　証券行政と証券政策────253
1　証券行政の体系と自主規制機関 ……………………………… 253
2　証券政策とは …………………………………………………… 256
3　証券政策の展開1 ……………………………………………… 259
4　証券政策の展開2 ……………………………………………… 265
5　証券法制の概要 ………………………………………………… 270

6 証券税制 …………………………………………………… 276
  ●コラム㉒：ブローカーとジョバーの分離 (264)
  ●コラム㉓：金融（銀行）規制と証券規制 (277)

索　引……………………………………………………………… 281

■ **執筆者紹介**（執筆順）

二上 季代司（滋賀大学名誉教授, 日本証券経済研究所主席研究員）　　［序章・第3・6章］
松尾 順介（桃山学院大学経営学部教授）　　［第1・8章］
伊豆 久（福岡大学商学部教授）　　［第2・7章］
代田 純（駒澤大学経済学部教授）　　［第4章1〜3節・第5章1〜3節・第9章］
須藤 時仁（獨協大学経済学部教授）　　［第4章4節・第10章］
勝田 佳裕（静岡英和学院大学人間社会学部准教授）　　［第5章4節］

本書のコピー，スキャン，デジタル化等の無断複製は著作権法上での例外を除き禁じられています。本書を代行業者等の第三者に依頼してスキャンやデジタル化することは，たとえ個人や家庭内での利用でも著作権法違反です。

序章　有価証券とは何か
―― 本書の対象と構成 ――

▶証券市場の取引対象

　証券市場論の対象はいうまでもなく「有価証券」である。
　では「有価証券」とは何であろうか。民法，商法などの一般私法でいう有価証券とは，「財産的価値ある私権を表章する証券であって，その権利の移転および行使に，証券の移転および占有を必要とするものをいう」と定義される。
　ところで，証券市場の取引対象は，この定義に該当するものがすべて含まれるわけではない。たとえば，定期預金証書，債務証書，手形・小切手，銀行券，倉庫証券，船荷証券などは，何らかの財産的価値を表章しているが，証券市場の取引対象にはなっていない。
　その理由は，第1に証券市場における有価証券とは「流通する証券」だということである。定期預金証書はそのままでは譲渡できないし，債務証書は譲渡しようと思えばかなり複雑な手続きが必要である。譲渡できない，譲渡しにくいものは「市場」取引の対象とはなりえない。逆に，譲渡性が付与されれば，預金証書も取引対象となる（譲渡性預金，CD）。さらに近年では，不動産や融資債権の賃料・利子収入を裏づけとする「証券化商品」のように，「証券化」技法による譲渡性の付与が可能になっている。有価証券の範囲は固定しているわけではない。むしろ拡大している。
　第2に，その財産的価値の内容からみて「資本証券」だということである。資本証券とは，「収益請求権」すなわち「定期的な所得（配当や利子など）を生む権利」を表章する証券である。だからこそ，同種の所得（利子）を生む金融市場と交流し，金融市場の部分市場としての証券市場が成立するのである。
　これに対し，銀行券は「現金そのもの」であるし，現金を代替する手形・小

切手等は「貨幣証券」，船荷証券・倉庫証券等は「商品証券」と呼ばれ，その表章する価値や権利の内容は「資本証券」とは異なっている。

▶資本証券

では，有価証券のこうした種別を決めるものは何か。

船荷証券・倉庫証券等は本来，単なる「貨物預り証」である。しかし，預けられ輸送されるものが「商品」であることから，その預り証も譲渡性を認められて有価証券とされる。

これに対し，貨幣証券は「企業間信用」（掛売り・掛買い，「商業信用」ともいう）から発生した。一般に，企業の操業過程では自社の製品が販売を終え資本を回収するのに時間（流通期間）がかかるのが普通である。その期間中も操業を続行しようと思えば原材料購入等に追加資本が必要であり，その結果，資本利益率は低下する。そこでたとえば，ある企業Aが原材料を掛けで購入できれば，原材料購入のための追加資本は節約できる。その支払約束証，これが商業手形である。相手のB企業にとって，その手形が現金化されるのは先であっても，買い手を確保できるメリットがあるから掛売りに応じる余地がある。

またその手形に裏書をし，それでもって自らも原材料を購入できれば，B企業も追加資本を節約できる。手形が流通することでA，B，C，……と企業間に商業信用の連鎖が広がり，手形の満期日にA企業が手形の最終所持人であるX企業に手形債務を支払えば，X企業を除く企業すべてにとって追加資本が節約できるほか，その間の決済に必要な現金も節約されることになる。

ところで商業手形は，振り出す企業の個別性（信用能力や手形金額の雑多性など）の制約を免れない。そこで，上記の例でいえば，受け取ったB企業がこれを取引先銀行に割り引いてもらい，当座預金に入金された割引代金を引き当てに小切手を振り出してC企業から原材料を購入する。この場合には，手形の代わりに小切手が流通する。このように，手形・小切手は，流通期間中の追加資本を節約するため企業が利用する商業信用から発生した。その流通は貨幣を代替することから「貨幣証券」と呼ばれる。

一方，社債や株式は「資本信用」から発生した。資本主義国の代表的な企業形態である「株式会社」は，イギリス東インド会社（1600年設立）のように国王の特許状を必要とした時代を除けば，産業革命を終えたイギリスやアメリカ，ドイツなどが重化学工業中心の産業構造へ移行する19世紀後半に一般化した。

重化学工業は大量の資本を長期固定的に必要とするので，個人の所有資本額でまかなうのは難しい。この限界を克服するには，次による方法しかない。

第1に，「資本の集中」である。外部の資本所有者から信用を得て（資本信用），資本を「借入れ」るか，「出資」してもらうのである。本文で詳しく論じられるが，株式会社は，合名会社や合資会社などと比べて，最も「出資」しやすく「借入れ」しやすい，したがって最も資金調達しやすく，それゆえ重化学工業の時代に支配的な企業形態となったのである。

第2は「満期変換」（短期資金の長期資金化）である。寿命のある自然人には短期しか委ねることのできない所有資本を時間的につなぎ合わせて長期固定的な資本に転換（資本転換）するために，本来，債務や出資の所在を明らかにするにすぎなかった株式会社の債務証書や出資証書に譲渡性が認められるようになった。これが「社債」，「株式」である。転売による換金の道があるからこそ，短期の資本でも調達しやすくなるのである。

それゆえ，本書は，まず資本証券を生み出す「株式会社」の検討から始める（第1章）。借入れを増やすには信用力を高める必要があり，そのために出資者を募って資本額を増やさねばならない。しかし出資者が増えれば，債権者にとって契約相手が不明確になり，出資者責任も追及しにくくなる。ひいては融資に二の足を踏むという矛盾に陥る。また，出資者が増えれば「船頭多くして船，山に登る」の比喩もあるように意思決定が難しくなる。株式会社の特性とされる「法人格の付与」，「全員有限責任制」と「資本充実の原則」，「株式の自由譲渡性」，「資本多数決制」（持株多数決制）は，上記の矛盾を解決し，最も出資しやすく，借入れしやすい，したがって資金調達しやすい企業形態として発展するプロセスの中で形成されてきたのである。

▶証券の流通

証券市場は金融市場の一部だが，取引客体の中心が資金よりも証券の方に移るので，「金融」市場というよりも「証券」の市場とみられるようになる。そして，資本の満期変換（資本転換）を促進させるための努力は，取引の客体である「証券」をできるだけ流通しやすくする方向へと向かう。この方向に沿って生み出された制度的技術が，①「有価証券法制」と②「証券取引所」である。

証券の持ち主が代わると，債務者（発行者）側では債務履行において二重払いになる懸念がある。他方，証券を取得した側も，権利の所在が自らにあるこ

とが曖昧にならないか，という不安がある。こうした懸念や不安を払拭し，安心して証券が譲渡されるためには，一方で二重払いを防ぎ，他方で善意取得者を保護する制度的技術が必要である。この制度的技術は，手形・小切手などの貨幣証券においてすでに完成されていた「有価証券法制」を資本証券にも準用する形で発展した（もっとも，貨幣証券と資本証券の違いは，有価証券法制の準用の仕方に反映されてくる）。

　もう1つの制度的技術は「証券取引所」である。短期の資本を長期の資本に転換するためにはいつでも換金できること，すなわち転売先の探索を容易にすることが必要である。取引所は，「買い」と「売り」の注文を一箇所に集中させることでこれを容易にするのである。そこで，第2章は，①安心して授受できるための制度（「有価証券法制」）と，②転売先を探索しやすくするための制度（「証券取引所」）についての説明に当たることになる。

　もっとも「有価証券法制」にしても，「証券取引所」にしても，そのあり方は近年，流動的である。その背景として，①有価証券法制に関しては，株券や手形の電子化によって権利の行使と移転が「紙券」から「電子記録」に置き換えられつつあること，また②証券取引所に関しては，売買主体の中心が個人から機関投資家に移りつつあること，またIT革命により需給が人手から離れサイバー空間へ集中できるようになったこと，があげられよう。

▶証券の価格

　次に証券が流通すると，そこに当初の額面額とは異なる価格が形成され，しかもそれが需給によって変動する。金融市場では，資金需給は元本に対する収益（利子率）の変動として現れるが，証券市場では逆に表現されて，配当などの収益に対する元本額の変動（価格変動）として現れる。そして価格が変動すると，そこに投機が生まれる。価格の成立とその変動，投機現象は一般の金融市場と区別する証券市場の大きな特徴である。

　証券価格は，それが生み出す定期的所得（配当や利子）を利子率（にリスクプレミアムを加えたもの）で資本還元した額に落ち着くといわれる。「資本還元」という言葉は，定期的な所得は何らかの資本の果実とみなされるため，その所得から逆算して割引率によって資本価値を求める手続きを指している。資本証券以外にも土地・建物等の不動産は賃料収益を生み，「のれん」も超過収益を生む。そこで，これら定期的所得を資本還元して値段が決まる資産は「擬制資

本」と呼ばれてきた。

　もっとも,「擬制資本」という用語は現在ほとんど使われない。その理由は,①「架空の資本」といったイメージを伴うことのほか,②資本還元による価格評価が,本来の擬制資本以外に実物資産などにまで拡大,利用されるようになったからであろう。そこで,本書でも,「擬制資本」に代えて「資本資産」の用語を使うことにする。

　しかし,公社債や株式などの証券資産と実物資産は明らかに異なることから,「擬制資本」すなわち「本来の資本資産」の成立条件を明らかにしておく必要がある。のみならず,公社債,株式,土地,のれんの違いや資本資産におけるそれらの位置づけも行う必要があるだろう。たとえば,公社債と違って株式には議決権があるために「コントロール（支配権）プレミアム」を含んだ株価が形成されることがある。株式には複数の理論価格があり,資本資産価格における株式価格の特殊な位置づけについて言及しなければならない。

　ところで資本資産が成立するのは,同様の収益（利子）を生む金融市場と資金が交流するからで,その結果,金融市場と証券市場の間のみならず,その部分市場（たとえば公社債市場と株式市場）の間でも収益率（利回り）の平準化作用が働いているはずである。

　ところが株式の場合は,戦後に配当利回りが社債利回りを下回る「利回り革命」が世界的に起こり,利回りは平準化していない。この結果,配当利回りに代えて PER（株価収益率）やその逆数である益利回り,投資収益率などが,また株価の高低についても単純株価のほかダウ式平均株価が利用されるに至っている。こうした事態の背景・理由も問う必要があるだろう。

　なお,現在の株式価格理論の中心をなすものは「CAPM」（資本資産価格モデル）であるが,この考え方は1970年代頃に一般化し証券界に定着した。しかし,最近になって,「行動ファイナンス」理論によって大きな批判に立たされている。そこで第3章では,①株式の権利と理論価格[1],②「資本資産」成立の条件と株式価格の特徴,③株価の変動要因,④CAPM,⑤戦後の日米株価動向などの説明に当てられる。

▶証券市場と金融市場

　以上では,証券市場を証券そのものに則してみてきた。次に,証券市場を金融市場全体の中に位置づけ,その部分市場としての観点からみていこう。

まず企業の資金調達の面からみると，株式会社設立の当初段階では長期の設備資金は共同出資（株式発行）によってまかない，それでも不足の場合は負債（社債発行や銀行借入）によってまかなう。事業が成功し利益が得られ，その一部が社内に留保されると，これが追加の資金源泉となる（「自己金融」）。ところが，時代が下るとこの順序が逆になり，自己金融が先行し，それで足りない場合は銀行借入，社債，最後に増資となる。また増資も，当初は株主割当であったが，後になると公募増資が主流となる。

自己金融の定着と公募増資への移行は，1930年代大不況下のアメリカで先行的に現れたが，これはまた，経済への国家介入が始まりケインズ政策の本格化と国債大量発行が始まる時期と重なっている。これらは，前後はあるものの他の資本主義諸国にも共通する現象である。

他方，資金供給の面からみると，株式や社債など種々の契約で企業に入る資金は，結局は家計から供給されるが，これも後の段階になると，投資信託や生命保険，年金基金など中間の媒介機関に家計貯蓄が一旦，集められて企業に入る「間接投資」のルートが太くなってくる。このような媒介機関は「機関投資家」と呼ばれ，証券市場では大きなプレイヤーとして登場してくる。

以上のような資金の調達・供給両面の変化は，証券市場の古典的なあり方から乖離(かいり)する現象を生み出している。すなわち，①株式発行市場では，有償増資よりも株式分割など資金調達を伴わない株式発行が増えていること，②さらに増資よりも自社株買いで発行済株式数が純減する企業もあること，また③市場を経由しない資金調達＝私募が増えてくる。④また「証券化」の仕組みを使ったアセット・ファイナンスも増えている。さらに，⑤証券発行による資金調達は株式や社債などの企業証券よりも国債など公共債のウエイトが高まっていく。

最後に資金フローの面から，証券市場と金融市場（さらにはそれらの部分市場＝株式市場，公社債市場，短期金融市場，貸付市場など）との交流をみていこう。機関投資家が介在すると，家計資金の流出入が，たとえば投資信託の設定・解約の形で完了し証券売買の形をとらないことが多くなる。他面では，機関投資家は受益者利益を意識して値鞘稼ぎのために売買を積極化させる傾向もある。

こうしたことは，証券流通市場のあり方を変化させる。すなわち，①取引所外での売買の増大（ひいては市場間競争の惹起），②需給適合方式などの取引所制度の変革ならびに③取引所の組織変更（脱会員組織＝株式会社化，Demutualization）をもたらしている。

また，証券価格が変動し，利回りが金融市場で成立した利子率に平準化しようとすること自体が，これら部分市場間における資金交流を示している。この平準化は，実際には商業採算に徹した証券業者のディーラー活動ならびに機関投資家による運用などを通じて行われている。
　そこで第4章では，証券発行市場を取り上げ，①企業金融における証券発行の位置づけ，②株式や公社債の発行形態，手続き・方法，発行制度，③アセット・ファイナンスに関わる特有の問題，④わが国発行市場の変遷について記述する。続く第5章では証券流通市場を取り上げ，①証券取引所の機能（上場，売買）と組織，②店頭市場の機能と組織，③株価分析ならびにこれに用いられる投資尺度や株価指標，④わが国証券流通市場ならびに投資家行動の特徴とその変遷について記述する。第6章では，証券業者を取り上げ，①証券業とその機能，②証券業の担い手（投資銀行，ブローカー・ディーラー，銀行・証券の分離とその撤廃），③日本の証券会社のあり方，④証券会社の財務と収支などについて記述する。

▶金融資産の累積と機関投資

　次は角度を変えてストックの面から証券市場をみていこう。株式，公社債は，何らかの定期的収益を生むという意味で「資本証券」と呼ばれるが，これを保有する観点からみると，銀行貸付債権と同様に「金融資産」と呼ばれる。
　ケインズ政策がビルトインされている先進資本主義国では，民間証券を上回るテンポで赤字国債の残高が累増していく。スペンディング政策では資金は非生産的に消費され，赤字国債に対応する実物資産は存在しないのが一般的である。加えて，近年，既存の貸付債権や不動産などの実物資産を裏づけに「証券化」が行われ，金融資産が追加的に創造されるようになった。こうして金融資産は実物資産を超えるテンポで累積している（「金融連関比率の上昇」）。
　この結果，たとえば，企業はその保有証券を売却した資金で設備投資をする，あるいは銀行が保有証券を売却してそれを企業向け融資に向ける，というように，資金フローは金融資産ストックの保有者交代の形をとって進むケースが増えてくる。しかもその金融資産の運用・保有を家計に代わって機関投資が担うようになると，機関投資家の資産選択行動そのものが一国の資源配分を主導するようにみえてくる（トービンの「資産選択による一般均衡理論」）。
　国によっては，機関投資が既存の金融機関によって兼業的に行われている場

合もあれば,「機関投資家」として分離している場合もある。もっとも機関投資家といえども実際に資産運用しているのは投資顧問業者である。さらに最近では,ヘッジファンドをはじめオルタナティブ投資など伝統的な金融資産以外の資産選択も行われるなどの変化もみられる。

そこで第7章では,金融資産の累積と機関投資について取り上げる。すなわち,①金融資産が実物資産のテンポを超えて累積する理由,②機関投資家の実態(投資信託,年金基金,保険,投資顧問業,ヘッジファンド,証券化など),③機関化の影響などが記述される。

▶コーポレート・ガバナンス

今度は,株式会社に戻って「ガバナンス」(企業統治,企業支配)の面から考えてみよう。株式会社は既述のように最も資本集中の容易な企業形態であるが,これは一面では「企業支配権の集中」でもある。資本多数決制により中小株主が失った支配権は大株主に集中する。しかし企業規模(したがって所要資本規模)が巨大になるにつれ個人の株式所有は分散し,過半数をとれなくても支配権が握れるようになる(少数持ち株支配)。それがさらに進むと,支配権を行使できるほどの持株比率を維持する個人株主がいなくなり,株主のもつ支配権は潜在化し,やがて経営者支配が生まれる。これが典型的に現れたのが1930年代以降のアメリカである。

ところがそのアメリカでは,戦後になると株式所有の分散傾向が逆転し,機関投資家に株式所有が集中していく。機関投資家にますます株式が集中することで企業支配権の売買が容易になりM&A活動が活発になる。さらに機関投資家が議決権行使によって会社支配権に影響を及ぼすようになる。

他方,わが国では法人間の相互持合いにより,相互信任にもとづく経営者支配がつい最近まで続いてきたが,1990年代後半からの法人間の持合解消と内外機関投資家の持株比率上昇が並行し,欧米と類似した傾向がみられるようになった。

そこで第8章では,株式所有構造と企業支配権の関連について特に日本の実情を取り上げる。すなわち,①株式持合いの目的とその影響,②近年における持合解消とそれによる企業買収の顕在化などの変化,③日本の企業買収に伴う問題点などについて記述される。

▶デリバティブ

　既述のように，金融市場と対比させた場合の証券市場の特徴は，価格変動および価格差を追求する投機の介在である。投機とは将来の不確定な価格変動を予測して危険を冒しても利益を得ようとする行為である。これとは逆に危険を回避して将来の損失を避けようというのがヘッジである。こうした投機あるいはヘッジのための取引として，わが国株式市場ではアメリカのマージン取引を参考にして導入された「信用取引」がある。

　ところが，1970年頃から，農産物などのコモディティ（商品）市場で行われていた先物取引が外国通貨，証券市場，金融市場に持ち込まれ，その対象範囲が拡大，市場規模は急速に膨らみはじめた。先物取引は現物取引から派生した取引として「デリバティブ取引」(Derivatives)と呼ばれる。しかしながら，デリバティブ取引はコモディティ，株式，外国通貨，金利のほか信用リスクおよびそれらの指数など対象範囲が拡大され，その取引手法も先物のほかオプション，スワップなど多様化している。資金量や現物量に制約されないので，急速に膨張している。

　第9章では，①デリバティブ取引の種類（先物，オプション，スワップ）とその仕組み，②その利用戦略（ヘッジ，裁定取引，投機など），③信用リスクの移転手段であるクレジット・デフォルト・スワップ（CDS）などについて記述する。

▶証券行政と証券政策

　証券市場は，それが経済運行の不可欠の存在になるにつれ証券行政・規制を必要とするが，証券行政・規制はまた，その後の証券市場の発展を方向づける。証券市場発展の方向性を規定づけるために意識的に動員される一連の証券行政・規制の導入や変更は，「証券政策」と呼ばれる。

　既述のように，証券市場は19世紀後半の株式会社の普及とともに本格化したが，アメリカの1920年代ブームとその崩壊（1929年恐慌）を契機に，「投資家保護」を目的とする33年，34年の連邦証券関連諸法が制定され，ここに初めて体系的な証券規制および証券行政が導入されるようになった。その後のアメリカ証券市場は，この規制の枠組みの中で発展していく。

　この方向性が大きく転換するのが1970年代である。金融市場では預金の自由化，業務制限の撤廃，証券市場では手数料自由化と市場集中義務の緩和，銀行・証券分離規制の緩和等，金融市場，証券市場を取り巻く従来の規制の枠組

みが次々と修正されていった。この規制緩和の潮流はその後，30年以上続いたが，サブプライムローン問題を契機とする世界的な金融危機を前に，再び規制の全面的な見直しが行われている。

　他方，わが国でアメリカの連邦証券関連諸法を模した証券取引法が導入されたのは戦後であるが，高度成長期には金利規制によって証券市場は限界資金源とされ市場メカニズムが機能するような条件を欠いていたため，「投資家保護」の理念は定着しなかった。わが国の証券政策は，まず市場メカニズムが機能するような方向へ証券市場を誘導することから始まったのであり，それが現実化するのは資金需給が緩和し金利規制の撤廃が始まる70年代であるといっても過言ではない。

　ところがこれは，変動相場制下で資本移動が激しくなり，そのために金融市場，証券市場における規制緩和が国際的に波及する時期と重なった。こうしてわが国も1980年代以降，アメリカからの対日圧力を受けながら，金融および証券市場の開放，規制緩和を追求することになる。

　そこで，第10章では証券規制・行政について取り上げる。すなわち①証券政策の目的は何か，②証券規制を担う証券行政および自主規制の仕組み，③日本の証券政策の変遷，④証券法制，⑤証券税制について記述する。

・注

1)　なお，株式の三大権利として，「議決権」,「剰余金の配当を受け取る権利」,「残余財産の分配を受け取る権利」があるが，本書では，後二者について，初出の第1章を除き，過去の慣例を踏襲して「配当請求権」,「残余財産請求権」の用語を使用することとする。

第 1 章　株式会社

1　会社の定義と種類

▶企業と出資者

　あなたが自分のお金で，何かの事業を始めたとしたら，それは**企業**と呼ばれる。つまり，企業とは，何かの事業を営み，何らかの利益を得ることを目的とする主体である。

【設例 1】
　あなた A は自分自身のお金 1000 万円を出資し，たこ焼き屋 T を開業し，この事業を株式会社として設立した。その際，あなた一人では人手が足りないため，3 人のアルバイト従業員を雇い，さらに 1000 万円だけでは開業資金として不十分だったので，追加的に 500 万円を金融機関から借り入れた。この T はお客の評判もよく，売上が急速に伸び，予想以上の利益を出した。3 年後，店の評判を聞いた友人 F がこの事業に参加したいといってきたので，F も加え，支店を出店することにした。その際，F は 1000 万円を出資し，出資の見返りとして，彼には利益の半分が分配されることになった。

　この設例 1 で重要な点は，出資者が企業形態を選択するという点である。後述するように，企業形態には，種々の会社形態があるだけでなく，会社以外の形態を選択することも可能である。さらに，その選択肢は近年拡大している。どの形態を選択するかは，それぞれの企業形態の特徴や優位性を比較した上で，

出資者が決定することになる。

次に重要なことは，事業資金を貸し付けた金融機関は，出資者でないという点である。**出資者**とは，事業のために資金を提供し，事業活動から生じる利益を受け取る地位を得るものをいい，ここではあなたAと友人Fである。出資者は，利益が出ない場合は，何も受け取ることができない。それに対して，金融機関は，たとえ利益が出ても出なくても，契約により定まった金額（元本と利息）を受け取る権利を有する。このような資金提供者は，債権者と呼ばれ，出資者とは異なる。なお，出資者を含め，金融機関や従業員などは，**利害関係者**と呼ばれる。別の言い方をすれば，金融機関は金融債権者，従業員は労働債権者であり，会社に対する支払請求権を有している。さらに，この会社の消費者，地域の住民，原材料の納入業者なども利害関係者に含まれる。

▶出資の「受け皿」としての会社

設例1のように，一般的に，出資者が増え，より多数の出資者から資金を集めれば，企業規模は拡大する。そこで，多数の出資者を集め，事業を行うためには，その「受け皿」が必要となる。この「受け皿」が曖昧なものであると，出資したお金がうやむやになり，出資者は安心して出資できない。そこで，さまざまな法律が整備され，安定的な受け皿が用意されている。その1つが会社であるが，会社以外にも，組合，匿名組合，投資事業有限責任組合，信託などがある（コラム①参照）。また，会社にも，株式会社のほか，合名会社，合資会社，合同会社（コラム②参照），特例有限責任会社がある。

さらに，株式会社の中でも，規模が大きく，多数の出資を集めているのは，その株式が広く取引されている**公開会社**であり，特に日本では，東京・大阪など6つの証券取引所の**上場会社**である。これらの上場会社は，総数約4000社であり，株式会社全体に占める社数の割合はきわめて小さいが，経済全体に占める割合は大きく，証券市場との関連も強い。そこで，証券市場論では，上場会社を中心に説明することになる。

▶会社の法人性・社団性・営利性

これらの会社形態に共通している点は，**法人性**，**社団性**，**営利性**の3点である。

まず，**法人**とは，出資者や構成員から独立した法人格をもつ者であり，法に

> ● コラム①　さまざまな企業形態
>
> 　会社以外の企業形態として，組合，匿名組合，投資事業有限責任組合，信託などがある。
> 　(1)　組合
> 　2人以上の者が出資をして共同事業を行うことに合意すれば，民法上の組合が成立する。ここでの出資は，金銭などの財産のほか，労務や信用（名義を連ねること）でもよいとされるが，組合はあくまでも契約であり，法人格は認められない。また，組合員の出資によって組合財産が形成されるが，各組合員はその持ち分を譲渡できない。
> 　(2)　匿名組合
> 　事業を行う者（営業者）と，名前を出さないで出資のみを行う者（匿名組合員）との間で，出資と利益配分の契約を結ぶと，匿名組合が成立し，これは商法によって規制される。出資財産は営業者のものとなる。これは契約であり，法人格は認められない。(1)のような民法上の組合では，出資者相互の契約となっているが，匿名組合では出資者相互の契約は不要で，組合財産も形成されない。匿名組合員は，営業者の債権者に対して責任は負わず，営業者に約束した出資以外の責任はない。つまり，有限責任である。
> 　(3)　投資事業有限責任組合
> 　特別法によって組成され，無限責任組合員と有限責任組合員から構成される。(1)のような任意組合や(2)のような匿名組合との相違点は，投資事業組合（投資ファンド）として活用されることを想定している点である。

よって自然人と同様の権利能力を付与された存在である。会社が法人格をもつということは，会社は独立した人格として，他の会社や個人と契約し，取引することができることを意味する。つまり，たこ焼き屋Ｔの例でいうと，Ｔは納入業者Ｓと購入契約を結ぶことができ，その際出資者ＡやＦとＳとは契約を結ぶ必要はない。会社がこのような法人格を得るためには，商業登記所で**登記**を行う必要がある。商業登記所とは法務局の出先機関であり，ここで商業登記法にのっとった手続きを行うことになる。株式会社の場合，登記すべき事項は，会社の目的，商号，本支店の所在場所など詳細に定められており，登記に際しては，**定款**などを添付し，登録免許税が課される。定款とは，会社の基本的な規則であり，その記載事項は法によって定められている。

　次に，会社が**社団**であるという場合，「人の集合体」という意味で使われる（「モノの集合体」は財団といわれる）。ここで，社団を構成するのが，**社員**である。

●コラム② 合同会社と有限責任事業組合

　合同会社は，2005（平成17）年に導入され，「日本版LLC」（Limited Liability Company）と称される。また，有限責任事業組合は，2004（平成16）年に導入され，「日本版LLP」（Limited Liability Partnership）と称される。このような企業形態が導入されたのは，ベンチャー企業や合弁企業を効率的に経営するためには，出資者や利害関係者の内部関係を柔軟に設計する必要があるためである。つまり，これらの企業形態では，構成員は有限責任であるとともに，内部関係はほぼすべて定款で自由に定めることができる。したがって，社員総会や取締役を置く必要もない。両者の相違点は，前者は法人格があり，法人課税されるが，後者は法人格がなく，法人課税されない点である。したがって，後者は構成員課税される。また，後者はすべての構成員が業務執行者でなくてはならない。

　法律的には，社員とは，出資者を意味し，特に株式会社では**株主**が社員である。世間一般には，社員というと，正社員や非正規社員，派遣社員などというように，従業員を指す場合が多いが，法律上は出資者を意味し，以下の説明でもこの定義に従って記述するので，注意する必要がある。他方，会社は社団であるとされるが，法律では，一人会社も認められている。つまり，1人の出資者（社員）だけで，株式会社，合名会社，合同会社を設立することは可能である（ただし，合資会社は，後述するように無限責任社員と有限責任社員が必要であるため，一人会社は設立できない）。

　第3に，一般に，法人は営利法人と非営利法人に分かれ，その区別は事業で得た利益を構成員に分配することが予定されているかどうかによるものである。一般社団法人や公益社団法人は，利益を社員に分配することを予定していないが，会社においては利益を株主などの社員に分配すること（配当など）を予定しているので，会社は営利法人であるといえる。

▶会社の種類

　現在，日本では会社の種類として，株式会社と合名会社，合資会社，合同会社とがあり，あとの三者を持分会社と総称している。これらの会社の種類を区別するポイントは，何だろうか。

　まず，**株式会社**は，出資者（株主）は出資をするだけで，会社の債権者に対しては，何らの責任を負わない点が大きな特徴である。つまり，株主の**有限責任原則**が採用されている。たとえば，先ほどのたこ焼き屋Tの例でいうと，

当初Tの経営は順調だったが，やがて業績が悪化し，500万円の銀行債務を抱えて倒産したとしよう。今後Tの事業に改善の見通しがつかない場合，会社は解散を決議し，資産売却など清算手続に移行することになる。ただし，資産を完全に売却しても300万円の現金しか得られない場合（いわゆる債務超過状態)，債権者である銀行には300万円しか返済できない。しかし，返済不能の200万円について，株式会社の出資者は責任を負う必要はない。これが**有限責任原則**である。確かに，株主はTの事業が清算・消滅したことで，その出資額を全額失うことになるものの，株主の損失は出資額に限定され，自らの出資額を上回る負担を負う必要はない。したがって，債務超過分の未払い債務は，債権者の負担となる。

　それに対して，持分会社の場合はどうだろうか。まず，**合名会社**の社員（出資者）は，すべて無限責任社員とされている。無限責任とは，有限責任とは異なり，債務超過状態になって倒産した場合，社員は不払い債務の負担をどこまでも負うことになる。次に，**合資会社**は，無限責任社員と有限責任社員の両者から構成されている。第3に，**合同会社**は有限責任社員のみで構成されている。したがって，それぞれの会社形態は，無限責任社員を含むかどうかという点が異なっている。つまり，合名・合資会社は，無限責任社員を含んでおり，債務超過状態における債権者のリスクを回避する仕組みをもっている。

　ただし，これだけだと，合同会社も株式会社も有限責任社員のみで構成されているので，両者を区別しにくい。さらに，2005（平成17）年に会社法が施行される前は，有限会社法によって**有限会社**という会社が存在していた[4]。これも，有限責任社員のみで構成されている会社であった。

　株式会社の最も重要な特徴は，**所有と経営の分離**を可能にしている点である。つまり，株式会社では株主と経営者（業務を執行する取締役）とは区別され，株主でない者が取締役になることができる。さらに，株主は出資したことで**株式**を得ている。つまり，株式とは，会社に対する株主の資格（地位）を指すものであるが，株主は自らの株式を自由に売買することができる[5]。

　設例1の場合，AやFは，経営を他人に委ねても，自分たちは株主であり続けることができる。また，この株式を他人に売却し，出資を回収し，さらに売却益を手にすることも可能である。しかし，これが持分会社であればどうだろうか。

　まず，持分会社では，社員でなければ，業務執行者となることはできない

■表1-1 4種類の会社とその特徴

株式会社	持分会社		
	合名会社	合資会社	合同会社
有限責任社員のみ	無限責任社員のみ	有限責任社員と無限責任社員	有限責任社員のみ
所有と経営の分離	所有と経営の未分離		

■表1-2 組織別・資本金階級別法人数

区分	1,000万円未満	1,000万円以上1億円以下	1億円超10億円未満	10億円以上	合計	構成比
(組織別)	社	社	社	社	社	%
株式会社	1,439,700	1,039,069	22,155	6,737	2,507,661	96.3
合名会社	4,221	393	—	—	4,614	0.2
合資会社	23,653	1,502	17	1	25,173	1.0
合同会社	11,063	715	44	9	11,831	0.5
その他	21,589	30,606	1,226	665	54,086	2.1
合計	1,500,226	1,072,285	23,442	7,412	2,603,365	100.0
構成比	(57.6)	(41.2)	(0.9)	(0.3)	(100.0)	—

(出所) 国税庁「税務統計から見た法人企業の実態(平成20年)」。http://www.nta.go.jp/kohyo/tokei/kokuzeicho/kaishahyohon2008/pdf/01.pdf

■図1-1 会社法施行前後の会社形態

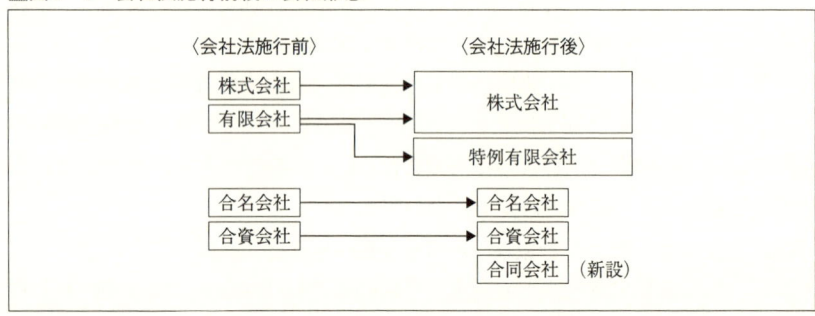

(ただし,業務執行を行わない社員は認められる)。つまり,所有と経営は未分離である。さらに,持分会社では,定款に社員の氏名を記載しなければならず,持分(社員の会社に対する地位)を譲渡する場合,他の社員の承諾を必要とするため,持分の売却や譲渡には,定款変更など煩瑣(はんさ)な手続きが必要となる。逆に,持分会社では,社員が退社して,持分の経済的価値に相当する財産を受け取る権利が認められているので,社員が出資額を回収する場合,売却や譲渡より,退社を選択する方が簡便である。これらの点を考えれば,持分会社は出資者が

経営に関与することを前提とした会社であり、出資者の個性によって、会社経営が左右される組織形態である。ここに、株式会社と持分会社との差がある（表1-1参照）。

2 株式会社の歴史と特徴

　前節でみたように、他の会社形態と比較すると、株式会社の特徴は、株主の有限責任原則と、所有と経営の分離にあるといえる。では、このような株式会社の特徴はどのようにして成立したのか、さらにそれは何をもたらしたのかを考えよう。

▶「ソキエタス」と「コンパーニア」
　まず、株式会社の原型は、前節で述べた共同企業である。共同企業という仕組みは、長い歴史をもち、世界史的には古代社会でもさまざまな共同企業が存在していた。古代アテネやフェニキアでは、海上貿易において共同で投資を行う仕組みが工夫され、古代ローマでは、「ソキエタス」と呼ばれる会社が作られていたことが知られている。そこでは、後世の会社法の基本となる概念も編み出されていた。たとえば、複数の個人によって構成される組織が、個々の構成員とは切り離されたアイデンティティをもつという考え方は、今日の法人格の原型とされている。さらに、中世になると、ヨーロッパでは、イタリアにおいて貿易会社が誕生し、12世紀のフィレンツェでは、「コンパーニア」と呼ばれる共同責任の原則で運営される組織も生まれた。ここでは、共同出資者全員があらゆる財産をもって、共同で責任を果たした。ただし、これらの企業は、あくまでも共同責任の同族企業であり、有限責任制度や所有と経営の分離を特徴とする、現在の株式会社とは、かなり性格の異なるものであった。

▶イギリスとオランダの東インド会社
　近代的な株式会社の原型となったのは、16世紀から17世紀にかけてヨーロッパで設立された、特許会社であり、なかでも有名なのが、イギリス東インド会社（1600年設立）とオランダ東インド会社（1602年設立）である。特許会社とは、世界の特定地域との貿易を独占的に行う許可（特許状）を国王から与えら

れた会社であり，貿易による利益を本国にもたらし，それを国家と商人が獲得するために設立された。

これらの特許会社は，自由市場で売買可能な株券[6]を発行し，有限責任の概念を有していた。したがって，これらの会社が設立されたことは，その株券を売買する場所，つまり証券取引所を必要とした。オランダでは，1611年に証券取引所が設立され，ロンドンでは，17世紀末にはシティのコーヒーハウスなどで証券取引が行われ，これがのちのロンドン証券取引所の原型となった。

▶ **額面の均一化と額面の小口化**

ここで重要なことは，会社の株券の売買を容易にするため，**額面の均一化**と**小額化**が工夫されたことである。**額面**とは，株券上に記載された出資金額であり，額面の均一化とは，株券上に記載された金額が均等化されることをいう。ところが，初期の株式会社では，株券は等額に分割されないで，一出資者の出資額が一括して記載されていた。つまり，出資者によって，その出資額が異なるわけであるから，株券の金額もまちまちであった。たとえば，出資者A, B, Cの出資額は，それぞれ100, 150, 50だった場合，A, B, Cの株券の金額もそれぞれ異なり，株券の価値も異なるものとなっていた。したがって，それらが売買されるとなると，まちまちな価格とならざるをえない。つまり，Aの株券，Bの株券，Cの株券は，同じ会社の株券であるにもかかわらず，それぞれの株券の価値は異なるため，価格も異なるものとなる。これでは，株券を売買するのに不便である。そこで，この不便さを解消するために，徐々に額面の均一化が進められた。たとえば，1株券の出資金額を50と定めれば，出資額の大小は，持ち株数で調整されることになる。つまり，上記の例では，3者の持ち株数は，A: 2株，B: 3株，C: 1株となり，3者の出資額の差は持ち株数の差となる。逆に，Aの1株も，Bの1株も，Cの1株も出資額は均一（ここでは50）なので，同じ価値を表すことになる。

また，この金額を小さく（小額化）することで，投資家は小口でも投資できるようになり，株式会社はより広範囲の投資家から資金を調達することができるようになった。前述の例では，1株の出資額は50なので，最低投資額は50であるが，これを5に引き下げれば，より小口の資金でも投資が可能となる。つまり，株式会社は，均一かつ小額の価値をもつ株券を発行して資金を集め，その株券は容易に売買されるようになったのである。

▶資本多数決方式

　さらに，額面の均一化は，株式会社制度にも重要な影響を与えた。前述のように，出資額がそれぞれ，A:100，B:150，C:50の場合であっても，株券の額面が均一化され，1株の出資額が仮に5と定められると，3者の持ち株数は，A:20株，B:30株，C:10株であり，この株数はそれぞれの出資額に比例している。このことは，持ち株数の差が，会社に対する株主の権利の差を表すことを意味している。つまり，Bの権利は，Aの1.5倍，Cの3倍である。具体的にいえば，株主の権利としては，配当請求権や株主総会での議決権などがあるが，これらの権利は，持ち株数に比例することになる。特に，株主総会では，その意思決定に，**資本多数決方式**が取り入れられている。資本多数決方式の特徴は，株主数を基礎にした多数決ではなく，より多くの金額を出資した株主が，より大きな意思決定権限を有する点にある。額面が均一化されれば，出資の大小関係は持ち株数に正確に比例する。したがって，1株1議決権とするような単純化が容易になったのである（後述の「1株1議決権の原則」を参照→25ページ）。

　歴史的にみると，イギリス東インド会社が設立されたとき，出資者は101人，総額約3万ポンドで，最低出資金額は200ポンドとされた。その後，1株当たりの出資金額は徐々に引き下げられ，1855年の有限責任法では，最低10ポンドとされている。さらに，19世紀末には1ポンドが一般的になったようである。このような株式額面の小額化は，広範な中産階級の資金を集めようとしたためであり，鉄道などの公益会社の巨大な資金需要を反映していた。

　また，額面の均一化は，1808年のフランス商法典において，会社資本は均一の額面の株式に分割されると規定されており，イギリスでも1855年の有限責任法施行以前に完成していたとされている。

▶南海泡沫事件

　このように株式会社は，額面の均一化された株式を発行し，多数の投資家から出資を集めることに成功していったが，それは時に，投機的な投資をもたらした。なかでも最も有名なのが，1711年にイギリスで設立された南海会社をめぐる投機熱，いわゆる**南海泡沫事件**（South Sea Bubble）である。同社は，南アメリカ沿岸部の貿易を行う貿易会社であったが，経営陣は投機熱をあおって，株価を吊り上げ，資金調達を行った。当時のイギリスは，フランスに対する戦

勝気分もあり，会社設立ブームが盛り上がり，新規設立の株式会社の株式を取り扱う仲介業者も誕生していた。このような仲介業者は，シティのコーヒーハウスに集まって盛んに商売を行っていた。このような状況のもとで，1720年の春から秋にかけて，南海会社の株価は急騰し，崩壊したが，この事件は株式会社に対する不信感を強め，株式会社制度の普及には障害となった。

▶アダム・スミスの懸念

　当時の株式会社に対する不信感を代表するものとして，アダム・スミス (1723～1790) をあげることができる。スミスは，株式会社が個人経営よりも非効率だと考えていた。つまり，所有と経営の分離した状態では，経営者は所有者ほど経営に注意を払わず，むしろ過失や濫用が横行することを懸念した。これは「エージェンシー（代理人）問題」を指摘したものといえる。つまり，エージェンシー問題とは，経営者＝代理人は，株主＝本人（主人）の思い通りに行動するとは限らず，むしろそれを裏切る可能性をもつという問題である。そこで，スミスは，所有と経営が一致した形態の方が効率的だと考えた[7]。実際，イギリスでは，南海泡沫事件の過程で制定された泡沫会社禁止法によって，すべての株式会社は議会から特許状を得なければ設立できず，そのためには多大な費用と時間を要することになった。また，特許状が得られるかどうかは不確実であった。そこで，イギリスの実業家は株式会社設立よりも，無限責任のパートナーシップ（一種の組合組織）やさまざまな非法人企業を選択することが通例[8]となった。いわば，株式会社制度は後退することになった。

▶株式会社制度の確立

　株式会社設立に関する規制が緩和され，会社設立が自由化されるようになったのは，産業革命を経た後，19世紀前半のことである。まず，アメリカでは，州内のビジネスチャンスが他州に流出するのを防ぐため，各州議会は会社に対する規制を緩和した。また，フランスでは株式合資会社が認められた。これは，出資証券（いわば株式）の売買が可能なパートナーシップであり，経営に関与しない出資者には有限責任が認められ，登記だけで設立可能であった。さらに，イギリスでは，鉄道業の拡大が変化のきっかけとなった。つまり，大規模な資本を必要とする鉄道業の拡大は，銀行借入や政府出資だけでは，十分な資金を調達できず，株式を発行し，市場で資金を調達せざるをえなくなった。このよ

うな状況を反映して，イギリスでは，会社法の改正が進められ，1844年に株式会社法が制定された。これは，特許状を取得しなくても，株式会社が設立できるという規定を含んでいた。

　ただし，1844年株式会社法は，有限責任制度を含むものではなかった。その背景として，株式会社の担い手となる産業資本家自身が，有限責任制度に対して懐疑的であったことが指摘される。つまり，彼らは有限責任制度によって広範な資金調達が可能になると考えるよりも，むしろ有限責任に引き寄せられて，好ましくない投資家が出資することや，事業リスクを納入業者や債権者に転嫁する仕組みが，会社に対する不評を招くことを恐れたからである。有限責任制度が法律的に定められたのは，1856年株式会社法である。これによって，銀行と保険会社を除いて，有限責任の株式会社が自由に設立できるようになった。このような動きは，フランスやドイツにも伝播し，有限責任の株式会社の設立が緩和されていった。これによって，近代的な株式会社制度が確立していった。

▶資本の集積

　このように有限責任制度のもとに，額面が均一化され，小口化された株式を発行することで，株式会社は巨大な資本を集積することに成功していった。今日，グローバル企業といわれるような巨大な企業が存在するのも，このような制度的な裏づけが背景となっている。したがって，株式会社制度のもたらした成果として，第1に巨大な資本の集積をあげねばならない。このような資本の集積には，空間的な集積と時間的な集積がある。

　空間的な資本の集積とは，広範な投資家から資金を調達できるという点であり，時には国境を越えて投資家を募ることさえ可能になっている。

　また，**時間的な資本の集積**とは，株式会社が時間を超えて，資本を集めることができるという利点をもっている点を指している。つまり，1人ひとりの投資家には，寿命があるため，永遠に投資し続けることはできない。したがって，所有と経営が分離していない会社では，たとえば，所有者＝出資者が死亡すれば，出資持分が払い戻され，退社することになる。しかし，所有と経営の分離した株式会社では，株式は譲渡可能である。そこでは，株主の寿命とは無関係に資本を集めることができる。つまり，出資者＝株主の寿命とは関係なく，株式会社は長期固定的に資本を利用することができる。

▶意思決定メカニズム

　このように株式会社では，空間的・時間的な制約を越えて資本を集積することが可能になったのであるが，そこでは意思決定メカニズムにも顕著な特徴がみられる。つまり，所有と経営が分離していない会社では，出資者はそのまま経営者であるため，両者は人格的に一致している。しかし，株式会社では，両者は必ずしも一致していない。特に，多数の投資家から資本を集めるようになると，この分離傾向はより顕著になる（第8章参照）。さらに，株式会社は1つの法人格であるので，単一の意思をもつことになるが，株主は多数であり，それぞれの株主は別々の意思をもっている。したがって，株式会社が1つの組織として経営されるためには，集団的な意思決定を図るメカニズムが必要になる。

　株式会社において集団的意思決定を行う上で，最も重要な点は，個々の株主の出資金額が異なり，持ち株数が異なる点である。そこで，現在の株式会社では，株主総会の決議において，持ち株による多数決，つまり**資本多数決方式**が採用されている。

　資本多数決方式が採用されると，大株主の決定権限に比して，中小株主の決定権限は相対的に低くならざるをえない。つまり，大株主の決定に対して，中小株主は否が応でも従わざるをえなくなる。そうなると中小株主は，意思決定には参加できず，決められた利益を分配されるだけの存在になる。

　さらに，株式会社が大規模化し，株主数が増えると，株式の小口分散化が進行し，大株主といえども，その権限は相対的に低下する。そうなると株式会社の意思決定において，株主の意思が反映されなくなり，むしろ経営を委託された経営者の権限が強くなる。時には，経営者が株主を軽視ないし無視した経営を行う事態も生じる。これは，かつてアダム・スミスが懸念した代理人問題である。さらに，現在では，株主—経営者関係を中心に，企業の利害関係者のあり方をどのように取り決め，規律づけるのかという問題は，**企業統治（コーポレート・ガバナンス）の問題**として，広く認識されているので，本章でもこれを解説するが，その前に次節では，株式会社では，株主のあり方がどのように取り決められているのかを概観しておこう。

3 株式会社における株主の権利・特性

まず，冒頭のたこ焼き屋Tを再度引き合いに出して説明しよう。

> **【設例2】**
> たこ焼き屋Tは，あなたAと友人Fを株主とし，さらにこの2人を共同経営者として経営が行われ，倒産せずに順調に成長していった。やがて2人は年をとったので，経営から引退し，代わりに信頼できるMに経営を託した。ただし，Tへの出資はそのままにして，その利益から配当を受け取り，それで生活することにした。

設例2の場合，AとFは，Mとの間で，十分な取り決めをしておく必要がある。まず，配当を支払うための取り決めが必要である。また，経営面で重要な決定が下される場合はその意思決定に参加することも考えなくてはならない。さらに，もしTが店じまいするときは，出資を返してもらう必要もある。あるいは，Mが怠慢な場合や信頼を裏切った場合のことも考えておかなくてはならない。株式会社では，このような取り決めが法律によって定められており，出資者＝株主の地位や権利が確立している。これらは**株主の権利**である。また，AとFとは，出資者という立場は同じなので，不公平な扱いはされたくない。つまり，平等な権利を主張したいと考えている。これは，株式会社では，**株主平等の原則**とされる。さらに，AとFは，経営からから引退したので，会社や経営の責任を負いたくはない。そこで，責任の範囲も定めておく必要がある。また，AやFは，将来に備えて，出資を回収する方法も考えておかなくてはならない。株式会社では，前者が**株主有限責任**，後者は**株式の譲渡自由の原則**と定めている。これらの取り決めについて解説しよう。

▶株主の権利

株式会社の出資者である株主には，さまざまな権利が与えられている（表1-3）。これらの権利は，自益権と共益権に分けることができる。**自益権**とは，会社から直接経済的な利益を受ける権利であり，剰余金の配当を受ける権利と残余財産の分配を受ける権利が中心である。**共益権**とは，会社の経営に参加す

■表1-3　主な株主の権利

自益権（経済的利益に関する権利）	共益権（経営への参加に関する権利）
剰余金の配当を受ける権利	議決権
残余財産の分配を受ける権利	提案権[9]
株式買取請求権	帳簿閲覧権[10]
	代表訴訟提起権
	募集株式発行差止権
	取締役・執行役の違法行為差止権

る，あるいは経営を監督・是正する権利であり株主総会における議決権が中心であるが，代表訴訟提起権のように株主の代表者が会社経営者等に対して訴えを起こす権利もある。また，株主の権利は，単独株主権と少数株主権に分けることもできる。**単独株主権**とは，1株の株主でも行使できる権利であり，すべての自益権と，共益権のうちの議決権や代表訴訟提起権はこれに含まれる。**少数株主権**とは，発行済株式総数の一定割合以上または総議決権の一定割合・一定数以上を有する株主だけが行使できる権利である。たとえば，提案権は総株主の議決権の1％以上または300個以上を有する株主に付与され，帳簿閲覧権や取締役等の解任請求権は，総株主の議決権の3％以上または発行済株式総数の3％以上を有する株主に付与される。さらに，株主には，その保有する株式の数に応じて平等に取り扱われなければならないという原則が設けられている。これは，**株主平等の原則**といわれる。つまり，この原則では，個々の株主の権利は，その保有する株式の数に応じて増大することになる。[11]この原則が重視される理由は，この原則が存在しない場合を考えるとわかりやすい。もしこの原則がなかったならば，会社が特定の株主のみに恣意的に利益を配当することも可能である。たとえば，会社が少数特定の大株主だけに配当し，その他の中小株主には一切配当しないような事態も考えられる。そうなると，一般の株主は，この会社の株式に投資しても，いくら配当されるのか，あるいは配当されないのか，収益分配が予見できず，安心して投資できない。これでは株式会社制度そのものが成り立たなくなる恐れもある。したがって，株主平等の原則は，重要な意義を有している。

なお，株主の権利を有する株主は，その時点での株主名簿上の株主である。[12]しかし，株式が頻繁に売買される場合，誰が株主名簿上の株主であるかを特定するのは容易でない。そこで，会社は基準日を設定して，この時点の株主に権

─── ●コラム③　基準日と権利付き・権利落ち ───
　株式が頻繁に売買され，保有株主が変更されると，会社が名簿上の株主を特定することは困難になる。そこで，会社は一定の日を基準日にして，その日時点の株主を，後日において権利行使できる株主と定めることができる。たとえば，3月31日を基準日とした場合，株主総会に出席し，剰余金の配当を受け取ることができるのは，3月31日時点の株主名簿上の株主となる。基準日の株主と権利行使できる株主との乖離（かいり）が大きくなることは好ましくないため，基準日は権利行使日の前3カ月以内とされている。なお，基準日は権利確定日ともいわれ，この日の株主となるためには，同日を含め3営業日前（この日を権利付き最終日という）に株式を購入しなければならない。したがって，2営業日前に購入しても株主としての権利を行使できなくなるため，権利落ちという。また，計算上，権利付き最終日に比べて，権利落ち日の株価は，権利相当分（たとえば，配当金額分）だけ株価が下落する。

利行使を認めている。したがって，基準日に株主であったものが株主の権利を行使できる（コラム③参照）。以下，主な株主の権利について個別に解説する。

▶株主総会と議決権
　株主総会とは，株主の総意によって会社の意思を決定する機関であり，本来的にはすべての事項を決定できるが，それは実務的に不可能であるので，基本的な事項について決定する。株主総会の法定権限は，①取締役・監査役などの選任・解任，②会社の基礎的変更（定款変更，合併・会社分割，解散等），③株主の重要な利益（剰余金配当，株式併合等），④取締役の報酬などである。[13]
　議決権とは，株主総会における議決権を意味し，株主は株主総会において，保有する株式1株につき，1個の議決権を有することが定められている（**1株1議決権の原則**）。ただし，会社が単元株制度（第4章参照）を採用している場合，1単元の株式につき1個の議決権が与えられる。したがって，議決権は保有株数に応じて増大し，会社経営に対する参加度も増大する。つまり，より多く出資した者は，それだけリスクも増大しており，経営に対してより慎重に意思決定を行うことが期待できる。そこで，この原則が定められていると考えることができる。なお，この原則のもとに株主総会は決議を行うが，その際の決議は議決権をベースにした多数決によっている（前述の「資本多数決方式」を参照）。
　ただし，1単元に満たない株式，優先株式など議決権制限株式（第4章参照），会社が保有する自己株式[14]，相互保有の株式[15]，特別利害関係を有する株主が保有[16]

する株式などについては，議決権を有しない。

また，**議決権の行使方法**については，株主が総会に参加し，総会の場で行使することが原則であるが，それができない場合，次の特例が認められている。①代理行使は，代理人による議決権行使である。②書面による行使は，書面投票制度といわれ，通常，議決権行使書面に所定事項を記載し，会社に郵送する方式である。株主数が 1000 名以上の会社では，これが義務づけられている。③電磁的方法による行使は，インターネットを利用した議決権行使であり，会社から通知された ID とパスワードで所定の HP にログインして投票する。ただし，システム構築費用がかかるため，その採用は任意とされている。なお，代理行使については，通常，株主が代理人に**委任状**を交付することになる。この委任状は議決権と同じ効力を有するので，投資ファンドなどが，株主総会で自己の主張に沿った決議を行うために，積極的に委任状勧誘を行う場合がある。特に，アメリカの敵対的企業買収では，買収側が株主から委任状を集め，有利に買収を進める動きがみられた（第 8 章参照）。このような委任状勧誘は，**委任状合戦**（proxy fight）といわれる。

さらに，株主総会の決議は，決議事項の軽重によって異なる成立要件が採用される。①**普通決議**は，特別の要件が法律または定款で定められていない場合の決議で，過半数の議決権を有する株主が出席（定足数）し，その出席株主の議決権の過半数で決定する。ただし，定足数の分母は，議決権を行使できる株主の議決権であり，議決権の制限された株式（前述）は含まれない。また，この定足数は定款で引き下げることが可能であり，多くの会社は定足数を排除し，単に出席株主の議決権の過半数で決議している。前述の株主総会の法定権限については，普通決議で決定される。②**特別決議**は，重要事項の決議において採用され，定足数は普通決議と同じであるが，出席株主の 3 分の 2 以上の多数で決定する。特別決議で決定されるのは，株主の利害に大きな影響がある場合や会社の基本的なあり方が変更される場合などであり，合併，事業譲渡，解散，減資などである。このように決議要件が定められていることは，企業支配権をめぐる争いが生じたとき，重要な意味をもつ。特に，敵対的な企業買収の際，買収側が議決権の過半数を買収すれば，通常の決議事項では排他的な支配が可能になる。ただし，特別決議事項を考慮すれば，3 分の 1 の議決権も重要である。つまり，3 分の 1 を占める株主が反対すれば，特別決議事項は可決されない。したがって，3 分の 1 の議決権は，特別決議事項に関して，拒否権を有し

> ●コラム④　総会屋と利益供与
>
> 　総会屋は，株主総会を手がかりに，株主としての権利を濫用することで，会社から金品を要求する者（あるいはそのグループ）であるが，その行為は一様ではなく，会社の不祥事などを材料にして，不規則発言を繰り返し，株主総会を混乱させる「野党総会屋」もいるが，会社提案を積極的に支持する発言を繰り返し，株主総会を迅速かつ円滑に終了させる「与党総会屋」もいる。いずれも会社側から何らかの利益供与を引き出すことをねらいとしている。もしこのような総会屋に利益供与を行えば，それは不当な会社利益の流出となる。このような行為に対し，1981（昭和56）年の商法改正で，利益供与の禁止に関する規定が定められ，その後も強化され，今日に至っている。会社法は，株式会社が株主の権利の行使に関し財産上の利益供与を行うことを禁じ，また特定の株主に無償の財産上の利益の供与を行うことも禁じている。さらに，利益の供与を受けた者は株式会社に当該利益を返還しなければならず，また利益供与に関与した取締役は，供与額を返還すべき責任を負う。なお，利益供与を要求しただけでも刑事責任を課される。

ている。

　他方，日本の株主総会では，「総会屋」といわれる個人ないしグループが会社からの利益供与を強要した事例が多数発覚しており，これに対して会社法は厳しい規制を導入している（コラム④参照）。しかし，このような事件が完全に排除されたわけではない。また，総会屋のような存在は，日本独自のものともいわれ，その背景として日本企業のコーポレート・ガバナンスのあり方を指摘する見方もある。つまり，株式持合いによって株主の権利行使が相殺されたことが，株主総会の形骸化ないし儀礼化をもたらし，総会屋の暗躍する余地が生まれたという見方である（株式の持合いについては，第8章参照）。

▶剰余金の配当を受け取る権利

　株式会社は事業を行い，その利益を出資者である株主に分配する。逆に，株主は会社の利益が分配される。これを**剰余金の配当**といい，それを受ける権利を**剰余金の配当を受け取る権利**（配当請求権）という。会社法施行以前は，剰余金の配当は，利益の配当といわれていたが，利益の配当というと，1年間に会社が稼いだ利益から配当するような印象を与える。しかし，実際には，単年度の利益だけから配当されるわけではなく，前年度以前に稼いだ利益の積立金から配当することが許されていた。[18] むしろ，多くの会社は，毎年同じ額の配当を

行うことを重視しており，仮に前期に比べて今期の決算が悪くても，前期と同額の配当を行う場合が多かった。額面制度（第4章参照）のもとでは，額面金額の10％（額面50円が一般的だったので，5円）の配当を堅持する会社が多かった。このような配当方法は，**安定配当**といわれた。そこで，現在の会社法は，利益の配当という用語を使わず，剰余金の配当としている。

　剰余金は，貸借対照表上の純資産から資本金と資本準備金とを差し引いた額であるが，配当を行うためには，決算日後の剰余金の変動も考慮して，分配可能額を確定する必要がある。ただし，この分配可能額の計算方法は煩瑣であるが，ベースとなるのは貸借対照表上の「その他資本準備金」および「その他利益準備金」であり，これにさまざまな金額が加減される。なお，剰余金は，すべて株主に分配されるわけではなく，一部を**内部留保**として保留することが可能である。その際，配当に支払われる割合を**配当性向**といい，決算短信などで公表される配当性向は，1株当たりの配当金額を当期純利益で除した数値（％）が用いられ，これは投資の判断材料とされる。さらに，投資家にとっては，**配当利回り**も重要である。これは，年間の配当金額を現在の株価で除した数値（％）であり，株式投資の収益率を表している（第3章参照）。また，配当のような利益は，**インカム・ゲイン**といわれ，株価の値上がりによって得られる**キャピタル・ゲイン**とは区別される。

　ここで重要なことは，確かに配当は株式投資の収益であり，投資家は会社が内部留保を蓄積するよりも，多額の配当を支払うことを期待するかもしれない。しかし，内部留保は，将来の投資のために使われることもあり，その投資が成功すれば，会社に多大な利益がもたらされ，企業価値が向上し，株価が上昇するかもしれない。世間では，配当の多い会社が株主重視の会社であるという見方もあるが，無配当でも，内部留保を有効な投資に振り向け，株価を高めている会社もあるので，配当の多い会社が株主重視であると決めつけることはできない。なお，会社が剰余金をどの程度配当し，内部留保するかを**配当政策**といわれ，将来の投資機会や経営計画に関する重要な経営戦略であるとともに，ここでは株主間あるいは株主・経営者間で対立が生じる場合がある。特に，近年の日本企業は，内部留保を積み上げる傾向が強かったため，それを不満とする投資ファンドが配当の引き上げを要求し，より高い配当を盛り込んだ株主提案を活発に提起したことは，このことをよく表している。

　なお，配当の決定は，株主利益に関わる重要事項であるので，原則として株

主総会の決議（普通決議）を必要とする[19]。また，配当される財産は，通常金銭で支払われる[20]。

▶残余財産の分配を受け取る権利

　株式会社が**解散**した場合，清算手続が開始される。清算手続では，金銭以外の資産が売却・換金され，債務の返済が行われる。その結果，残された財産（**残余財産**）があれば，株主に対して持ち株数に比例して分配される。これを**残余財産の分配を受け取る権利**（**残余財産請求権**）という。ただし，実際には，会社が解散に至るのは，**債務超過**に陥った場合がほとんどである。つまり，会社の保有する資産よりも返済すべき債務の方が大きくなり，債務返済の目途が立たなくなったことによって**倒産**してしまう（コラム⑤参照）。この場合，資産を売却しても債務返済さえ十分に行えないので，事実上株主に残余財産が分配されることはない。なお，債務超過分について，株主が負担する責任はない。これは，株主の有限責任（後述）による。なお，会社の解散には，株主総会の特別決議が必要である。

▶株主代表訴訟権

　株式会社の役員に対する責任追及は，本来会社が行うべきものとされている。つまり，役員は会社に対して注意義務や忠実義務を負っているが，その任務を怠ったときには，会社がその責任を追及するべきであるが，責任追及が行われない可能性がある。そこで，個々の株主が会社に代わって，取締役等に対して訴訟を提起することが認められている。このような訴えを**株主代表訴訟**といい，その権利を**株主代表訴訟権**という。また，訴えを起こすことができるのは，6カ月前から引き続き株式を保有していた株主とされる。

　この制度は，1950（昭和25）年の商法改正によって導入されたが，訴訟手数料が損害賠償請求額をベースに計算されていたので，訴訟を起こす際には大きな負担があり，あまり利用されなかった。しかし，1993（平成5）年の商法改正によって，訴訟手数料が一律8200円（現在は1万3000円）で済むようになったため，訴訟件数が大幅に増加した。訴訟の事例をみると，不当な会社財産の流出（政治献金，顧客への損失補塡，経営の失敗，デリバティブ取引による損害など）が問題視されるケースが多く，損害賠償請求額が莫大な金額に及ぶ事例も少なくない。そのような場合，代表訴訟において株主側が勝訴し，損害賠償請求が

─── ● コラム⑤　倒産と企業再生 ─────────────────

　倒産とは，会社などが経営破綻し，期日の到来した債務の弁済が不能になった状態を指す。倒産を処理するには，裁判所に申し立てを行う場合（法的整理）と当事者間の交渉で行う場合（私的整理）とがある。また，その処理手続には，債務者の会社などを再生させる方向で処理する再生型手続と解散・清算する方向で処理する清算型手続とがある。再生型の法的整理では，会社更生法および民事再生法が使われる。また，再生型の私的整理は，当事者主導の交渉で債務者企業の再生を図ることになるが，私的整理の枠組みを提供する機関として，裁判外紛争処理手続（ADR: Alternative Dispute Resolution），中小企業再生支援協議会，企業再生支援機構などがある。さらに，企業再生では，債務削減だけでなく，資本増強を必要とする場合が多い。そのような資金を提供する投資ファンドは，企業再生ファンドといわれる。

認められても，敗訴した役員等はそれを支払うことができず，破産する可能性も高い。また，過大な責任が役員等に負わされることになると，役員の就任そのものを躊躇するようになる可能性もある。そこで，役員の責任の軽減が認められている。たとえば，株主総会の特別決議により，損害賠償額は，代表取締役は年収の6年分，取締役は4年分，社外取締役は2年分などの範囲に限定できる。

▶株式買取請求権

　通常，株式会社には，株主からその株式を買い取って，資金を返済する義務はない。むしろ，株式発行によって調達した資金は，永続的に利用できる。しかし，一定の要件のもとで，株主には，会社に対して株式を公正な価格で買い取るよう請求することが認められている。これが**株式買取請求権**である。その要件は，①単元未満株式が生じた場合，単元未満株式は取引所で売買できず，その株主は換金の機会がないので，発行会社に対して買取りを請求することが認められている。②会社の基礎的な変更を決議する株主総会において，決議の結果，その変更が承認された場合，反対投票した株主に対して，その保有株式を会社に対して買い取るよう請求することが認められている。これは反対株主に資金回収の機会を提供するとともに，経済的救済を与えるためである。なお，ここでの会社の基礎的変更とは，①事業の全部または重要な一部の譲渡，②株式譲渡制限（後述）を設けるための定款変更，③合併，④新設分割・吸収分割，[21]

⑤株式交換・株式移転である。[22]

　ただし、買取請求がなされた場合、その株式の買取価格をどのように設定するのかが問題となる。上場株式については、市場価格が存在するが、市場価格は時に乱高下し、株式価値を適切に表しているかどうか疑問視される場合もある。現在、さまざまな評価方法が工夫されているが、どの評価方法も決定的なものとはいえず、裁判で争われる事例もある。

▶株主有限責任

　すでに本章1節で解説したように、株式会社では、株主の責任は有限責任とされている。つまり、その責任は出資額に限定され、それを超えて会社あるいは債権者に対して責任を負わないと定められている。ただし、ここで注意を要するのは、株主有限責任とは、あくまでも基本原則であり、株主自らがその出資額を超えて責任をとることを妨げるものではない。たとえば、株主＝経営者の場合、この株主は金融機関から借入れを起こす際、金融機関との間で個人保証の契約を取り交わす、あるいは個人資産を担保として提供することが多い。むしろ、日本では、金融機関が規模の小さな会社やリスクの大きな会社に貸付を行う場合、個人保証や担保提供が慣例となっており、起業する際の障害になっているという指摘もある。

▶株式の譲渡自由の原則

　株式は自由に譲渡できることが原則であり、株主は保有する株式を自由に譲渡できる。これを**譲渡自由の原則**という。したがって、前述の株式買取請求権が行使できる場合を除いて、会社は株式を買い取る義務はない。つまり、譲渡自由の原則は、2節で述べたように、株式会社が資本を時間的に集中するための基礎である。ただし、会社によっては、好ましくない株主を排除する、あるいは信頼のおける株主だけに限定することを重視する場合がある。そこで、株式の譲渡による取得には、会社の同意を必要とするという定めを定款に記載することで、株式会社が株式の譲渡制限を置くことが認められている。ただし、株式会社がその株式を取引所に上場する場合、このような譲渡制限を置くことは認められない。したがって、譲渡制限を設けている会社は、非上場会社に限られるが、多くの非上場会社が譲渡制限を設けているといわれている。株式市場では、新規上場（新規公開）の株式に対する人気が高まり、新規上場される

や否や高値で取引されることがある。これは，新規上場ブームとか，IPOブーム[23]などと呼ばれる。

4　株式会社の抱える問題

　前節でみたように，株式会社において，株主の権利や地位は，法律的に細かく定められており，一見十分に適切な関係が経営者との間で取り結ばれているようにみえる。しかし，現実にはさまざまな問題が発生し，必ずしも適切な関係が築かれているわけではない。このことを，先のたこ焼き屋Tを使って説明しよう。

> 【設例3】
> 　株式会社Tは，その後も成長し，証券取引所の上場会社となり，不特定多数の投資家に新株発行を行い，資金調達した。また，創業者AとFとは，経営引退後，株式会社Tの大株主として，それぞれ発行済株式の10％を所有し，その利益から配当を受け取っていた。しかし，予想よりも配当が少なく，さらに経営者Mは経営努力を怠っているという評判を耳にした。Mの経営努力が足りないために，利益が上がらず，配当が少ないというのである。このことから，AとFはともに，Mに対する不信感を強めたとする。AとFは，この事態を改善することを考えた。

　この設例の場合，株式会社では，種々のオプションが用意されている。
(1)　直接的な監視
　株主が経営者を監視する場合，株主は次の手段を行使できる。まず経営者側から提供される事業報告書や計算書類，株主総会参考書類，さらに上場会社が提出する有価証券報告書をチェックするとともに，帳簿閲覧権や株主総会での質問権を行使して情報を収集する。また，これらの情報をもとに，経営者の選任・退任，報酬額の減額などについて，株主総会での意思決定に参加する。さらに，経営者の違法・不適切な行為を事前にやめさせる場合は差止め，すでに損害が発生した場合は代表訴訟を提起する。このような手段が認められている。しかし，実際に行使することは必ずしも容易ではない。
　さらにここで，先ほどのたこ焼き屋Tの事例をあげ，2つの問題を指摘し

ておこう。もし，Aが経営者の監視役になり，Aの熱心な監視のおかげで経営が改善し，利益が向上し，配当が増えたとする。この場合，Fは何の苦労もなく，増配のメリットを享受できる。これは**フリーライド問題**といわれる。さらに，Aは監視役になることを嫌がるだろう。たとえば，Aの監視に費やした労力は，金銭的には100万円に相当し，その努力によって株主全体が受け取る配当総額は100万円増加したとする。しかし，増配のメリットはFおよびその他の株主と分け合うことになり，コストの割にはメリットが少ないと感じる可能性が高いからである。そうなると，経営を監視するメリットがなく，黙って見ておいた方がトクだという判断が成り立つ。このような状態は，**合理的無関心**といわれる。フリーライド問題や合理的無関心は，株主が多くなり，広く分散化すればするほど常態化し，特殊な事態ではなくなる。そこで，専門的な監視役が必要になる。次に，専門的な監視役について説明する。

(2) 取締役・監査役・委員会制度

　株主に代わって経営を任されるのが取締役であり，取締役の会議体が取締役会である。取締役会は代表取締役（執行役）を選任し，代表取締役が会社を代表し，業務執行を行う。他方，取締役会は代表取締役を監督する。しかし，取締役会は，取締役との距離が近く，必ずしも監督機能を果たさない。特に，代表取締役が取締役の人事権限を事実上もっている場合や取締役が従業員から昇格した場合，監督機能は空洞化しやすくなる。そこで，取締役会とは独立した，監査役会を設置することになる。監査役は，取締役会に出席し，意見陳述の権利・義務を有するとともに，業務および財産状況の調査を随時行う権限を有している。さらに，取締役の違法行為に対する差止めの権限や取締役に対する損害賠償請求権を有している。このような権限を有しているため，監査役は取締役の行う経営が適法かどうかを監査できるが，その経営の妥当性や合理性を監査できるかどうかについては疑問が残る。というのは，監査役は代表取締役を解任する権限やその報酬を減額する権限はもっていないからである。

　そこで，2003年4月，委員会設置会社が導入された。委員会設置会社では，取締役（会）は基本方針の決定と経営者（「執行役」という）の監督のみを行い，その下部組織として指名委員会（取締役候補者の決定），監査委員会，報酬委員会（取締役・執行役の報酬の決定）を設置する。この監査委員会は，すべてのメンバーは取締役であり，経営の妥当性や合理性も含めた監査を行う。ただし，同委員会メンバーは，すべて社外取締役または業務執行を行っていない取締役

でなければならない。この委員会設置会社の仕組みは,監査委員会が取締役会からの独立性を保ちながら,経営判断の内部に踏み込んだ監査ができるよう工夫したものと考えられるが,現時点ではあまり採用されていない。このことは,監視の仕組みを作ることの難しさを物語っている。

(3) インセンティブ報酬体系

経営者に対する監視のあり方を工夫するのではなく,全く方向を変えて,経営者が経営のために努力する仕組みを工夫するのが,インセンティブ報酬体系である。つまり,インセンティブ（incentive）とは,励みや動機づけという意味であり,経営者の努力が報酬として評価される仕組みを導入することが考えられる。具体的には,**ストック・オプション制度**があげられる。ストック・オプション制度とは,経営者に新株を一定価格で購入する権利を与えることになる。たとえば,会社の株価が1株1000円のときに,この会社の経営者には1株を1200円で購入できる権利を1万株分与える。経営者が努力して,会社業績が向上し,株価が1500円になれば,経営者はこの権利を使い,1500円の株を1200円で会社から購入する。そうすると,1株当たり300円割安な価格で購入できたので,その場ですぐに1500円で売却すれば,1株当たり300円の利益となり,1万株では300万円の利益がもたらされる。この300万円は,経営者が努力したことの報酬と考えられる。この制度では,経営者は株価が上昇するほど高い報酬が得られることになる。つまり,株主も株価上昇を期待しているので,その期待を経営者も共有することになる。一般に,経営者の報酬が高くなれば,株主の取り分は少なくなり,そこでは両者の利益は対立するが,この制度では両者の利益は一致する。

しかし,さまざまな課題や問題もある。まず,この制度は,株式が流通し,その価格が形成されている公開会社しか採用できず,非公開会社で採用するのは難しい。また,経営者の努力が適切に株価に反映されているかどうか,必ずしも明確でない。つまり,その時々の経済環境や市場動向で株価は上下するので,経営者の努力や業績向上と連動しない可能性もある。さらに,経営者の努力が必ずしも業績向上に向かわず,株価を上昇させることだけに注力するようになる可能性もある。実際,経営破綻して問題となった,アメリカのエンロン（2001年倒産）やワールドコム（2002年倒産）の事例は,この制度が歪んだインセンティブをもたらす可能性を示している。

(4) 敵対的企業買収

　経営者はさまざまな市場で評価され，監視されている。たとえば，生産した商品は，それぞれの商品の市場で評価される。つまり，良い商品は市場で高い価格がつくか，市場での取引が拡大する。株式市場では，株価の上下によって評価が下されるだけでなく，株式取引によって経営者交代が余儀なくされることもある。つまり，株式は会社経営に参加する権利を表しているので，株式市場は会社支配権市場の側面をもっている。ある会社株式の過半数（厳密には，過半数の議決権）を買い集めれば，経営者の交代を提案し，自ら可決することができる。その際，経営者がその提案に反対の立場であっても，経営者は交代せざるをえない。これが**敵対的買収**である（第8章参照）。

　敵対的買収が生じる背景はさまざまであるが，1つの背景として，現在の経営者の経営が不適切・不効率であるため，本来その会社がもっている資産や経営資源が有効に活用されず，業績も株価も低い水準に低迷している場合があげられる。そこで，経営者を交代させ，適切かつ効率的な経営に転換すれば，株価は回復すると考えた買収者が，この会社株式を買収するのである。このような買収があると，実際に経営者が交代させられなくても，交代させられるかもしれないという圧力を常に感じ，適切かつ効率的な経営に向かわざるをえない。これは，株式市場による監視といえる。

　しかし，ここにも課題や問題がある。まず，ストック・オプション同様，経営者の努力や業績が株価に適切に反映しない可能性を排除できない点である。経営者が努力し，業績が向上していても，経済全体の環境によって，株価が下がり，敵対的買収の対象となる可能性もある。あるいは，逆に経営努力が欠如していても，別の要因で株価が維持・上昇する可能性もある。さらに，敵対的買収の中には，適切な経営者交代が行われず，会社の重要な資産を次々に高値で売却し，短期的な利益だけを得る目的の買収もありえる。また，短期的な利益拡大を図って，過度なリストラを強行し，長期的な観点からすると，企業価値が劣化することもありえる。したがって，市場の監視に過度に依存することは危険である。

　以上，(1)から(4)の監視方法を検討したが，どれも一長一短である。そこで，現実の株式会社制度では，これらの監視を組み合わせ，それぞれの監視方法を工夫しながら，よりよい監視のあり方が模索されている。

・注

1) ここで,「何らかの利益」が,金銭的・経済的なものである場合,その企業は**営利企業**とされ,社会的・文化的な貢献や慈善目的の場合,**非営利企業**とされる。ただし,近年,NPOなどの社会的企業が注目されると同時に,営利企業においても社会的責任を重視する傾向が強まっており,両者は明確に区別しにくい面が強まっている。

2) 株式会社を設立する方法として,発起設立と募集設立とがある。**発起設立**とは,発起人が設立の際に発行される株式をすべて引き受け,会社設立後の株主になる方法である。**発起人**とは,会社設立の企画者であり,設立事務を執行する者である。また,発起人の員数は1人でもよいが,少なくとも1株を引き受けなければならない。発起設立では,発起人がすべての株式を引き受けるので,会社設立のための出資資金は発起人の資力に限定されるが,その範囲では確実に会社が設立できる。他方,**募集設立**とは,発起人は会社成立時に発行される株式の一部だけを引き受け,残りの株式は発起人以外の者に対して,引き受けを募集する方法である。募集に応じる出資者によっては多額の出資資金が集まる可能性もあるが,逆に予想通りの出資資金が集まらず,会社設立が不可能になる場合もある。さらに,設立時点で,広く募集を行い,出資者を集めることはきわめて難しいので,現状では募集設立はほとんど行われず,発起設立が一般的に利用されている。

3) 株式に譲渡制限の付されていない会社を公開会社と呼び,そうでない会社を非公開会社と呼ぶ。また,証券取引所に株式が上場されている上場会社は,公開会社であるが,証券取引所には上場されていなくても,その株式が店頭市場などで取引されている場合,公開会社である。日本では,日本証券業協会の管理する株式店頭市場(ジャスダック市場)があり,その銘柄が店頭銘柄であったが,2004年にジャスダック市場が証券取引所の免許を得て,ジャスダック証券取引所となったことから,ジャスダック銘柄は上場銘柄となった。現在,日本証券業協会の「グリーンシート銘柄」に指定されている株式の発行会社は,上場会社ではないが,公開会社である。なお,公開していない会社あるいは上場していない会社は,それぞれ非公開会社,非上場会社と呼ばれるが,しばしば未公開会社,未上場会社と呼ばれることもある。この差異は曖昧であるが,未公開・未上場会社は,将来的に会社が成長すれば,公開・上場をめざすものであるという発想を前提にしていると思われる。ただし,最近は,自ら非上場化を選択する会社もあり,この前提が該当しない場合も多い。

4) 2005(平成17)年の会社法の施行によって,有限会社は廃止され,それに代わるものとして,新しく導入されたのが合同会社である。ただし,会社法施行前から存続する有限会社をすべて合同会社や株式会社に組織変更することは難しいため,特例措置により,既存の有限会社は**特例有限会社**として存続することが認められている。また,会社法施行によって,有限会社法は廃止されたが,これにより会社法の中に有限会社の規制が取り入れられ,株式会社と有限会社の規律の一体化が図られた。たとえば,従来は株式会社の資本金は最低1000万円,有限会社は300万円となっていたが,会社法は最低資本金の規制を撤廃し,資本金1円の会社の設立を認めている。したがって,株式会社=規模の大きな会社とはいえない。

5) ただし,非上場会社の場合,株主数が少数であることが多い。このような会社の場合,

信頼関係を欠く株主を排除したいという傾向が強い。そこで，定款において株式の譲渡制限を設けることが認められている。実際，非上場会社では，ほとんどの場合，この制限を設けているといわれている。
6) ここで，株券とは，会社の株式を紙券として印刷したものをいう。
7) ただし，巨大な資本を必要とし，多数の出資を集めざるをえない産業（銀行，保険，運河，水道など）では，その業務を完全にルール化することで，このような問題を回避することを主張している。
8) ただし，このような企業形態では，出資に対して一種の株式が発行され，その売買も可能であった。また，事業に直接関与しない出資者は，有限責任であった。
9) 6カ月前から総株主の議決権の1％以上または300個以上の議決権を有していた株主は，会社が招集する株主総会で一定の事項を議題とすること，またはその提出する議案の要領を招集通知に記載することを請求できる。
10) 会社の計算書類や附属明細書は，一定の方法で株主に開示される。これらの書類作成の元になった会計帳簿については，総株主の議決権の3％以上または発行済み株式の3％以上の株式を保有する株主は，会社の営業時間内に，いつでも会計帳簿またはこれに関する資料の閲覧または謄写を請求することができる。
11) その意味では，株主平等の原則は，株式平等の原則という方が正確であるという意見もある。神田［2010］，66ページ，参照。
12) 株主名簿とは，株主の氏名，住所，保有株数，その取得日などを記載した名簿であり，会社にはその作成が義務づけられている。会社はこの名簿上の株主に対して株主総会の招集通知などを送り，配当を支払う。また，株式が譲渡された場合，株主名簿上の名義書換えが必要となる。ただし，これらの株式事務を会社が行うのは煩瑣であるため，第三者に代行を委託することができ，ほとんどの上場会社は信託銀行等に委託している。
13) ただし，ここでの法定権限は，取締役会設置会社の決議事項である。非取締役会設置会社の株主総会では，会社法の規定する事項だけでなく，株式会社の組織，運営，管理その他一切の事項について決議できる。つまり，非取締役会設置会社とは，会社法施行以前の有限会社のような規模の小さな会社であり，所有と経営が分離していない場合が多い。したがって，非取締役会設置会社では，株主総会で一切の事項が決議できる。
14) 会社が保有する株式について議決権を認めると，会社経営者は自らにとって都合のよい方向で議決権を行使する恐れがある。
15) 会社が自己株式を取得する（いわゆる自社株買い）場合，売り手となる株主は，当該自己株式取得を承認する株主総会決議における議決権は認められない。もしこれが認められれば，当該株主は自己に有利に自社株買いが行われるように議決権を行使する恐れがあり，これは公正な議決権行使とはいえない。
16) 相互保有の株式について，例えば株式会社Aは株式会社Bの株主であり，逆にB社もA社の株主であるとする（相互保有関係）。ここで，B社はA社の総議決権の4分の1を保有しているとする。この場合，A社が保有するB社株式について議決権を認められない。なぜならば，この場合A社にとってB社は大株主であり，B社の強い影響力のもとにあると考えられる。つまり，その影響力の大きさゆえに，B社に対して公正な議決権行使ができないと考えられるからである。

17) これ以外に，特殊な決議がある。これは特別決議よりも要件が厳しく，①議決権を行使できる株主の半数以上を定足数とし，当該株主の議決権の3分の2以上の賛成，②総株主の半数以上を定足数とし，総株主議決権の4分の3以上の賛成，を必要とする。定款変更により非公開会社に移行する場合など，この決議が採用される。

18) 会社法施行以前（旧商法）は，利益の配当といいつつも，実際の利益配当は，創業以来の利益の累積額およびその他資本剰余金から配当できることとなっていた。現在の会社法は，剰余金の配当と呼ぶことで，この実態をより正確に表現したといえる。

19) 次の会社は，定款の定めにより，取締役会で配当を決定することができる。(1) 委員会設置会社，(2) 監査役会設置会社でありかつ，会計監査人を設置し，取締役の任期が1年以内の会社。ここで，委員会設置会社とは，2002（平成14）年に導入された制度であり，取締役会と監査役を置く会社は，定款により委員会設置会社となることができる。委員会設置会社では，①取締役会の役割は，基本事項の決定と監督機能が中心となり，指名委員会，監査委員会，報酬委員会が監督を行う。②監督と業務執行とを分離し，業務執行は執行役が行う。③各委員会は3人以上で構成され，その過半数は社外取締役でなければならない。また，委員会設置会社以外の大会社で公開会社である会社は，監査役会を置かねばならない。監査役は3人以上で，その過半数は社外監査役でなければならない。剰余金の配当をどのように決定するかは，株主の利益にかかる重大関心事である一方，高度な経営判断を要する事項でもある。その限りでは，取締役会に決定権限を委ねる方が望ましいという考え方もできる。そこで，上の要件のもとに，剰余金の配当の決定権限が取締役会に委ねられたと考えられる。

20) ただし，金銭以外の配当（現物配当）も認められている。ただし，現物配当を行う際には，株主に対して金銭分配請求権（配当財産を換金することを会社に請求する権利）を与えるか，あるいは株主総会で特別決議を得る必要がある。

21) 新設分割および吸収分割は，いずれも会社分割の手法である。会社分割とは，ある会社（分割会社という）の事業の一部ないし全部を他の会社（承継会社という）に承継させることをいう。新設分割とは，会社分割に際し，新たに承継会社が設立されるが，吸収分割では，既存の会社が承継会社となる。

22) 株式交換とは，ある会社（A社）の発行済株式の全部を他の会社（B社）に取得させることをいい，これにより，B社はA社を完全買収（完全子会社化）することができる。株式交換の場合，株主総会の承認によって，反対するA社株主の保有株式を含め，すべてのA社株式をB社は取得することができる。なお，A社株主には，株式交換の対価として，B社株式または金銭が交付される。他方，株式移転では，株式を取得するB社が新設される。また，取得される会社が複数の場合，新設会社は持株会社となる。なお，合併，新設分割・吸収分割，株式交換・株式移転をまとめて，組織再編という。

23) IPOとは，Initial Public Offeringの略であり，会社の初の株式公募発行を意味する。上場に際しては，IPOを行うことが多い。

24) 取締役は，職務の執行に際して，善良な管理者の注意義務（善管注意義務）を負うとともに，会社に対する忠実義務を負うとされている。善管注意義務とは，委任された人がその職業，地位，能力等において，社会通念上要求される注意義務を意味している。後者は前者と別個のものではなく，前者を敷衍したものとされている。いずれにせよ，監視義

務は取締役にとって重要な義務である。

・参　考　文　献

■学習のための文献

川合一郎［1978］,「株式会社と信用制度」（『川合一郎著作集　第4巻』有斐閣, 1981年, 所収）

大塚久雄『株式会社発生史論』（『大塚久雄著作集　第1巻』岩波書店, 1969年, 所収）

松井秀征［2010］,『株主総会制度の基礎理論』有斐閣

伊藤靖史・大杉謙一・田中亘・松井秀征［2009］,『会社法』有斐閣

神田秀樹［2010］,『会社法（第12版)』弘文堂

小林和子［1995］,『株式会社の世紀』日本経済評論社

第2章　証券の流通

1　資金の満期変換とその方法

　企業活動において，原材料を仕入れ労働者を雇い，生産過程を経て販売に成功し，最初に投下した資金を回収するまでの一循環を，回転期間と呼ぶことがある。農業から工業へ，軽工業から重化学工業へと進んできた経済の発展は，同時に，回転期間の長期化の歴史でもあった。鉄鋼業や石油化学工業を考えればわかるように，現代では，投入した資金を回収するまでに10年を要することも珍しくない。そうなると必要となる資金は経営者の個人的資産では足りず，外部からの調達が必要となり，しかもそれは長期にわたって返済を猶予されるものでなければならない。

　他方，資金を供給する側を考えてみると，長期にわたって資金を手放せるのは，相当の金銭的余裕，資産の蓄積がある者に限定される。しかしながら，経済の発展が広範囲に及び必要とする資金が巨額になると，少数の富裕層の資産のみによって資金需要を満たすことはできなくなり，社会の多数を占める一般大衆の零細資金を動員することが必要となる。ところが一般大衆は生活費に対する貯蓄の比率が低いため，長期にわたって資金を貸し出すことは難しい。

　この矛盾，すなわち企業の側は長期の資金を必要とする一方で，資金の出し手となる家計部門は短期の資金しか提供できないという矛盾を解決するための仕組みが，1つには銀行による**満期変換**であり，もう1つが**債権の転売**である。

▶銀行による満期変換機能

　銀行は，預金の形で資金を集める一方で長期の貸出を行って**満期変換機能**を担っている。銀行にこうした役割が可能なのは，一民間企業の債務にすぎない預金が貨幣として機能しうる仕組みが整備され，さらに**中央銀行**による流動性補完が用意されているからである。

　銀行預金は，いつでも引出可能であるために，逆に，現金が必要になるまでは引き出されず，余裕資金はこまめに預けられることになる。その上，銀行間では中央銀行預金を通じた振替決済が可能であること，**コール市場**（即日決済の銀行間貸借市場）により銀行間の資金過不足が調整できることなどにより，預金は預金のままで決済手段として機能し，そのことが現金の銀行組織内での滞留時間を伸長する。それでも，銀行が「短期借りの長期貸し」を行っていることに変わりはなく，何らかの理由で預金の引出が殺到し，コール市場でも十分な資金が調達できなければ，銀行はたちまち現金不足に陥り払戻しに応じられなくなる。そこでそうした場合には，中央銀行が現金を供給し銀行を救済するのである。政府の銀行である中央銀行は独占的な発券機能を与えられているため，無制限の現金供給が可能で，それが銀行の**流動性リスク**を最終的にカバーするのである。

　しかしながら，こうした銀行による満期変換機能にも限界がある。

　まず，中央銀行による流動性供給への安易な依存は銀行経営における流動性管理の規律を弛緩させかねない。さらに，**信用リスク**も一般に明らかとなるのは資金の調達難によってであり，それは流動性不足と同じであることから，流動性リスクと信用リスクを実際に区別するのは困難である。といって，中央銀行が民間企業の信用リスクまで補うことになれば，その裁量的な資金供給は公平性や透明性をゆがめる可能性がある。

　また，企業からすると，銀行借入による調達資金は，たとえその満期の長期化を図ったとしても返済義務を免れないため，当然のことながら自己資本とすることができない。

▶融資債権の転売

　資金需給における満期期間を変換するもう1つの方法が融資**債権**の売買である。企業への資金提供者が，資金の返済を受ける権利を第三者に転売することができれば，債務者にとっての満期は無限に拡大可能であり，債権者にとって

は提供資金を短期間で回収できる。

　しかしながら、債権の売買にはさまざまな困難が伴う。何より、債権を売買する場合、誰が正当な権利者であるのか混乱が生じる可能性がある。すでに権利を売却しているにもかかわらず権利者であると主張したり、逆に、債権を購入していないにもかかわらず権利者であると主張したりする者が現れるケースである。

　そこで法律は、以下のような手当てを行っている（民法467条）。まず、債権者は債務者に通知するか債務者の承諾を得ることによって一般の債権を転売することが可能である。それによって債務者は正しい債権者を知り、旧債権者に誤って返済することがなくなるからである。また、その通知・承諾には、内容証明郵便など日付を記しておくことが必要とされているため、債権者が1つの債権を複数の者に重複して転売した場合でもより古い日付をもつ転売のみが有効となり、正しい債権者が明らかとなるのである。

　こうした方法によって債権も転売可能なのであるが、実務上、転売に必要な通知・承諾とその確認には膨大な時間や手間がかかり、それを大量かつ頻繁に行うことは容易ではない。そこでもう1つのより効率的な方法として用いられてきたのが、債権を紙に**化体**する（＝権利を紙と結合させる）**有価証券化**という仕組みである。債務者が発行した債権の内容を記した証券をもつ者だけが正当な権利者であるということにすれば、証券の売買すなわち**権利の売買**となる。すると、①債務者は、真の債権者が誰かをあれこれ詮索することなく、証券の保有者に返済すればそれでよく、②債権の売買は債務者への通知や承諾の必要なく証券の売買のみによって完了し、③証券を保有せずに債権を売却することはできないため、債権が二重に売却される心配もなくなる。

　そして企業は、この有価証券を発行することによって、長期の資本を調達することに成功してきたのである。有価証券の仕組みについて、節を改めてみてみよう。

2　有価証券とは何か

　有価証券、またその中で証券市場の取引対象となる資本証券については、序章で説明されているが、ここで改めてその性質を明らかにしておこう。

有価証券とは「財産的価値ある私権を表章する証券であって，その権利の移転および行使が証券によってなされることを要するもの」と定義される。その意味を，まずは有価証券でないものを例に考えてみよう。

　たとえば，卒業証書は，学校を卒業したという事実を証明する文書であるが，「財産的価値ある私権」を表すものではなく，したがって有価証券ではない。有価証券であるためには，それが「財産的価値」を表すものでなければならない。なお私権とは，私法上の権利のことで財産権や相続権などを指し，公法上の権利である公権〔国家の私人に対する権利（徴税権など）や私人の国家に対する権利（参政権など）〕と対になる概念である。

　次に預金通帳（預金証書）を考えてみよう。これは，銀行に対する預金債権を表す紙券であるから，「財産的価値ある私権を表章する証券」にあたる。では，定義の後段「権利の移転および行使が証券によってなされることを要する」といえるだろうか。まず，預金債権は，CD（譲渡性預金）を除いて，そもそも売買できない。では行使はどうか。預金債権の行使，つまり預金を引き出す際には一般的に預金通帳が使われるが，必ず必要かというとそうではない。万一通帳を紛失しても，銀行が当人の預金であることを認めれば通帳なしで預金を引き出すことが可能である。つまり，通帳は，預金債権という権利を示す証拠の1つにすぎず，それ以外の証明が可能であれば必ずしも不可欠の証券ではないのである。「権利の行使に占有を必要と」しないため有価証券とはいえない。こうした証券を有価証券と区別して**証拠証券**といい，領収書や借用証書などもこれにあたる。

　これらに対して，たとえば**株券**[1]は，株主としての地位・権利という「財産的価値ある私権を表章する証券」であり，その権利を誰かに売り渡したければ株券という紙券を渡すだけでよく，かつその株券を渡さずにその権利を売却することはできない。また，配当の受領や株主総会への出席など株主としての権利を行使するためには発行会社の**株主名簿**を書き換えてもらう必要があるが，そのためには株券を発行会社に呈示しさえすればよく，また株券を呈示せずに名義の書換をしてもらうことはできない。つまり，株券は，権利の売買にも行使にも必要不可欠なもの，すなわち有価証券なのである。

　このように，**有価証券**とは財産上の権利を紙券に化体したもの，権利と紙片を結合させたものである。こうしておけば，有価証券という紙の売買によって債権の売買が完了するため，先述の満期変換を容易に行うことができる。また

債務者にしてみても，有価証券の保有の有無によって正当な権利者であるか否かを判断できるため，きわめて簡便かつ安全である。

3 権利と証券の結合と分離

　有価証券は権利の売買を容易にするために権利を紙（証券）に化体（結合）したものであるから，通常，**権利**と**証券**は一体化している。そのことの意味をさらに明確にするため，ここでは逆の状況，すなわち有価証券において権利と証券が分離されるケースを考えてみよう。

　株券を例にとると，権利が存在するにもかかわらず株券が発行されていない状態，反対に権利が存在しないにもかかわらず株券が発行されるという状態が存在しうる。あるいは，有価証券は資金の満期変換等の目的を実現するための手段として権利と証券を結合したものであるにもかかわらず，それではかえって困ることになるので結合を解く必要が生じる場合もある。これらはいずれも特殊な状況ではあるが，権利と証券の関係，つまり有価証券の特徴をより明らかにする重要な論点であると思われる。

▶株券なき株式，株式なき株券

　日常的には株式と株券は区別されず同じ意味で用いられることが多いが，厳密にいえば，**株式**は株主の地位・権利のことであり，株式を表章する有価証券が**株券**である。株券を売買することによって株式が売買されるのであり，前述のように株主としての権利を行使するためには株主名簿の書換が必要であり，そのためには株券が必要である。

　しかしながら，会社の設立や新株式発行の場合，株主からの払込みがなされた時点で株主としての権利（株式）は成立することになるが，株券は，株主からの払込終了後でないと発行できない。つまり，株式が発行された後に株券が発行されるのであって，その間にわずかながら，株券はまだ存在しないにもかかわらず株式は存在する時間が存在することになる（株券なき株式）。些細なことのようであるが，これは後述するように，同じく有価証券でありながら手形には当てはまらず，株券と手形の違い，有価証券の性質を考える上で重要な意味をもつ。

他方，逆に**株式なき株券**，つまり株式が発行されていないにもかかわらず株券が発行されることもある。資金繰りに窮した会社経営者が，汚損した株券の交換などに備えて社内に用意されていた株券（予備株券）を，株式の発行がないまま借入金の担保として違法に使用（発行）したことがある。この場合，株券が表すはずの権利である株式が存在しないため，この株券は無効であり，その発行は違法である（田中［1993］313-314ページ）。

つまり，株券の存在しない株式は有効であるのに，株式の存在しない株券は存在しえない（無効である）のであるが，このことは，株券（証券）は株式（権利）そのものではなく株式（権利）を表章する紙片にすぎず，あくまで権利が主であり証券は従であるという有価証券の特徴を端的に示している。

▶手形（貨幣証券）と株券（資本証券）

ただし，証券なき権利が存在しうるというのは，すべての有価証券に当てはまることではない。たとえば，約束手形は，商品の仕入れや金銭の借入れなどを前提にその支払い（返済）を約束するものであるが，そうした前提となる事実のあるなしに関係なく，一旦振り出されれば（手形の発行を振出という）有効であり，また逆に振り出されなければ，手形が表章する権利は存在しえない。

こうした**手形**のように，発行されればその経緯に関係なく有効な証券を**無因証券**といい，株券のようにその発行の前にそれが表章すべき権利の存在が必要とされる証券を**有因証券**という。また，証券が発行されなければ権利そのものが誕生しない手形のような証券を**設権証券**というが，株券は，説明したように証券が発行されなくても株式は存在しうるため，設権証券ではない。

手形と株券におけるこうした違いは，両者における権利と証券の結合の度合いの違い——手形における結合は株券の場合よりも強い——を示していると考えられる。そしてそれは，それらが表章する権利の性格の違いとそれによる流通性確保の必要性の違いにもとづく。

すなわち，同じく有価証券といっても，**株券**の表章する権利が会社の所有者たる株主の権利という複雑かつ個別性の強いものであるのに対して，**手形**が表す権利は金銭債権という単純かつ非個性的な性格のものである。株券は，議決権，配当請求権，残余財産請求権など多様な権利を表し，かつ会社ごとの事業内容・経営状態の違いが大きいため，A社の株主権とB社の株主権は根本的に異なる。そのため，株式は名義の書換を必要とするのであり，また異なる会

社の株式の価値の違いは株価の違いとしても現れる。対照的に、手形所有者がもつ権利は期日に現金を受け取れるという「無色の金銭債権」（鈴木・前田[1992] 47 ページ）であり、手形債務者の義務はその支払義務にすぎない。その内容は単純であり手形の振出人がA社であれB社であれ、その違いは（債務不履行＝倒産の可能性が小さければ）ないに等しい。それは手形の役割が現金の受払いを繰り延べることにあり、つまり現金を代替する機能の担い手にすぎないからである。ここから手形や小切手を**貨幣証券**という。

そのため、手形は、有価証券の中では紙幣に最も近い流通性を確保する必要があり、かつそれが可能である。そこで、手形という紙券が正当な要件を備えてさえいれば、それが振り出された原因については受取人が詮索する必要がないよう、無因証券の性格が与えられているのである。他方、株券の場合、その目的は短期資金の長期化を可能とすることでより多くの資本を集めることにあるため（こうした役割を担う株券や社債券を**資本証券**という）、そもそもの払込みがなされなければ意味をもたず、逆に払込みさえなされていれば株券は発行されていなくとも株主としての権利は認めざるをえない。ここから貨幣証券たる手形と資本証券たる株券の違いが発生するのである。また同じく資本証券である株券と社債券の違いも同様に考えれば、それぞれが表章する株主権と金銭債権の違いに由来することがわかる。

▶株券不所持制度

以上のように、有価証券における権利と証券の結合の度合いは、当該権利の性格、それに由来する流通の必要性によって大きく左右される。では、権利を流通させる必要がなくなったとき、証券はどうなるのだろうか。たとえば、株券を買い付けて株主となったものの当面それを売り付けるつもりがない場合を考えてみよう。そのときには株券の存在は不必要であるだけでなく、紛失や盗難の危険を考えれば不便でさえある。有期（短期）の債務を表す手形のような場合は保有される期間も短いが、期限のない株券の場合、長期間にわたり株主であろうとする者にとって株券は保管コストを要するだけの無駄な存在となってしまう。

そこで1966年の商法改正以降、株券の不所持を認める制度が設けられている。これは、株主が保有する株券を会社に提出して申請すれば、会社が当該株券を無効とするというものである。会社設立時や新株発行時でまだ株券が発行

される前の段階であれば（前述した株券なき株式の時点），株主は会社に**株券の不発行**を申し出ることができる。株主としての権利は，株主名簿にもとづいて行使可能であるため，株主は株券を必要としない。株式を売却する必要が生じたときには，株主は会社に申し出て株券を発行してもらうことができる。流通の必要がない株式については，証券との結合が不必要・不便となるため，その結合が解かれ，株式という権利のみが残るのである。先に述べたように，手形など発行されなければ権利が生じない設権証券の場合にはありえないことであるが，この**株券不所持制度**も，権利が主でありそれを流通させる手段として有価証券が存在することを示す1つの例といえるであろう。

▶除権決定と有価証券

　株券不所持制度は，権利と証券を結合しておく必要がなくなった場合であるが，さらに一歩進んで，その結合を解く必要が出てくるときもある。証券を紛失や焼失した場合，盗難にあった場合である。抽象的な存在である権利を物理的な存在である紙券に化体したために，その「物理的存在」が失われれば権利そのものも失われてしまう。これは有価証券化の弊害といってもよいであろう。

　そこで，証券の紛失や盗難が発生した場合にそれが表章する権利までが失われることのないよう，権利と証券の結合を解くことが必要となる。それが**除権決定**（証券から権利を取り除く）という制度である。[2]

　有価証券を紛失した者が裁判所にそのことを届け出ると，裁判所が，当該証券を所有する者は一定の期日までに裁判所に届け出るよう官報等に掲載する（公示催告）。期日までに所有者が現れた場合には，申立てをした者とどちらが真の権利者であるかが争われることとなり，所有者が現れなかった場合には裁判所が除権決定を下す。除権決定とは，当該証券を無効とし，つまり証券から権利を分離し，証券が単なる紙券にすぎないことを宣言することである。証券を紛失した者は，この判決をもとに，証券の発行者に対して再発行を請求できるのである。

　除権決定という制度は，権利と証券が分離可能であり，かつ当該証券のみを無効にできることを示しており，これも有価証券の性格の1つを明らかにしている。

　ここからさらに，除権決定が不可能な（広義の）**有価証券**について考えてみよう。私法上有価証券に分類されているものは，すべて除権決定・**株券失効制**

度によって権利と証券を分離できるが、たとえば**紙幣**は、商法上の有価証券と異なり、紙券そのものに価値があり権利と証券を分離することが不可能だとされている。しかしながら、物理的存在としての紙幣はいうまでもなく単なる紙にすぎないのであるから、紙幣も、額面分の支払いを行う権利を化体した（広義の）有価証券の一種と考えられる。ところが盗難にあっても除権決定を受けることはできず、私法上の有価証券と異なり、盗まれた紙幣も紙幣としては完全に有効なのである。紙幣における権利と証券の結合が絶対的なものとされているからである。

こうした特殊な有価証券が必要なのは、紙幣の場合、その流通性を最大限に保証しなければならないからである。無効な紙幣が混在しているかもしれないとなれば、商品の流通に不可欠の資金決済が滞ることになる。そのため、偽札の製造・使用が禁止されると同時に、単なる紙券でありながらその権利（価値）は分離不可能であるとの制度が維持されてきたのである。また、それが可能なのは、法律上は日本銀行券に法貨として強制通用力が与えられているからであり、経済的にはその価値（＝物価）が安定しているからであり、究極的には日本銀行（を国庫金の出納者とする日本政府）が額面での無制限の受入れを保証しているからにほかならない。

以上、証券と権利の関係を示すいくつかのケース・論点を取り上げたが、これらは、有価証券がそれ自身に価値があるような体裁をとりつつも、実は、権利を紙に化体したものにすぎず、「有価証券においても本体をなすものはやはり権利であって、証券はこのような権利のための手段にすぎない」（鈴木・前田[1992] 8 ページ）ことを示している。そしてそのような制度を作ってきたのは、権利の売買を容易にするためであり、特に資本証券にあっては資金供給者と調達者の間の満期ニーズのギャップを埋めるためなのである。

4　株券の電子化

有価証券の性質をみてきたが、証券という物理的な紙券を利用することにはデメリットも伴う。そのうちすでに述べたのは、権利（株式）なき証券（株券）の発行や、証券の紛失・盗難というリスクである。もう 1 つの大きな問題が、証券の発行・売買高が増大すれば、それに伴って証券の保管、運搬、受渡に膨

> **● コラム⑥　有価証券という概念**
>
> 　本章で述べている**有価証券**は一般私法上の定義（通説）にもとづいているが，**金融商品取引法**（金商法。旧証券取引法）や刑法においては，私法上の定義を基礎としながらも異なる定義が用いられている。法の目的が異なるからである。
> 　民法・商法では，権利を化体した証券の流通性が重視されるのに対して，投資家保護を目的とする金商法では投資対象としての性格の有無が要件となる。そのため，前者では，貨幣証券である手形や小切手が典型的な有価証券と考えられ，証券（紙券）という形態をとっていることが前提となるのに対して，後者では投資性の薄い貨幣証券や商品証券（倉庫証券など）は有価証券には含まれず，他方で投資ファンドの持分など，証券が存在せず流通性が低いものでも，投資性のあるものは有価証券として規制対象となっている。また刑法（有価証券偽造罪）では，偽造の対象として証券（紙券）であることが前提とされる一方，流通性は要求されないため，乗車券や商品券（流通性が低いことから私法上は有価証券には含まれないことが多い）も，偽造罪の対象となっている。

大な事務作業を要するようになるという点である。抽象的な権利を売買しやすくするために物理的な紙の形にしたわけであるが，軽くて小さな証券といえども，その売買枚数が千，万という数になれば，必要となる手続き，それに要するコストも非常に大きくなる。この問題を解決するために設けられたのが**振替決済制度**であり，それをさらに推し進めたのが**証券の電子化**である。ここでも株券を例に，その内容と意義を紹介しよう。

▶振替決済制度

　株券の**振替決済制度**とは，発行されている株券を1つの保管機関に預け，預けられた株券の売買（所有権の移転）については，株券を受渡しすることなく，保管機関に設けられた口座の振替によって完了したとする制度である。株券を現金，証券会社を銀行，保管機関を中央銀行と考えて，預金口座の振替による資金決済をイメージすれば理解しやすいであろう。具体的には，投資家は証券会社に口座を設けて株券を預けると同時に銘柄と株数の記帳を受け，証券会社は預かった株券を保管機関に再預託すると同時に保管機関の証券会社口座に同じく記帳を受けるというものである。投資家が株券を売却するときには，投資家と証券会社のそれぞれの口座の記帳株数が減少し，同時に，買い付けた投資家とその取引先証券会社の口座の記帳株数が増加する。そうすることで株券を

実際に移動させることなく，売買が可能となるのである。

　日本では，1971年に東京証券取引所の子会社である日本証券決済株式会社が保管機関となって振替決済制度が始まった。しかしながら法律上は，株式の譲渡には株券の譲渡を必要とすると定めた商法の規定がそのまま残っており，その枠内で東証の規則にもとづいて行われるものにすぎなかった。そのため，たとえば名義の書換のためには株券が必要となりその際には保管機関から証券会社にいちいち株券を返却する必要があるなどの問題が残っていた。

　そこで，1984年に**保管振替法**が制定され，法律上も，口座に記帳された者を当該株券の所有者とみなし，口座の振替に株券の譲渡と同じ効力が認められることとなった。そして，新たに設立された(財)証券保管振替機構が保管振替機関となり，1991年から業務が開始されたのである。しかしながら保管振替法のもとでも，保管振替機関への株券の預託には発行会社・投資家双方の承諾が必要であったため，すべての株券が保管振替機構に預けられたわけではなかった。実際，業務開始から10年が経った時点においても，保管振替機構に預託された株券の比率は4割前後にとどまっていた。つまり，従来の株券の受渡による決済と振替による決済が混在していたわけである。それでは振替決済の効率性を十分に発揮することができない。

▶**株券の電子化（株券の不発行化）**

　こうした問題を抜本的に解決すべく，2004年に「社債等の振替に関する法律」が「社債，株式等の振替に関する法律」に改正されるとともに商法も改正されて，定款で定めれば株式会社であっても株券を発行しなくてもよいこととなり，さらに2005年には新たに**会社法**が制定され，上場会社については株券の発行が禁止されるに至った（株券の原則発行・例外不発行から，原則不発行・例外発行への移行）。上場会社の株式は保管振替機関による振替によって売買されることになり，2009年から実施に移された。したがって，現在の日本では上場会社の株券は存在しない。これを通常「**株券の電子化**」というが，株券の形態が紙券からコンピュータ上の電磁的記録に変えられたのではなく，株券そのものがなくなったのであり，口座振替によって株主の地位・権利である株式そのものが直接移転するようになったのである。

　経済の発展が容易な権利の売買を必要とし，**有価証券化**という法律技術がそれに応えてきたが，証券取引の飛躍的増大によって紙券に依存する有価証券化

が非効率な制約になると、今度は情報処理技術の進歩が証券に依存しない新たな権利の売買方法を可能にしたのである。

　しかしながら、現在の会社法のもとにおいてもすべての株式会社の株券がなくなったわけではない。会社法は株券の不発行を原則としているが、**非上場会社**については、定款に定めることで株券を発行することができる。これによって、株券の発行の有無に関して日本の株式会社は3つに分かれることになった。

　1つは**上場会社**である。公開会社では、株式の売買が非常に頻繁に行われるため、述べてきたように、株券という紙券のやりとりはかえって不便となったことから株券は発行されず、株式は口座振替によって移転される。もう1つは、上場会社と同じく株券を発行しないものの、非公開で規模が小さい株式会社の場合である。こちらは上場会社とは逆に、株式の売買が事実上行われないために株券が必要とされないのである。**株券不発行制度**を利用して株券を発行しないのが原則となる。そして両者の中間にあるのが、非上場会社であるものの一定の株式の流通があり、その必要に応えるべく、定款にその旨を定めて株券を発行する会社である。

　以上、有価証券の意義について述べてきた。それは権利を紙券と結合することによって権利の売買を容易にする仕組みであったが、現在では、紙そのものが障害になるほど売買が増大したことから、証券化から電子化へとさらに一段階展開したのである。

　しかしこれらは、売買を容易にする法的技術の1つであり、それだけでは実際の売買を実現することはできない。売り手にとっては買い手を、買い手にとっては売り手を見つけ出すことが必要である。そのために作り出されたものが証券取引所（現行法上は**金融商品取引所**）である。次に、証券取引所の役割についてみてみよう。

5　証券取引所の役割と特徴

　今日のEコマース（電子商取引）の隆盛をみれば明らかなように現代の情報処理技術があれば、取引相手を見つけるために取引所のような設備は必要ない。しかしながら、そうした技術のない今から数百年の昔には、売買は、証券に限らず、取引の希望をもつ者やその仲介を行う業者が直接出会うことによってし

か成立しえなかった。交通の要所や門前など人の行き交うところに自然発生的に市が生まれ，市が人を集め，不定期の市が定期市となり，常設の市場となる。

一定の場所に需給が集中すれば，取引相手を探す時間的経済的コストは格段に小さくなる。また同一商品における価格の比較が容易になることから，より低い価格を提示する売り手に買い手が集まり，より高い価格を提示する買い手に売り手が集まり，一物一価が成立しやすい。それは取引の効率性と信頼性を高め，さらに需給を集中させることになる。こうした市場の形成過程は，証券取引においても他の商品と何ら異なることなく，たとえばイギリスでは，あるコーヒーハウスへの証券業者の自然発生的な集まりがロンドン証券取引所の出発点になったとされている。

しかしながら，**証券取引所**は，単に投資家や証券業者の集まる場所であるだけでなく，伝統的に，①売買に参加できるのは会員業者だけとし，その他の証券業者や一般の投資家は会員業者に委託して間接的にのみ取引所での売買に参加するという**委託売買制度**をとり，②売買の対象とする証券は，取引所が審査・決定し，上場後もその適格性を継続して審査するという**上場管理制度**を備え，③会員業者に対しては上場証券を取引所外で売買することを禁止する**市場集中義務**を課す一方で，会員業者が受け取る委託売買手数料については取引所が一律の固定価格を定める一種のカルテルが認められてきた。

こうした特徴はどのような根拠や背景にもとづいて成立したのか，そしてそれは今日どのように変化したのか，以下，その概略をみてみよう。[3]

▶会員制度と委託売買制度

すでに述べたように，証券取引においても他の商品一般と同様に，取引参加者が自然に特定の場所に集まることで市場が形成されたのであるが，**証券取引所**では，誰でも売買に参加できたわけではない。取引所で直接売買できるのは，会員資格を認められた証券業者に限定され，それ以外の者（非会員の証券業者と顧客投資家）は会員業者に売買を委託することによってのみ取引に参加することができた。しかも会員資格をもつ者の数には上限が定められてきた。こうした売買方式がとられるようになったのは以下のような理由による。

株券は投機対象でもあり，その価格変動は激しく，売買に参加する者は破綻のリスクを免れない。しかしながら取引所での売買参加者が破綻し，約定した売買の受渡決済を履行できないとなると，結局は取引所がその損失を補填せざ

るをえない。そこで，取引所での売買に直接参加する者は，一定の財務的健全性を有する必要があるとされ，それを満たせない者は会員にはなれないことになったのである。また証券の売買では，価格の吊り上げを狙って十分な現金をもたないまま買い注文を出すような者が現れることがあるが，そうした者も排除されなければならない。

このように**会員制度**がとられるようになると，会員以外の者は会員に売買を委託することで証券売買を行うことになり，万一顧客がその注文を決済できない場合には，取引所に対しては当該注文を受託した会員が責任を負うことになる。会員は，自分の決済を確実に行うだけでなく，顧客の決済能力を十分に把握し，万一の場合には顧客の債務不履行をカバーできる財務的余力を維持しなければならないのである。

その上，会員の数についても上限が設けられてきた。売買が盛んになり，会員業者の数が増えると，取引所の**立会場**（たちあいじょう）に入る人間の数も増えることになるが，収容可能人員には物理的な制約がある。各国の証券取引所は，売買高の増大に応じて建て増しを繰り返してきたが，それにも限界があるため，会員の数に一定の上限が設けられることになったのである。既存の会員が委託手数料収入等の既得権益（後述）を守ろうとした側面も否定できないであろう。つまり，上述の資格要件を満たしていても，会員に空席がなければ会員にはなれず，新たに会員になろうとする者は，既存の会員から会員権を買い取るほかなかったのである。

要約すると，数に制限のある会員権を保有する，財務等において一定の要件を備えた証券業者だけが直接売買でき，それ以外の者は会員業者に売買を委託するという形で，証券取引所は運営されてきたのである。そしてそれは，①買いたい者はより安い売り注文を探し，売りたい者はより高い買い注文を探す結果，売買が自然と一箇所に集中した上で，②決済の安全確保という要請と取引所容積の限界という制約を受けたために生まれた，必然的な組織形態であった。

▶上場制度

有価証券は経済的な権利を化体した証券であるが，それ自身としては紙にすぎないため，市場には，常に，偽造証券や架空会社の株券が紛れ込む可能性がある。そうした事態は，取引所の信頼を低下させ，正当な会社の正当な証券の売買，ひいては証券の発行による資金調達を妨げることになる。そのため取引

所は,自らが取引の対象とする証券を指定するにあたり(取引所が売買の対象に指定することを**上場**という。また上場株券を発行している会社を**上場会社**という),その適格性を審査する。しかしながら上場証券に必要な要件は常に一定だったわけではない。

　架空会社の証券などが排除されなければならないのは当然であるが,それ以上の**上場基準**となると,国や時代それぞれの社会経済的状況によって大きく左右されてきたといえるであろう。

　それは,何よりもまず,上場は企業に巨額の資金調達機会を与えるからである。不特定多数の者に向けて証券を発行するためには,換金の機会を保証する必要があり,それが具体的には上場による取引所での売買である。つまり,上場が認められれば,資本市場から広く資金を調達することが可能となり,認められなければそれは事実上不可能となる。その結果,どのような産業,企業を上場させ,逆に上場させないかは,社会的な資金配分のあり方を大きく規定することになるのである。

　高度成長時代の日本では,重化学工業化が強力に推し進められるなか,そうした業種に属する企業の上場が積極的に認められる一方,消費財産業,流通業,サービス業などでは上場は難しかったといわれる。ところが,現在では,そうした産業別の選別は(風俗営業関係などを除いて)行われていない。

　こうした変化の理由は,1つには,1970年代以降経済構造が多様化し重化学工業のウエイトが低下したからであろう。また,経済における政府と市場の役割に対する考え方が大きく変化したことも大きい。重化学工業優先の上場政策は,政府の産業政策の一環であったが,今日では社会的資金配分は市場メカニズムに委ねるべきだとの考え方が主流である。

　次に,上場は広く投資家に投資対象を提供することであるから,上場基準は投資家保護のあり方からも大きな影響を受けることになる。かつては上場は優良企業に限定すべきだとされていたが,現在では幅広い会社を積極的に上場させるべきだとの考え方が中心である。これは,**投資家保護概念**が〈大きな損失をこうむる可能性の高い投資対象の排除〉から〈自己責任を問える十分な条件の整備〉へと転換したことによると思われる。すなわち,投資対象である限り優良企業といえども損失のリスクは残るのであるから,上場基準においては,利益や純資産など企業の財務上の基準よりも,投資家に自己責任を問えるまでに十分,会社が財務状況を開示できるか,株券の流動性を確保できるかなどを重

視すべきだとの考え方である。こうした条件を整えることが投資家保護だとなると、先に述べた資金配分における市場メカニズムの重視とあいまって、上場基準において、業種や利益水準に関する制限は大幅に緩和され、かわって**情報開示（ディスクロージャー）**などに関する要件が厳しく課されることになるのである。

▶市場集中義務と固定委託手数料制

以上、要するに、証券取引所とは会員証券業者が上場証券を売買する場である。そして取引所は、会員に対して、上場証券の売買注文は必ず取引所に取り次ぐことを求め、取引所外（**店頭市場**という）で売買することを禁止してきた。これを**市場集中義務**という。

より多くの注文が集まればより出会いがつきやすくなり、より多くの需給にもとづいて成立する価格はより公正となるため（流動性の向上、価格発見機能の向上）、そもそも取引所は自然に独占化する傾向がある。市場集中義務はそれを制度的に補完する役割を果たしていた。そして、売買が一箇所に集中すれば、相場操縦などの不正行為を防ぐための売買管理も容易になる。

また、市場集中義務によって、上場証券の委託注文を受けた会員業者がみずから相手方となって売買することも禁止された。顧客から買い（売り）注文を受けた会員は、注文を取引所に発注しなければならないのであって、回送せずに自らが売り方（買い方）となって注文を約定させることは許されない。それは、1つには、すべての注文を取引所に集中させることで、先に述べた取引所の流動性や価格発見機能を向上させるためであり、もう1つは、会員の利益相反を防ぐためである。買い手はより安い価格を望み、売り手はより高い価格を求めるため、買い手と売り手は当然に利益が対立する。顧客の注文執行を委託された会員は顧客の利益のために行動しなければならないが、同じ会員が同時に売買の相手方にもなれば、顧客の利益と対立する立場にも立つことになる。これが利益相反である。そのため、こうした行為は禁止され、受託した注文はみずからが相手方となって約定するのではなく、取引所に回送しなければならないとされたのである。

したがって、会員制度の上に立つ市場集中義務は、会員からすれば、その利益機会を一部損なうものでもあるが、一方で取引所は、会員が顧客から受け取る**委託手数料**を統一的に決定すると同時に、その割引を禁止した（**固定手数料**

制)。つまり委託手数料は一種のカルテルによって保護されたのである。それは会員の財務基盤を安定させ、54ページで述べた取引所取引の決済リスクの低減に貢献すると同時に、投資家（顧客）の売買コスト（株価＋委託手数料）から恣意的な差異を排除することにもなった。しかしながら固定手数料制は、会員制度や市場集中義務とあいまって、取引所会員業者に独占的な利益を享受させるものでもあったのである。

6 証券取引所の変貌

ところが、アメリカでは1960年代から、機関投資家の台頭や情報通信技術の発達を背景に、市場集中義務と固定手数料制をかいくぐろうとする動きが活発化する。そしてそれは証券取引所の独占的性格への批判とともに、伝統的な証券取引システムを大きく変貌させていったのである。

▶場外取引の増加

大口の取引を行う機関投資家にしてみると、株数に単純比例する形で決まっていたニューヨーク証券取引所（NYSE）の委託手数料は、カルテルによって保護された不当に高いものであった。

そうした中で、NYSE非会員の証券業者の中から、NYSE上場銘柄のマーケット・メイクを安いコストで行う者が現れた（第三市場という）。流動性の高い銘柄を中心に、売り気配と買い気配を提示し、自分が相手方となって売買に応じはじめたのである。非会員業者にはNYSEの規則である固定手数料制も市場集中義務も適用されないため、こうした売買が可能であった。また、ニューヨーク以外の地にある地方証券取引所も、自らの会員業者に事実上の手数料の割引を認めることで、機関投資家からの注文を集めはじめた。さらに、機関投資家同士の注文を直接付け合せるサービスを提供する業者も登場した（第四市場という）。

つまり、NYSE規則の及ばない非会員業者や地方証券取引所が、機関投資家のニーズに応える形で、より安いコストでの売買執行を行うようになったのである。その結果、NYSE上場銘柄でありながら、NYSE以外で約定される注文の比率が少しずつ増えはじめた。独占的な存在であったNYSEは、他の

市場との競争にさらされはじめたのである。

そこで NYSE は，1960 年代後半から段階的に手数料の割引を認めていくが，結局，1975 年，アメリカ議会と SEC（証券取引委員会）が，株券の委託売買手数料を完全に自由化し，市場集中義務も大幅に緩和して，市場間競争を促進することを決定する。このようにして形成されたアメリカの証券取引制度を NMS（National Market System: **全米市場システム**）という。

こうした変化の背景にあるのは，第 1 に**機関投資家**の成長である。保険会社，年金，投資信託などの機関投資家の注文がシェアを高めると，それらは，分散された個人投資家に比べてはるかに大きなバーゲニングパワーをもつようになった。売買コストの低減を求める機関投資家の行動が，結果的に手数料の自由化を勝ち取ったのである。

第 2 に情報通信技術の発達があげられる。取引所が誕生した頃には，証券業者が 1 つの建物に集まることなくして証券取引を行うことは不可能であった。そこから会員に限定された取引所内での売買と委託売買の制度が生まれたのである。しかし，電話が使われるようになり，さらにはコンピュータを使った気配の提示や注文の回送，売買の執行や出来情報の配信が可能となると，1 つの建物に人間が集まらなくても取引相手を見つけられるようになる。また，市場情報を監視することで，売買管理もコンピュータ上で行うことができるようになる。

そして第 3 に，証券取引所の独占的性格への批判が次第に高まったことである。アメリカの規制当局が求めたのは，単に手数料を引き下げることではなくその自由化であり，NYSE と他市場の競争の促進であった。手数料を引き下げると同時に NYSE への市場集中を回復させるという選択肢もあったが，そうした提案は支持を集めるに至らなかった。市場メカニズムへの信頼の高まり，具体的には，より効率的な証券取引システムを構築するためには，証券業者と取引所をともに競争にさらすことが不可欠だとする意見の広がりが，背景にあったのである。

アメリカでは，その後さらに，NYSE と**ナスダック市場**の間での上場銘柄の獲得競争，小口注文の執行獲得をめぐる競争，ナスダック上場（登録）銘柄の執行獲得競争などが激しく展開され，その過程で，ECN，PTS などと呼ばれる取引所外の執行市場（執行サービス業者）が多数現れ，現在に至っている。

● コラム⑦　PTSの出現

　本文で述べているように，かつては，証券取引のためには，取引参加者が一箇所に集まる必要があった。それが証券取引所を生んだわけであるが，現在，特にアメリカでは，ATS（Alternative Trading System），ECN（Electronic Communications Network），PTS（Proprietary Trading System）などと呼ばれる取引所類似施設が多数設立・運営されている。これは，IT革命によって，サイバー空間内での需給の集中が可能になったことと，規制上，市場集中義務が事実上撤廃されたことを背景としている。

　これらは，証券取引所が果たしてきた機能のうち，売買の約定（執行）のみを扱っており，上場管理，売買管理，（またほとんどの場合）価格発見機能を担っていない。既存の取引所からは，コストがかからず利益の出る部分だけを「つまみ食い」しているとの批判もあるが，競争が取引システムの革新を促してきたことも否定できない。証券取引所の機能・サービスがアンバンドリング（分解）されているともいえ，証券取引所とは何かが改めて問われている。

▶証券取引所の株式会社化

　市場間競争が激しくなるなか，取引所その他の市場は，より効率的な売買執行を実現することでより多くの注文の獲得をめざすようになった。そしてそれは，機関投資家によるアルゴリズム取引の広がりによってさらに加速された。アルゴリズム取引とは，コンピュータが事前のプログラムに従って，株価や出来高などの情報に反応して自動的に発注する取引である。そしてそこでは，マーケット・インパクト（大口注文を出した場合に自らの注文で価格が変動すること）を抑えるために，注文は多数の小口注文に細分化され超高速で発注されることが多い。そのスピードは，現在ではミリセカンド（1000分の1秒）単位で争われている。こうした顧客ニーズに対応するため，取引所も売買の執行処理スピードの向上のため巨額のシステム投資を迫られているが，それらを会員からの出資によってまかなうことは困難である。

　それと同時に，取引所，とりわけEU統合が進む欧州の取引所は，国境を越えた合従連衡を繰り返している。厳しい競争環境の中で，速やかに自らの戦略を立てなければならなくなったのであるが，こうした変化への対応も会員制度のもとでは容易ではない。大手投資銀行から中小のリテール証券会社まで会員の多様化が進んでおり，会員の平等を維持しつつ大胆な経営戦略を短期日のうちに決定・実行していくことは不可能である。

つまり，出資と意思決定を会員証券業者が平等に担うという会員組織の限界が明らかとなったのである。

こうした難点を克服する方法として，会員組織から**株式会社への転換**が選択された。株式会社となり株式を公開すれば，広く資金を調達することができ，また株主総会においては資本多数決によって経営者を選任し効率的な意思決定を行うことが可能となる。

その結果現在では，世界各国の主要な証券取引所は株式会社組織となり，そのことがさらに激しい市場間競争をもたらしているのである。

・注

1) 日本では2009年1月より，上場会社において株券は発行されていない（株券の電子化）。以下の株券の説明は，非上場会社で株券を発行している会社に関するもの（あるいは電子化される以前の時期に関するもの）である。株券の電子化，株券発行会社については，第4節（→51ページ）で説明する。
2) この手続きは，長らく民事訴訟法等にもとづく除権「判決」であったが，2004年の法律改正により，非訟事件手続法にもとづく除権「決定」となった（同時に公示催告期間の下限の6カ月から2カ月への短縮など手続きの迅速化が図られた）。また，株券についても，従来は，他の有価証券と同じく**除権判決**の対象であったが，2002年の商法改正により別途，**株券失効制度**が設けられ，以降，除権判決（決定）の対象外となっている。株券失効制度とは，株券を喪失した者が発行会社に申請することで，新たな所有者の申し出がなければ一定期間後当該株券が効力を失い，申請者は株券の再発行を請求できるというものである。証券と権利の結合を解くという点で除権決定と同じ性格の制度である。
3) 以下の記述は，二上［1993］，伊豆［2000］による。

・参考文献

■引用・参考文献
　伊豆久［1999］，「米国における市場間競争の展開」『証券経済研究』第20号
　伊豆久［2000］，「市場間競争と上場制度」『証券経済研究』第26号
　鈴木竹雄・前田庸［1992］，『手形法・小切手法（新版）』有斐閣，第1章
　田中誠二［1993］，『会社法詳論 上巻（三全訂）』勁草書房
　二上季代司［1993］，「取引システムの変貌について」『証研レポート』1498号
■学習のための文献
▶証券の流通に関する包括的な文献
　川合一郎・一泉知永編［1972］，『証券市場論（改訂版）』有斐閣，第2章
▶有価証券の法理ついて

前田庸［1985］,『有価証券法入門』有斐閣,第1章
▶株式・株券について
鈴木竹雄・竹内昭夫［1987］,『会社法（新版）』有斐閣,第2章第3節
弥永真生［2009］,『リーガルマインド会社法（第12版）』有斐閣,第4章
▶証券取引所間の競争・株式会社化,PTSについて
日本証券経済研究所編［2009］,『図説 アメリカの証券市場 2009年版』日本証券経済研究所,第6章
日本証券経済研究所編［2008］,『図説 ヨーロッパの証券市場 2009年版』日本証券経済研究所,第9章

第3章 証券価格の形成

1 株式の権利と株価

　株式価格は，株式を購入することで得られる権利の代価である。第1章でみたように，株式の権利は多様であるが，①議決権（経営支配権），②配当請求権，③残余財産請求権の三大権利に大別できよう。これらの権利が，株式の理論価格形成の基礎になる。このそれぞれの権利に注目したとき，株式は，①支配証券，②利潤証券，③財産証券（あるいは物的証券）と呼ばれる。

　このうち，残余財産請求権は，会社が解散されるときしか行使できないため，営業中は後景に退いている。また，経営支配権狙いの売買は，経営支配の争奪戦や交代のときに前面に出るにすぎない。したがって通常は，配当請求権を主目的とする株式売買が支配的となる。そして需給によって株価変動が起きるとき，二次的ではあるが，株式に価格変動差益の獲得可能性という有用性が生じる。これに着目したとき株式は④投機証券と呼ばれる（ただし，これには理論価格は存在しない）。

　以上のように，株式にはさまざまな有用性（効用）があって，多様な動機から買うことができ，その動機と状況いかんによっては買い手が支払ってもよいと考える価格の上限は変わってくる。

　そこで本章では，上記のような株価の多面的なあり方を理論的に整理するために，株式と同じような性格を持つ資産（すなわち債券，土地，「のれん」等）の価格と比較しつつ，株式価格の特質をみることにしよう。株式や債券の具体的

な価格算出方法，投資尺度・指標などについては，第5章で詳述される。

2　利潤証券（収益価値）

▶資本資産の成立条件

現在，最も一般的に使われる**株式の理論価格**を算定する方式は，「**配当割引モデル**」（Dividend Discount Model）である。それは将来の配当流列（D_n; $n=1$ 期目，2期目，……，∞）を**リスク調整済み割引率**（r_s; リスクフリー金利＋リスク・プレミアム）で割り引いた**現在価値**の総和であると定義される〔(3-1)〕。

$$株価 = \sum_{n=1}^{\infty} [D_n/(1+r_s)^n] \qquad (3-1)$$

配当割引モデルは配当目的の投資家にとって支払ってもよい代価の上限を画するものである。

この配当割引モデルにおいて，**配当 D を債券利子 C，割引率 r_s を市場利子率 r** に置き換えると，償還期日のない**永久国債**（イギリスのコンソル公債）の理論価格が得られる〔(3-2)〕。

$$永久国債の理論価格 = \sum_{n=1}^{\infty} [C/(1+r)^n] = C/r \qquad (3-2)$$

右辺第1式は，無限等比級数のため，簡単に右辺第2式のように書き改められる。すなわち，**永久国債の理論価格**は債券利子を市場利子率で除した金額に落ち着く。

他方，企業 A の利潤率が一定で，毎年同額の利潤全部を配当 D として払い出すと仮定すれば，その株式の理論価格も，(3-2) 式と同様に配当を市場利子率（今，リスクを無視する）で除した金額，D/r に落ち着く。この意味するところは，この金額でコンソル公債や株式を買えば，市場金利と同種同額の所得が定期的に得られる，ということである。

このように，定期的な所得から逆算して割引率によって資本価値を求める手続きを「**資本還元**」といい，資本還元して値段が決まる資産は「**擬制資本**」と呼ばれてきた。もっとも，「序章」（→4ページ）で述べたような理由で，「擬制資本」という用語は現在，あまり使われないため，以下では，単に「**資本資産**」と呼ぶことにしよう。ただし，そうなると「実物資本」等と区別が曖昧になることから，「**本来の資本資産**」とは何か，ということについての厳密な概念規定が必要となる。そこで以下，この点について言及しておこう。

一般に金融市場が発展しているもとでは，定期的に得られる不労所得は市場金利と同種の所得とみられ，その背後にその所得を生み出す資本資産が想定される。この所得をもたらす請求権と引き換えに渡される金額がこの資本資産の価格となる。この種の資本資産としては，債券，株式のほか土地をはじめとする不動産などがある。

こうした資本資産が成立するためには，①この所得が勤労所得ではなく不労所得であること（利子，配当，賃借料など），②その所得の請求権が自由に移転できることが必要条件である。言い換えれば，①この不労所得は資本所有に基づく**財産所得**であり，②資本の**所有**と**経営**が**分離**されていなければならない。資本所有に基づく所得であるからこそ自由に他人に譲渡できるのであり，経営から切り離されているからこそ所有に基づく収益請求権だけを移転できるのである（以上，川合［1960］第1編2章による）。

この条件を欠くもの，たとえば退職年限までの将来賃金を割り引いて現在価値に引き直した「**人的資本**」価値の概念は，①の条件を欠いている。人的資本価値概念は，教育投資や貯蓄の意思決定など勤労者の財務行動を分析する上では有効なツールであるが，賃金は不労所得ではなくその請求権は譲渡もできず，したがって売買できないから資本資産とはいえない。

他方，特許権さらには企業買収において生じる「のれん」価格は，②の条件が不完全である。「のれん」価格は，**特許権**の購入や**企業買収**によって得られる超過収益を何らかの割引率で現在価値に引き直して計算するが，その価格評価にはバラツキが出やすい。その理由は，「経営」との分離が不十分だからである。特許権や企業の買収により得られる「超過収益」の実現には，それを上手く使いこなす（＝経営）ことが必要であり，その上手下手，本業との相乗（シナジー）効果の有無などによって「超過収益」の予想は大きく異なりうる。また経営権入手後の経営政策は裁量の余地が大きく，経営権の価格評価は一義的に決まらない（この問題は本章4節で詳述する）。

さらに融資債権や不動産の場合も「本来の資本資産」になりにくい要素がある。融資から金利・元金を回収するためには，債務者のモニタリングや回収業務など広い意味の「経営労働」が必要である。同様に，不動産賃借料の収得にも，不動産の維持管理，テナントのモニタリング，回収業務が不可欠である。しかし，もしこうした「経営労働」を切り離すことができれば，すなわち回収業務は**回収業者**（サービサー）に，融資債権や不動産の保管・管理は**保管業者**

（カストディアン）に，不動産のメンテナンス，テナントのモニタリングは不動産会社に，すべて外部委託に出し，収益の請求権だけを譲渡できるようにすれば，あらたな資本資産が誕生する。これが，「**証券化**」商品である（証券化商品については第4章3節，第7章2節を参照）。

　ところで，**所有と経営の分離**は，債券と株式ではその根拠が違っている。債券は，契約によって資本の利用（＝経営）を借り手に委ねており，所有と経営は初めから分離されている。これに対し株式それ自体においては，所有と経営は一体であり，ただ「**資本多数決制**」により，多数の中小株主については事実上，経営への参画から排除されているにすぎない。

　ここから，次の2つが帰結される。第1に，債券の場合は契約により**経営リスク**も分離されるが（デフォルト＝契約不履行のリスクはもちろんある），株式の場合は免れることはできない。このリスクは減配，無配などの形で現実化するが，これは株価評価において割引率に反映され，割引率は市場利子率よりプレミアム分だけ高くなる。

　第2は，株式購入の動機として「支配権狙い」がいつでも起こりうるため，利潤証券としての株価とは異なる株価が成立しうるのである（この点については本章4節において論じる）。

▶成長株価格（投資と投機の結合）

　ところで，**資本多数決制**によって多くの中小株主が**議決権**（すなわち**経営支配権**），その一部である**利益処分権**からも排除されると，全額配当せず会社利益の一部は社内留保され，それが再投資に回されて**自己金融**が進むことになる。そうなると，1株当たり利益の絶対額が増加し，増配余力が高まる。そこで将来の増配期待を織り込んで買い進まれて株価が上昇し，現在の配当で計算した配当利回り（配当÷株価）が低下していき，ついに利子率を下回る事態が起こる。

　利潤証券としての株式と債券を比較すると，債券利子は契約により決まった金額が約束されているのに対し，配当は減配・無配のリスクがあるため，配当利回りは債券利回りより高いのが普通である。ところが，1950年代末以降，世界的に配当利回りが社債利回りを下回る現象がみられるようになった。そこで，この現象は「**利回り革命**」と呼ばれるようになった。

　図3-1は，アメリカの代表的な株価指数「SP500」の配当利回りと10年物

第3章 証券価格の形成 67

図3-1 SP500の配当利回りと10年物国債利回り

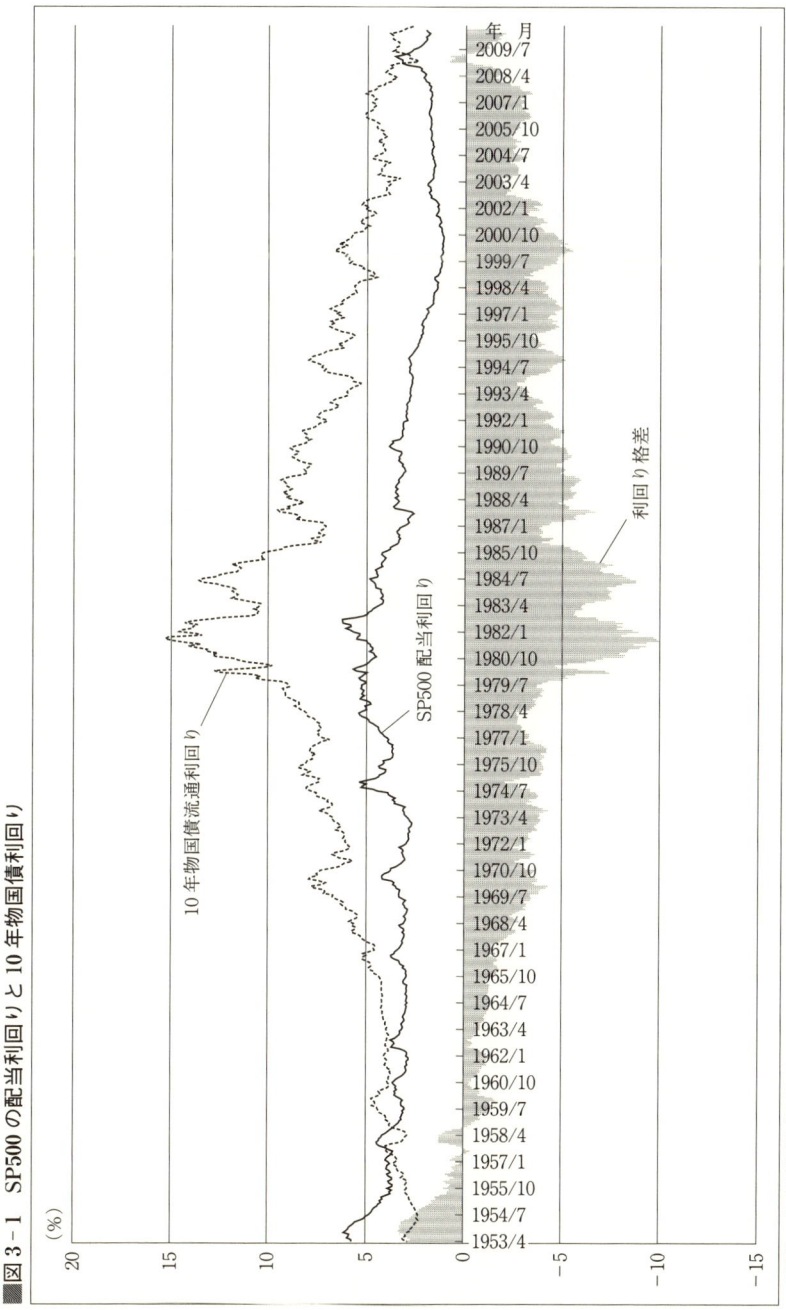

(出所) 10年物国債利回りはFRB, Statistics & Historical Data. 配当利回りはhttp://www.multpl.com/s-p-500-dividend-yield から作成。

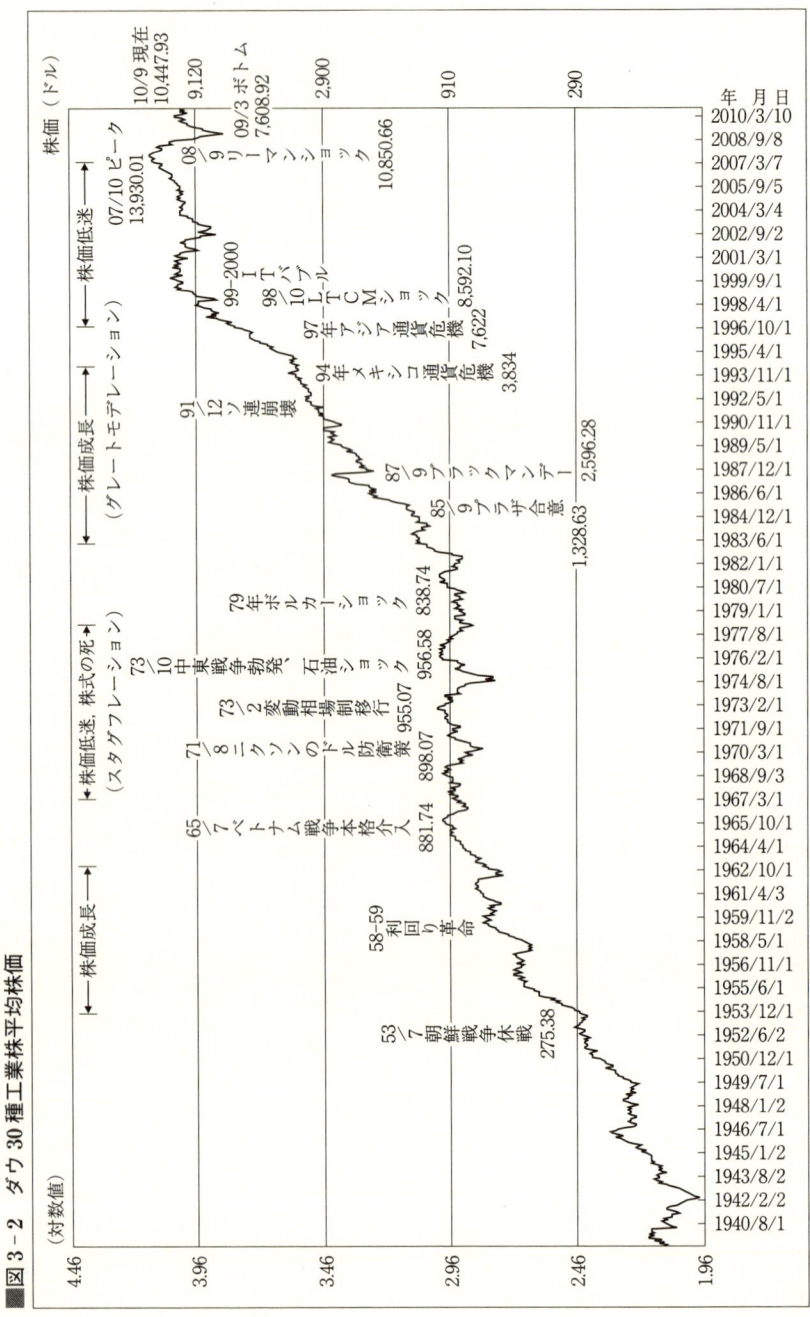

■ 図3-2 ダウ30種工業株平均株価

第3章　証券価格の形成　69

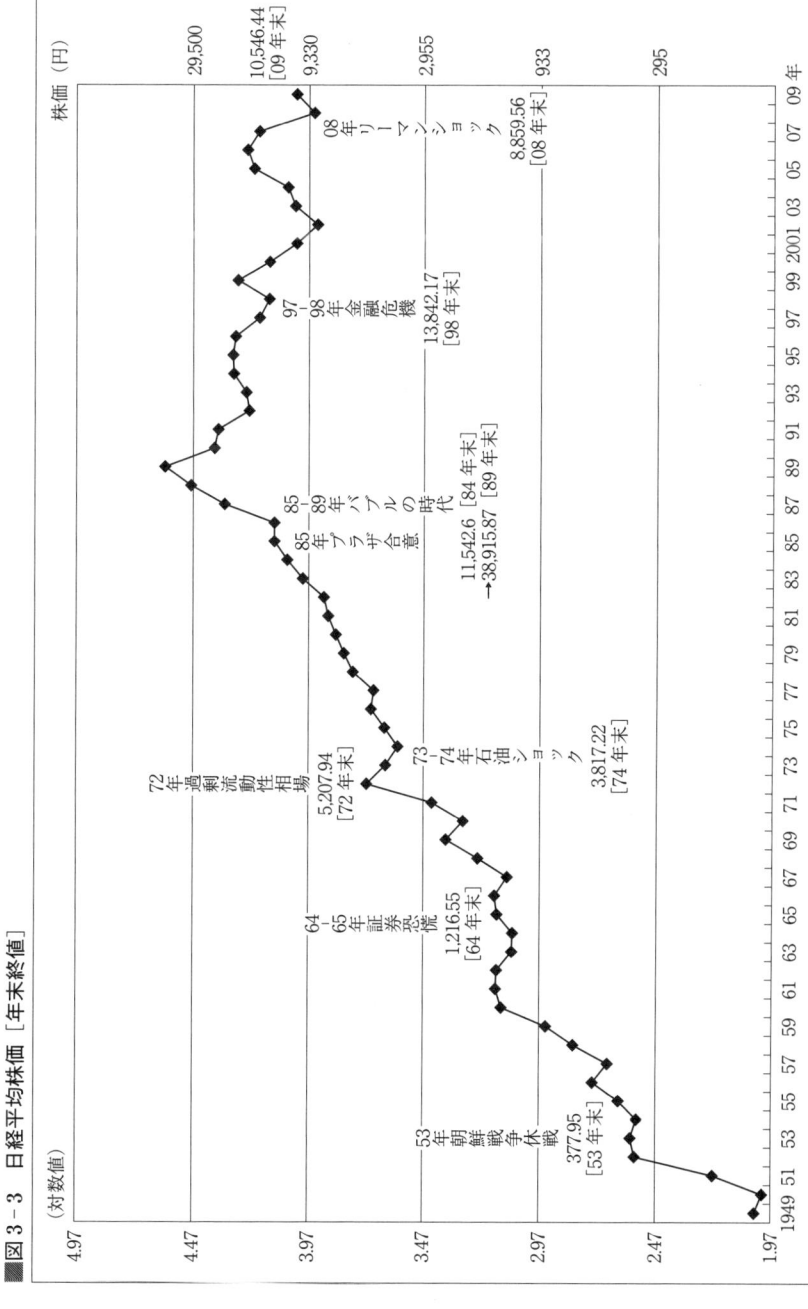

図3-3　日経平均株価[年末終値]

(対数値)

- 53年 朝鮮戦争休戦　377.95 [53年末]
- 64-65年 証券恐慌　1,216.55 [64年末]
- 72年 過剰流動性相場　5,207.94 [72年末]
- 73-74年 石油ショック　3,817.22 [74年末]
- 85年 プラザ合意　85-89年 バブルの時代　11,542.6 [84年末] → 38,915.87 [89年末]
- 97-98年 金融危機　13,842.17 [98年末]
- 08年 リーマンショック　8,859.56 [08年末]

株価(円)
29,500
10,546.44 [09年末]
9,330
2,955
933
295

1949 51 53 55 57 59 61 63 65 67 69 71 73 75 77 79 81 83 85 87 89 91 93 95 97 99 2001 03 05 07 09年

70

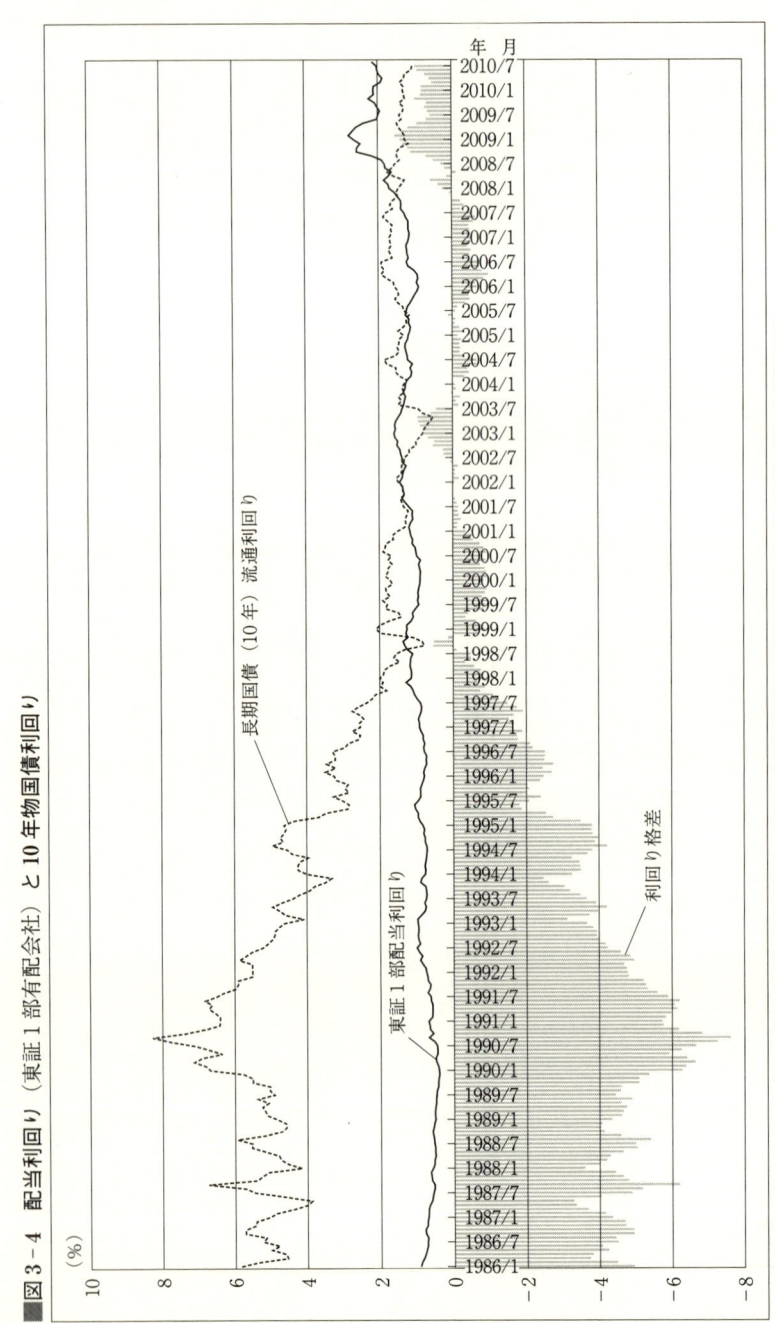

■図3-4 配当利回り（東証1部有配会社）と10年物国債利回り

(注) 長期国債利回りは98年12月以前は東証上場国債（10年物）最長期利回り。以降は長期国債（10年物）新発債流通利回り。
配当利回りは東証データ、長期国債利回りは日本銀行データより作成。

―― ●コラム⑧　日本の株価成長 ――――――――――――――――――

　アメリカの株価成長が「自己金融」を基礎にしていたこととは対照的に，日本では「オーバーボロウィング」（借入れ過多）」が株価成長の基礎になった。1950年代半ばから本格化する日本の高度成長期に，日本企業の多くは銀行借入に大きく依存しながら積極的な設備投資を行った。その場合，支払金利の利率を企業利潤率よりも低くとどめることができれば，1株当たり利益は増加し（「レバレッジ効果」という），増配余力は高まる。当時の金利規制は，人為的にその条件を作り出そうとするものであった。そして，借り入れ過多を是正するための増資が**株主割当額面方式**をとったため，既存株主にとって事実上の増配を伴う**株式分割**と同様の効果をもたらし，将来の増配からくる株価上昇を見越した買いが入り，日本でも継続的に株価が上昇し，1958年頃には配当利回りが社債利回りを下回る「利回り革命」がみられるようになった（川合［1960］）。

　当時の**株主割当額面増資**は，ほぼ2年ごとの倍額増資であったため，株主は平均的にみて，将来4〜5年以内に，2〜3回の倍額増資を期待していたといわれる。たとえば，定期預金利率5%を**機会コスト**と考え，額面に対する1割配当5円で計算すると，理論株価は100円（5円÷5%）となる。これに対し，今後2回の倍額増資が2年ごとにあるとすれば，2年後にはプレミアム50円＝100円マイナス額面50円，4年後にはプレミアム100円＝（100円マイナス額面50円）×2株が入手できる。以上の現在価値を足し合わせると＝100円＋50円／1.05^2＋100円／1.05^4＝227.5円となり，1975年の単純平均株価268.95円にほぼ相当する金額となる（井手・高橋［2003］第23章）。投資価値からすれば100円であるが，将来の額面増資期待からくる値上がり益目的で買われ，270円近くまで上がったと解釈できよう。

――――――――――――――――――――――――――――――――――

国債利回りを比較したものである。また図3-2は，**ダウ30種工業株平均株価（ダウ平均）**の推移（目盛は対数値）である。これらによると，アメリカの株価は戦後から1970年まで成長が続き，その後10年間，株価が低迷し，再び82年頃から株価が上昇し，90年代末以降，株価が低迷する時代に入っていることがわかる。利回り革命は，この戦後の第1次株価成長期に始まっている。また図3-3は日本の日経平均株価の推移である。日本でも同様に，配当利回りが金利を下回る「利回り革命」が起こっている（図3-4，コラム⑧）。

　この第1次株価成長期のアメリカでは次のような経過をたどって株価の成長がみられるようになった。すなわち，自己金融によって会社財産は増えるのに，発行株数はこれに比例しては増えないため1株当たり利益が増え，株価が上がるようになる。そこで，株式分割により株式単価を引き下げつつ，1株当たり

配当を分割比率と歩調を合わせては引き下げないで事実上の増配とセットにした財務政策がとられた。自己金融による利益拡大は，増配と内部留保を両立させるので，このプロセスの継続が可能となり，少なくとも1970年頃まで継続的な株価上昇が続くことになった。

　この株価成長現象の背景には，将来の増配からくる株価値上がりを期待した買いが入っているという意味で，**投資（配当目的）**と**投機（値上がり益目的）**の結合が生じているわけである。これを反映して，**株式投資収益率＝（配当＋値上がり益）÷株価**〔または，配当利回り＋（値上がり益÷株価）〕といった**投資尺度**が生まれるようになった。また，**単純株価**のほか，**ダウ式修正株価**といった**株価指標**が使われるようになった（投資尺度，株価指標は第5章3節を参照）。

▶株価を決めるのは配当か，それとも利益か

　配当割引モデルは，株価を決めるものは配当である，というのが当初の考え方であったが，実務上での利用のされ方は，配当予測は5年程度先までとし，6年目以降は一定成長率 g で配当が増える（または成長ゼロ）と仮定する場合が多い。その計算式は，

$$株価 = \sum_{n=1}^{5}[D_n/(1+r_s)^n] + \sum_{n=6}^{\infty}[D_6/(r_s-g)^n]/(1+r_s)^6 \qquad (3-3)$$

となる。右辺第2項は6年目の株価の現在価値である。この計算式は，最初の5年間は配当を受け取り，6年目にそのときの価格で売る，と想定している。つまり（配当＋値上がり益）目的の計算式に修正されているのである。

　他方，現在の配当から計算した配当利回りではこの株高は説明しにくいため，株価を決めるものは配当ではなく利益であるという考えが台頭するようになった。配当のみならず内部留保利益も株主のものだから，という理由である。**PER**（**株価収益率**，株価÷1株当たり利益）や**MM理論**（第2命題「企業の価値は配当政策と無関係である」，第4章コラム⑪を参照）などは，その代表例である。大半の中小株主にとって議決権はあっても意味をもたず，内部に蓄積された留保利益の処分権はなきに等しいのであるが，機関投資家の台頭がこの考え方に説得力を与えるようになった。

　アメリカでは，株式所有の個人への分散傾向が早くから進み，1930年代にはすでに，多くの大企業で筆頭株主といえども数％しか所有せず，株式所有なき経営者が会社を事実上支配する「**経営者支配**」がみられるようになった（第8章1節を参照）。株主が経営に携わらなくても，会社経営には「経営労働」が

必要であり，その任にあたる経営者が経営の意思決定を担うようになると，雇われ経営者へ実質的に経営支配権が移ることになる。

ところが，この株式所有分散傾向は 1960 年代に入ると反転し，**機関投資家**への株式所有集中傾向が始まるようになった。この結果，大株主の機関投資家が売却に応じれば，あるいは機関投資家同士が結託すれば，容易に経営支配に足りる大量株式の取得が可能になる。

しかも，機関投資家の背後には年金基金や投資信託の受益者が控えており，受益者利益に沿った運用をしなければならない信認義務（fiduciary duty）がある。この信認義務は機関化の進展とともに強調されるようになった。1974 年には「エリサ法」が制定され，年金運用における信認義務は「プルーデントマン・ルール」として具体化されたのである（エリサ法やプルーデントマン・ルールについては，コラム⑰を参照→ 184 ページ）。

こうして，機関化の進展と並行して，機関投資家は受益者利益の観点から利益処分についても経営者に発言力をもつようになり，配当よりもむしろ利益こそが株価評価の算定要因として考慮されるようになっていった。

以上のように，機関投資家への株式所有集中と軌を一にして，株式の理論価格の算出や投資収益率の計算，投資尺度に大きな変化が現れたのである。

3　財産証券（資産価値）

▶清算価値と財産証券

残余財産請求権を目的に株式を買う場合，理論価格の上限は 1 株当たり純資産価値によって画される。会社解散決議が行われ，会社資産を売却，債務を返済して清算し，なお残る純資産が買いコストを上回るためには，1 株当たりの純資産価値が株価を上回る必要があるからである。その目安として **PBR**（**株価純資産倍率**，株価÷1 株当たり純資産→ 130 ページ）が利用される。

通常，会社解散の事例の多くは倒産であるが，この場合は債務超過に陥って残余財産はゼロとなり，会社整理の過程で資本金は切り捨てられる場合が多い。しかし，残余財産がプラスのまま会社解散がなされた事例がいくつかある。この具体例として，戦後，**閉鎖機関**に指定された旧植民地企業（南満州鉄道，東洋拓殖，朝鮮銀行，台湾銀行，横浜正金銀行など）や連合国軍最高司令官総司令部

(GHQ) によって解散を命じられた旧財閥企業（旧三井物産，旧三菱商事など）などがあげられる。

これらは盛業中に敗戦によって突然，解散を強制されたため清算価値は比較的高く，株価も高かったのである。しかも，これらの会社は清算完了まで長い期間を要し，最終的な残余財産分配金額に不確定な要因が入り込んだため，財産証券として投機対象にもされてきた（たとえば旧三菱商事は1959年まで株式が上場され，1987年にようやく清算を結了した）。

また，閉鎖機関にあっては1953年の**閉鎖機関令改正**によって残余財産による新会社設立が認められ，たとえば朝鮮銀行はその残余財産を使って日本不動産銀行（その後の日本債券信用銀行，現在のあおぞら銀行）が新設され，朝鮮銀行株は日本不動産銀行株と交換された。新会社への移行が明らかになってからの朝鮮銀行株は財産証券としてよりも，再び利潤証券として生まれ変わる新銀行株の予想配当や新旧株式割当比率等の不確定要因が入り込み，投機対象になったと考えるべきだろう。

▶資産価値と財産証券

財産証券として買われる第2の例は，インフレーション下で貨幣財産の減価からの逃避先（すなわちインフレヘッジ）として買われる場合である。たとえば終戦直後から1948年頃までの戦後の**悪性インフレ**の時期に，多くの企業は**企業再建整備**の整理過程にあったから配当はほとんど行われていなかった。すなわち利潤証券としての価値はゼロに等しかった。にもかかわらず，意外に高い値段がついていたのである。[1] それは主観的にはインフレヘッジの手段として買われたからである。

しかしこの場合でも，会社財産を換価するためには会社を解散する必要があるが，先述のような経済外的な要因（**閉鎖機関指定**や**財閥解体**など）でもなければ，実際には，清算価値狙いの株式購入が現実化することはきわめて困難である。現に操業中の会社を解散し清算するにしても雇用を含めた契約解除の違約金など追加コストが必要であるし，所期の清算価値で会社財産を即時に換金できるか，不確実だからである。

そうだとすると，インフレヘッジ買いは，収益価値からみて利潤証券としては買えない株価水準ではあるが，たまたま株価が1株当たり純資産価値の周辺を推移していたときに，それ以上買うか，手仕舞うかの判断の拠り所にされて

いるにすぎない場合が多い。

　そうでないとすれば，会社財産とりわけ土地資産が業態転換の物的基礎になりうることから，利潤証券や支配証券の装いをまとった投機買いの基準として資産価値が使われる場合である。その一例として，80年代後半に流布した「qレシオ」があげられる。

▶qレシオと財産証券

　qレシオ（**株価実質純資産比率**）は，「株価÷1株当たり実質純資産」と表される。PBR（株価純資産倍率）の分母は，簿価で計った純資産であるが，qレシオでは時価評価の純資産が使われる。1980年代後半のわが国では，土地と株価の異常な高騰がみられた。東証1部上場会社のうち有配会社の配当利回りは1985年に1%を下回って89年には0.44%（図3-4），PER（株価収益率）も85年の35.2倍から89年70.6倍へ上昇し（東証『証券統計年報』），利潤証券としてはとても買えない水準まで上昇した。

　しかし，土地価格も高騰しているために，会社所有の不動産を時価評価すれば簿価では表されない「**含み資産価値**」が大きくなり，これを分母にqレシオを計算すれば，1986年末時点で1をはるかに下回って0.453となり，十分に採算買いできる水準となる，というのである（紺谷・若杉［1987］）。しかし，高い価値のある会社財産を入手するには会社解散が必要である。それが現実的でないとすれば，このqレシオは何を意味しているのだろうか。

　株価が大きく上昇していた当時の「重厚長大」産業を中心とする既存産業は，成熟段階に差しかかり，海外でも貿易摩擦の激化，新興工業国の追い上げで収益性が低下していた。他方，これらの成熟産業では，土地をはじめとする豊富な経営資源が蓄積されており，それを使って新事業を展開するべく事業転換を図れば，すなわち事業の「**リストラクチュアリング＝再構築**」を図れば，収益性や成長性が見込める。したがって，重厚長大産業は潜在的に大きな成長可能性を有しており，株価はすでにそうした「リストラ」を織り込んで上昇している，というのである。

　この説によれば，①リストラが行われれば収益価値が再び高まって利潤証券として復活することを見越して買われたということになる。他方，②経営者にリストラの意志がなければ，外部のものがこれを買い占めて会社経営権を掌握しリストラをする，というのである。qレシオが1以下であるから，買占め屋

> ● コラム⑨　元祖「トービンの q」
>
> 　q レシオは,「トービンの q 理論」を転用したものだが, トービンの意図は, 論文の題名から推察されるように, 資本市場をも明示的に取り入れた一般均衡理論の定式化にあった (Tobin [1969])。彼は, ケインズが株式の投資収益率と長期債利子率とを区別しなかった（またはその格差を一定と仮定した）のに対し, 自分はそれを明示的に区別してモデルに組み込んだ, と主張している。この論文では, q = 資本価値 (the value of capital) ÷ その再構築コスト (its replacement cost) とされる。言い換えれば, 資本市場で評価される企業価値（株式時価総額＋負債の時価総額）を, その企業が保有する資本財の再取得費用で割ったものである。$q>1$ の場合は, 資本財の再取得費が企業価値を下回るので実物投資が促進され, 逆の場合は, 既存設備の縮小に陥る。すなわち, q の値は実物投資の促進（または縮小）を左右する重要な因子である。金融政策その他の要因が総需要に影響する基本的な方法は, q の比率を変化させることによってである——これがトービンの本来の主張であった。

にとって新しく設備投資をするよりも既存会社を乗っ取った方が安上がりだからである。この場合には, 支配証券として買われたということになる。

　しかし, リストラがうまくいって収益価値が高まるかどうかは将来のことで, ①の場合には, 利潤証券として投機的に買われたということであろう。また②の場合は, 当時, 法人間の**株式持合い比率**が高く, 買占めの可能性はほとんどなかった。

　以上のように, **PBR** や **q レシオ**は会社資産価値に注目するのであるが, 1980年代後半の株価は, いまみたように利潤証券, 財産証券, 支配証券のいずれにおいても現実的ではなく, 投機証券として買われたのである。その際, 会社の資産価値は投機的売買の目安として使われた。この点で, q レシオは, PBR と異なって分母を時価評価しているため, 土地と株式への投機を相乗的に助長する効果があったといえる。

4　支配証券（のれん価値）

　最後に, 経営支配権目的の株式購入において買い手が許容できる株価の上限は, どのように決まるのだろうか。日常的には**配当請求権**（および値上がり益）の目的で買われることが一般的であるが, 支配権目的の株式需要が現れて, 利

潤証券としての株価とは金額的にも異なった株価がつくことがある。その典型例は,「コントロール・プレミアム」と呼ばれるものである。そこで最初にこれをみよう。

▶コントロール（支配権）プレミアム

　企業支配権の売買が行われる典型は,**企業の合併・買収**（**M&A**: Merger and Acquisition）においてである。M&A では,買収者が被買収先企業の株式時価を上回る買取価格を提示するケースがあり,買収価格が時価を上回る超過額は,「コントロール・プレミアム」と呼ばれる。このプレミアムは,時に 50% を上回る場合もあるが,確定した割合ではない。では,この超過額は何によって規定されているのだろうか。

　第 1 に,買い手も企業で買収相手の同業者あるいは取引先などであれば,本業との**相乗（シナジー）効果**が期待できる。この場合,買収によって両者の企業収益の単純合計を上回る「超過収益」が得られると計算できれば,その超過収益を買収側企業の**要求資本利益率**（**資本コスト**と呼ばれる）で割り引いた現在価値（あるいは被買収対象企業の株価を純資産価値が上回る超過額）が,コントロール・プレミアムに相当するだろう。

　第 2 は,経営改善効果である。対象企業の経営が思わしくなく「リストラ」をすれば経営改善される見通しがあるにもかかわらず,経営者の能力・意思その他の理由で経営改善がなされない場合,買収者が経営改善によって予想する利益向上額を**要求資本利益率**で割り引いた現在価値（あるいは被買収対象企業の株価を純資産価値が上回る超過額）がプレミアム相当額となろう。この場合,買収者はシナジー効果を期待する事業者である必要はない。たとえば,**買収ファンド**は,シナジー効果を期待できる「本業」をもっているわけではない。出資者から買収資金を集め,経営改善によって企業価値を高めたのち上場させて買収資金を上回る値鞘を獲得しようというものである。

　コントロール・プレミアムは一種の「**のれん**」**価格**であって,広い意味での**無形資産価格**であるが,上記いずれの場合も,買収による「超過収益」や「利益向上額」は一義的に決まっているわけではない。買収後の企業経営の良し悪し（したがって買収企業側の経営資源）に左右される。それゆえ,コントロール・プレミアムは買収者の事情によって計算がマチマチとなる。また実際にそれだけの金額が支払われるわけではなく,買収側の買付額の上限を画するにすぎな

い。したがって，買収額が大きすぎて競争相手がいなかった場合には，プレミアムはゼロになることもありうるし，売却側株主が買収側と何らかの利害関係者の場合には，ディスカウントで売却することすらありえるだろう。

金融市場が肥大化し，借金でも買収資金が比較的容易に調達できるアメリカでは，潜在的な競争者が多いため，プレミアムは高騰する場合が多い。一説には，その大きさは直前株価の10〜50%であるが，日本では，直前株価よりも買収価格が低い「コントロール・ディスカウント」も多いといわれている。

たとえば，服部（[2004]第5章）によると，1996年3月〜2003年3月までの日本の**公開買付**88件につき，約3分の1に当たる32件で買付価格が前日終値を下回る「ディスカウント・オファー」であった。また，そのディスカウント幅は平均33%だった。

▶株式持合い

日本には**コントロール・ディスカウント**が多いという特徴がある上，もう1つ支配証券としての株式購入の日本的特徴として「**株主安定化工作**」がある。これは相手企業の経営権を掌握するためではなく，自社の経営権を防衛するために互いの株式を会社財産で購入し持ち合う。そして，株主総会では互いに事実上の白紙委任を行い，経営権を承認しあうのである。これにより，経営者は自社株を保有しなくても，経営権を確保できることになる。アメリカでは，大衆株主への株式分散により「経営者支配」が形成されたが，わが国では株式持合いにより「経営者支配」が形成されたのである。

わが国では戦後数年間は，**財閥解体**やインフレーションによって大規模な所有関係の変動が起こり，株式の浮動性が高まって，支配目的をもってする株式の買い集めが容易になった時期があった。それを象徴するのが，藤綱久二郎による陽和不動産の株式買占事件である。この事件をきっかけに1950年代中頃，旧財閥系企業の間で，株式の相互持合いが進展した。同様の株式持合いは，資本自由化が日程にのぼった1960年代後半，「外資の乗っ取り」から経営権を防衛するため，との名目で急速に進展した（第8章2節を参照）。

こうした経営権防衛のための株式持合いにおける買付価格の上限は，基準となるものがないため，かなり恣意的になる。他方，株式持合いは，一般的には取引関係にある企業間で行われる場合が多いことから，取引関係の固定化による種々のメリット（販路や原材料の長期安定的な確保，新たなビジネスの共同開拓な

ど）から得られる「超過収益」を**要求資本利益率**で割り引いた現在価値が上乗せ価格の上限になるという計算もできるだろう。

5　株価の変動要因

　以上，株式の権利に着目して「理論価格」形成のあり方に言及してきた。このうち支配的なものは利潤証券としての理論株価である。**配当割引モデル**からわかるように利潤証券としての株価は，配当と割引率によって規定される。配当ひいてはそれを制約する利益等の企業業績と金利は，株価の最も基本的な要因であり，そこで，これらは「**株価のファンダメンタル要因**」といわれる。

▶配当と株価
　(1)　税制
　配当を左右する要因の1つは**税制**である。配当は税引き後利益（純利益）とその蓄積（剰余金）から支払われるため，法人税が高いと配当の原資となる税引き後利益そのものが減少する。また投資家が受け取った配当にも所得税が課税されるため，配当課税は投資家の採算に大きな影響を与える。証券界が法人税のあり方や，利子課税と比較しての配当課税の大きさに敏感な理由はそのためである（証券税制については第10章6節を参照）。
　(2)　配当性向
　次に，利益の中からどれだけ配当が支払われるかも株価を左右する。利益に占める配当の割合を「**配当性向**」というが，配当性向を低めれば配当は減り，その限りで株価は低下する。しかし利益剰余金として積み立てられる社内留保はそれだけ多くなり，次期以降の利益を増加させ，にもかかわらず発行株数は増えていないため，自己金融による1株当たり利益の拡大が進み，株価を上昇させる要因となる。このような，配当政策が株価に対してもつ相反的な影響を勘案したとき，企業の利益率が株主の要求する利益率を上回る場合には社内留保を厚めにした方が株価は上がることになろう。
　これに関連して，1株当たり利益が増えて株価が上がりすぎると，**株式分割**によって単価を下げようとする財務政策が採られる。その際，株式分割と歩調を合わせて配当を引き下げるのではなく，実質的に増配となる配当政策が併用

されることが多い。増配が利益剰余金の取り崩しを伴うことなく行われる限り，1株当たり利益の向上と株式分割・実質増配の併用の両立は可能であるから，株式分割の権利落ちによって，一旦，株価は下落しても，再び次の株式分割・実質増配を織り込んで，株価は上昇していくことになる。

　これと同様の事態は，高度成長期の日本において自己金融とは逆の「借入れ過多」（オーバーボロウィング）によって生じた（前掲コラム⑧→71ページ）。金利が企業利潤率を下回る限り，借入れで利払い後利益が増え，1株当たり利益の拡大が進行するからである。その際，オーバーボロウィングを是正するため増資を行おうとするとき，**株主割当額面増資**の形態をとり，1株当たり配当も引き下げないとすれば，株式分割・実質増配と同じ効果が生まれる。しかし1960年代前半の日本では，資本自由化対策として「自己資本充実」が急がれ，利益剰余金を食いつぶす形で配当増加を伴う増資が強行されたため，1株当たり利益が減少し，株価は暴落，1965年の証券恐慌に至った。

▶金利と株価

　株価を規定するもう1つの要因は割引率である。配当は社債利子や定期預金利子とは違って契約で確定しているわけではなく減配・無配のリスクがある。このため，割引率は通常，金利より高めで**リスク・プレミアム**を上乗せした率となる。このうち，リスク・プレミアムについては次節でみることにし，ここでは金利について取り上げよう。

　金利は，株式の割引率を左右することで株価に影響する。株式市場は長期資本市場の一分野であるから，同じ長期資本市場を構成する公社債市場で形成される利回りと比較され，平準化しようとする。すなわち割引率を構成する金利とは具体的には長期公社債利回りとなる。

　他方，金利は別のルートを経由して株価に影響を及ぼす。貸付金利や社債金利は企業の負債額と相まって利払い後利益を変化させるからである。電力や鉄道，通信など有利子負債の多い業種はこのルートからの金利の影響が大きくなる。

▶業績相場・金融相場・需給相場

　以上のように株価を左右する要因は多様である。これに関連して，企業の業績が好転して株価が上がる場合，これを「**業績相場**」という。景気循環のプロ

セスの中で，景気の底がみえ，上向きになったことが明確になると企業の業績も大幅な回復をみせる場合が多い。その際には回復した企業業績を反映して株価水準の訂正が起こるのである。

一方，企業業績に変化がなくても株価水準の変化が起きる場合がある。このうち金融市場が緩和し金利が低下して利回り採算買いが増えて株価が上がることがある。これを「**金融相場**」という。

これに対し，需給それ自体が株価を変動させてしまうことがある。これを「**需給相場**」という。需給相場の典型は，バブルの絶頂期に買うから上がる，上がるから買うといった「**熱狂相場**」（あるいは**バブル相場**），「**品不足相場**」，恐慌のパニック局面で流動性を入手するために採算に関係なく手持ち株を投売りする「**換金売り相場**」，恐慌が過ぎ不況局面に入って急速に金融が緩慢になると金融機関が貸付先に困り，株式でも買おうかといって株価があがる「**不況期の株高**」等がある。

このように需給相場は，景気循環の極端な局面（好況末期，恐慌・パニック，不況期）で発生することが多いが，需給相場の特殊なものとして「投機」が株価に及ぼす反作用がある。これを最後にみておこう。

▶投機と株価[2)]

投機は，将来の株価変動を予想して現時点において売り買いを行うのであるから，それ自体が現在の需給を変動させる。そして，株式こそは将来の予想を実際の行動に移すのが最も容易な商品である。

(1) 株価の先見性

戦後の日本経済はエネルギー革命を伴った重化学工業化へと産業構造が大きく転換した。その過程は，斜陽産業（石炭，繊維など）から成長産業（鉄鋼，石油化学，電機機械，輸送用機器など）への資源配分を伴ったが，それには多くの時間がかかったはずである。

これに対し，この盛衰が株価に反映することを予想して**スペキュレーター**（**投機家**）が，斜陽産業の株を売って成長産業の株を買う。これには数分もかからないのである。この結果，斜陽産業の株価は実際に低下し，成長産業の株価は上がる。こうした株価変化がシグナルとなり，資源が前者から引き揚げられ後者へ配分されるのを促す効果がもたらされる。

こうした株価変動が「**株価の先見性**」といわれるものである。株価の先見性

は，資源配分においてだけではなく，景気循環においてもみられる。株価は不況が底をつくと上昇しはじめ，好況の絶頂では不況を予想して下がりはじめる。こうした「株価の先見性」によって資源配分や景気対策の上で有益なシグナルが得られるのであるが，その「株価の先見性」は投機が先導するのである。

(2) 安定要因か，激化要因か

他方，投機が株価に与える影響として，株価の安定要因か，激化要因か，という問題がある。安定要因説は，株価が上がりすぎると売り投機が出はじめてその後の上昇を緩和し，下がりすぎると買い投機が出てさらなる下落を緩和するというものである。逆に激化要因説は上昇期にはさらに一層，株価を上昇させ，下落期には低落の勢いを激化させるというものである。

この問題に対しては，投機は安定，激化のいずれの可能性もあるとしかいいようがない。というのは，投機は，自ら価格差を作り出すのではなく，将来予想を反映した株価を拡大鏡のようにみやすくしているだけだからである。

6　効率的市場仮説とCAPM

次に割引率を構成するリスク・プレミアムについて言及しよう。株式には減配・無配さらに価格変動のリスクがあるため，それを補償する意味から割引率は通常，金利より高めになるはずである。その上乗せ部分がリスク・プレミアムである。

しかし電力株と商社株のどちらがリスクは高いか，と問われれば後者の方が高いと直感的に答えられるが，具体的にどのような数値になるのか，すぐにはわからない。これに一応の答を与えたのが，**CAPM** (Capital Asset Pricing Model, **資本資産価格モデル**) である。

▶CAPM

CAPMでは，まず**リターン**を**投資収益率**〔(配当＋値上がり益)／株価〕と規定し，その標準偏差をリスクと捉える。確定利子で満期のある公社債と違って，株式のリターンは予想期待値から乖離（かいり）する可能性が大きい。その乖離の大きさは統計学的には平均値からの**標準偏差**で観察することができるが，その大きさを「**リスク**」の尺度と捉える。そしてリスクが大きければリターンもそれだけ

───● コラム⑩　CAPM による割引率の計測 ───────────

　個別株式の割引率を構成するリスク・プレミアムは，投資家の投資ホライゾン（投資期間）にあわせた対象期間のデータを使って計測するのが普通である。したがって実用的ではないが，ここでは 1953～2009 年までの年次収益率を使って電機機器株（Y）のリスク・プレミアムを試算してみよう（データは日本証券経済研究所編『株式投資収益率 2009 年版』による）。

　この間の市場収益率（X）の平均値を算出すると 13.9％ となった。リスクのない長期国債利回りを仮に 4.5％ とすれば，X のリスク・プレミアムは差額の 9.4％である。他方，X を説明変数，Y を被説明変数とする回帰線の傾きは 1.04 となる。市場平均が 1％ 変動すれば，電機機器は 1.04％ 変動するわけである。この比率がベータ（β）である。そこで，電機機器のリスク・プレミアムは市場全体の β 倍，9.8％（9.4× 1.04＝9.8）となり，その割引率は，(4.5％ ＋ 9.8％)＝14.3％ となる。

大きくなければ投資家の資金を引き付けられないため，リスクの大きさがプレミアムを規定すると考えるのである。

　ところで，CAPM の特徴は，個別銘柄のリスクすべてが当該銘柄のリスク・プレミアムを規定するのではなく，市場全体と連動する部分だけがプレミアムを規定すると考える。その理由は「**分散投資**」によって個別銘柄に特有のリスク（個別リスク）は消去できるからだ，とされる。たとえば，電力株と電機機器株を保有したとき，他の条件を一定として為替相場が円安方向に動けば火力発電の原料となる石炭・原油の輸入コストが高くなって電力株は安くなるが，輸出に大きく依存する電機機器株は逆に上がる。円高になればその反対のことが起こる。為替相場の動向という同じイベントに対し電力株と電機機器株は逆の方向に反応するため，平均からの乖離は相殺しあって小さくなるのである。

　そして分散投資を極限まで進めると個別リスクが消去されて株式市場全体に連動するリスクだけが残る。これは「**市場リスク**」あるいは「**システマティック・リスク**」と呼ばれ，このリスクにはプレミアムを補償してやらないと投資家の資金が引き付けられない。そこで，市場全体のリスク・プレミアムがわかっていたとき，各銘柄のリターンが市場全体のリターンと連動する比率を算出できれば，プレミアムで補償すべき当該銘柄の市場リスクが算出できることになる。この比率をベータ（β）と呼んでいる。

▶効率的市場仮説

　CAPM は，すべての市場参加者が資産選択において最少のリスクで最大のリターンを得ようと合理的な行動をとったとすれば（すなわち合理的な分散投資をすれば），均衡状態において成立する市場の諸関係を叙述したものであり，理論的にはマーコヴィッツの「分散投資理論」とサミュエルソンやファーマによる「**効率的市場仮説**」に立脚している。各資産から得られるリスク調整済みリターンが異なっていれば，市場参加者は低いリターンの資産を売って高いリターンの資産を買う裁定行動をとるから，均衡状態では各資産のリスク調整済みリターンは等しくなるはずである。

　リスクやリターンに関係するあらゆる情報が，市場参加者によって合理的に解釈され，上記のような投資行動がとられる結果，それらの情報は瞬時に証券価格に織り込まれる。その結果，株価の将来予測は不可能となるし，リスクに見合ったリターンしか得られなくなる。そのような市場は**効率的市場**といわれる。その条件は，①情報開示が徹底し，②取引コストができるだけ低く，③市場参加者が十分な情報収集・解析能力をもっていることである。

　CAPM は，1960 年代後半にシャープ，リントナーらによって提唱されたが，実際に証券界で利用が定着したのは，アメリカでもスタグフレーションに突入して「株式の死」といわれた 1970 年代後半に入ってから，またわが国でもバブル崩壊後の 1990 年代に入ってからである。

　川合 [1978] によれば，持続的な株価成長をみせた高度成長期には「リスク」のことなど忘れていた投資家が，株価成長が期待できなくなった時点からリスク管理の重要性を意識しはじめたのである。しかも，この時期になると機関投資家の株式保有および売買シェアが高まって，市場参加者は同質化し，互いに相手を出し抜くことが難しくなってくる。

　積極的に相手に勝つ（有望銘柄を発掘する）よりも，相手に負けない（リスク管理で失敗しない）ことがゲームを分ける重要なルールとなる（エリス [1999]）。銘柄発掘を放棄し，分散投資によってリスク低減を図る，すなわち市場そのものに連動する運用スタイルの「インデックス・ファンド」もこの時期に誕生している。こうした時代背景が，分散投資の重要性を認識させ，CAPM や効率的市場仮説を一般化させたと考えられる。

▶アノマリー現象

　他方，アメリカではCAPMや効率的市場仮説が実務界で一般化する1970年代後半に早くも学界でこれに対する批判が現れ，1980年代後半に入ると，それが次第に大きくなっていく。その背景は，「アノマリー」(anomalies)の観察である。アノマリーとは，効率的市場仮説では説明できない株価現象をいう。

　例えば，株価の軌跡には一定のパターンがあるという現象であり，具体的には，①モーメンタム効果〔一たん上（下）がれば次回も上（下）がり，それが1年程度続く〕，②反転効果（過剰に反応した株価は反転する）などが指摘されている。こうした株価のパターンがもしあるとすれば，これを株価の将来予測に使うことができる。「ケイ線」を利用した「テクニカル分析」は，過去の株価パターンが今回も再現すると考えて行う投資戦略に使われるが，これが有効になるわけである。

　また，開示情報が十分に消化されていないという現象，たとえば，①小型株効果（小型株の方がリターンは大きい），②バリュー株効果（PER＝株価収益率やPBR＝株価純資産倍率の低い株の方がリターンが大きい）等も指摘されている。もしこれが正しければ，財務情報を利用した「ファンダメンタル分析」にもとづいて有望な銘柄発掘が可能だということになる。

　こうしたアノマリー現象により，CAPMにも批判の矛先が向けられていった。当初，CAPMは，プレミアムは市場リスクにのみ起因するとしたのだが，このモデルの当てはまり具合がよくないことが実証されるにつれ，CAPMに代わって，複数要因のリスクを採り入れたAPT (Arbitrage Pricing Theory, **裁定価格理論**) といった新しいモデルも提唱されるようになった。またCAPM擁護派の間でもファーマとフレンチ (Fama and French [1993]) は小型株効果やバリュー株効果の存在を認めて，CAPMの修正モデルを提唱するに至る（市場リスク，規模リスク，割安株リスクを含む3ファクターモデル）。

▶行動ファイナンス

　こうしたアノマリー現象のみならず，1998年，通貨や各国国債の裁定取引によって収益を上げようとしたヘッジファンドの1つLTCM (Long Term Capital Management) の破綻により，効率的市場仮説やCAPMの成立条件となっている「**裁定取引**」が十分に機能していない事例も現れるようになった。

　そこで，2000年代に入ると，市場参加者として非合理的な投資家の存在を

明示的に導入して株価現象を説明しようとする「**行動ファイナンス**」が台頭するようになった。行動ファイナンスは，機関投資家ではなく，合理性に限定のある個人投資家の行動・心理を重視する。また機関投資家についてもその背後にあってファンドマネージャーの行動を資金的に制約する個人の受益者を重視する。

先述のように，「分散投資理論」，「効率的市場仮説」，「CAPM」からなる一連の投資理論は**近代ポートフォリオ理論**（Modern Portfolio Theory）として体系づけられてきた。しかしアノマリー現象の検出や裁定機能の限界が認識されるようになり，これに代わる理論の再構築が現在，試みられているといえよう。

7 アメリカの株価，日本の株価

以上を念頭に置いた上で，最後に，戦後日米の株価動向と利回り格差（配当利回りと国債利回りとの格差）について簡単にみよう。60年代の株価成長についてはすでにみたので，以下では70年代以降を取り上げる（前掲，図3-1～3-4）。

▶1970年以降のアメリカの株価
（1）スタグフレーション下の株価
70年代に入るとアメリカは**スタグフレーション**（インフレと不況の同時並存）に陥り，株価が低迷する。60年代株価成長の基本的条件であった利益成長期待が後退し，株価は上がらなくなる。

当然ながら配当利回りは上昇気味に推移する。しかし，金利は，インフレ期待に加えて金融引締政策の面からも上昇傾向を示し，利回り格差はむしろ拡大している。この傾向にピリオドを打つのが，「**ボルカー・ショック**」である。当時のFRB議長ポール・ボルカーは金融政策の目標を劇的に転換させ，従来のような「金利」ではなく「貨幣供給量」をターゲットにおいたのである。そして，政策金利のFF（フェデラル・ファンド）レートを5%から20%にまで引き上げ，インフレを封じ込めた。その後，インフレは収束し，これを反映して，金利も低下していく。

(2) グレート・モデレーション時代の株価

80年代初頭から2000年までの約20年間,株価は再び成長し,配当利回りも低下していく。この時代は,アメリカだけではなく主要先進諸国においても物価上昇率が低下し(ディスインフレ),GDP成長率の変動幅も小さくなった時期である。これを人々は「経済の超安定期」(Great Moderationの時代)と呼んだ。

しかし,この時期のアメリカの株価成長は60年代とは次の点で異なっている。第1に,金利が低下傾向を示している。60年代は成長資金への需要が強く金利は強含みであった。第2に,60年代はマイルドインフレーションが進行し,企業の名目利益成長率はその分だけ高くなるが,逆に80〜90年代はインフレ率が低下している。第3に全体として企業利益の中身が「金融業」に著しく偏っている。金融業の利益は,80年代初頭は10%程度であったが,2000年に40%に上昇している。これと関連して第4に,全体として負債の積み上がりが非常に高くなっている。負債の対GDP比率は,80年代の1.5倍から2000年代には4倍近くに上昇している。60年代の企業金融が「自己金融」であったのと対照的である。

つまり,実体経済では供給超過気味で潜在成長率そのものが低く,一般物価は弱含みで資金需要も弱い反面,金融機関では,クレジットカードや消費者ローン,さらには住宅ローンを組成して利鞘を稼ぎつつ,需要の先食いを容易にして経済成長率を下支えしていたのである。ローンの組成が証券化によって一層,容易になり,銀行のみならず証券業も潤ったことはいうまでもない。

その結果,金融業の利益は劇的に増えたのである。金融主導の時期であったからこそ,グリーンスパンFRB議長の采配による金融政策は経済運営の上できわめて重要な役割をもたされたのだろう。このようにみれば,この時期の株価成長は「マネーゲーム」的色彩が強かったといえる。

(3) 2000年代の株価

2000年代に入ると,株価は停滞しはじめる。2003〜07年までは,住宅投資ブームで株価も上昇しているが,**サブプライムローン問題**の顕在化と08年の**大手投資銀行リーマン・ブラザーズの倒産**がとどめを刺し,株価は2000年代初頭の水準に逆戻りしている。これに伴って,配当利回りと国債利回りの格差は収縮し,08〜09年にかけて一時的に逆転,利回り「反」革命の様相を呈している。

▶1970年以降の日本の株価

　他方，日本では，前述のように60年代前半の過剰増資により株価成長の条件（1株当たり利益の成長）が損なわれ，株価は下落し65年証券恐慌へと続く。その後，67年以降，株価は右肩上がりに推移し，日経平均株価は89年末の最高値3万8915円でピークをつける。その後，下落を続け，2010年9月末現在9369円と1983年水準に戻っている。配当利回りと国債利回りとの格差をみても，90年代に入って急速に縮小し，2000年代には逆転している。

　(1)　法人間持合いと株価

　80年代後半の異常な値上がりは「バブル」と呼ばれ，明らかに投機によってもたらされたことは否定できない。では，それ以前の67～85年までの株価上昇はどのように評価したらよいのか。60年代後半から70年代にかけて日本は，輸出主導型の経済成長が続き，企業金融の面でも「自己金融」が進捗して，アメリカ型の株価成長が始まったと考えられる。

　しかし，この時期から法人間の株式相互持合いが急速に進展し，株価下支えの要因となったことも重要な論点である。事業法人は持株比率を75年まで，また金融機関は80年代末まで上昇させている。この株式相互持合いに着目して，奥村［1979］は概略，次のようにいう。

　60年代後半からの「資本自由化」を控え，外資乗っ取りを恐れた経営者が経営権防衛のため，この時期に株式持合いを急速に進めた。加えて，1970年代に入ると増資形態が株主額面割当から公募時価増資へ移行し，これが定着する。一般に公募増資は1株当たり利益を希薄化させ株価下落要因になるが，法人間持合いで株価下支えが可能であることが理解されると，公募増資を有利に進めるための持合いが加わる。こうして，基本的に法人間持合いが株価下支え条件となり，その上に投機が加わって89年まで株価が上昇していった，というわけである。

　(2)　バブル崩壊後の株価

　バブル崩壊の90年以降，株価は下落していき，それと逆比例して配当利回りが上昇していく。そして，1998年の金融危機のときに，また2000年の不良債権の抜本処理の過程で，銀行株が主導する形で株価が大きく下落，他方では日銀が量的緩和政策を打ち出して市場金利は低位に推移し，配当利回りが国債利回りを上回ることが起きた。

　そして，2007年11月以降は，それが常態化して，「利回り反革命」は3年

近くも継続している。「利回り反革命」の状態とは、投資家が中長期の利益成長期待を株価評価の要素としなくなった状態を指す。こうした状況のもとでは、投資行動において株価評価に変化が起こり、中長期投資の比率は低下して短期回転売買の比率を上昇させるだろう。他方、企業財務の面では手元資金を設備投資よりも配当や自社株買いに使う割合が増えるだろう。

しかし、現在の状態は、「ゼロ金利政策」という異例の金融政策が一因でもある。アメリカも同様だが、この異常な金融政策から脱して、平時の金利水準に戻ったときにおいても配当利回りが国債利回りを上回ることが常態化すれば、それが「利回り反革命」状態の定着ということになる。

そうなったとすれば、明らかに株価評価に変化があったということになろう。

・注

1) 再建整備終了の1949年時点でも東証上場会社529社中、有配会社は259社にすぎない。有配会社の1株当たり配当金は平均6.09円、平均配当利回り6.77%だった（東証『証券統計年報』より）。
2) 以下の記述は、川合・一泉編［1972］第3章による。

・参考文献

■引用・参考文献

Tobin, J. [1969], "A General Equilibrium Approach to Monetary Theory," *Journal of Money, Credit and Banking*, Vol. 1, No. 1.
紺谷典子・若杉敬明［1987］,「トービンのqと株価」『証券研究』80巻
井手正介・高橋文郎［2003］,『経営財務入門（第5版）』日本経済新聞社
服部暢達［2004］,『実践 M&Aマネジメント』東洋経済新報社

■学習のための文献
▶株式価格に関する包括的な文献
川合一郎［1960］,『株式価格形成の理論』日本評論社（『川合一郎著作集 第3巻』有斐閣、1981年、所収）
川合一郎・一泉知永編［1972］,『証券市場論（改訂版）』有斐閣、第3章。
▶効率的市場仮説、CAPMなど現代ポートフォリオ理論にもとづく株価理論
ファーマ, E. F.［1979］,辰巳憲一ほか訳『証券市場分析の基礎』日本証券経済研究所
Fama, E. F. and K. R. French [1993], "Common Risk Factors in the Returns on Stocks and Bonds," *Journal of Financial Economics*, 33.
エリス, C. D.［1999］,鹿毛雄二訳『敗者のゲーム』日本経済新聞社
マルキール, B. G.［2004］,井手正介訳『ウォール街のランダム・ウォーカー（新版）』日本

経済新聞社
川合一郎 [1978]，「新しい証券市場論」(『川合一郎著作集 第4巻』有斐閣，1981年，所収)
▶支配証券に着目した株価論
奥村宏 [1979]，『株価はこうして決まる』ダイヤモンド社
▶アノマリーと行動ファイナンス
加藤清 [1990]，『株価変動とアノマリー』日本経済新聞社
城下賢吾・森保洋 [2009]，『日本株式市場と投資行動分析』中央経済社

第4章　証券発行市場

1　企業金融と証券発行

　企業による資金調達手段は，資金の源泉からみて，内部資金と外部資金に分かれる。また外部資金は，資金の出し手との契約の違いに応じて，**エクイティ・ファイナンス**（新株発行を伴う金融）と**デッド・ファイナンス**（負債金融）に分かれる。さらに近年，企業の保有する不動産や売掛債権などを裏づけとして，これを証券化・流動化することで資金化する手法も用いられている。これを**アセット・ファイナンス**（資産の流動化による金融）という。エクイティ・ファイナンス，銀行借入を除くデッド・ファイナンス，アセット・ファイナンスは，証券発行市場を利用して行われる。

　証券発行市場の仕組みを理解する前提として，企業金融における各資金調達手段の位置づけについて簡単にみておこう。

▶企業金融の基本

　企業が銀行借入や証券発行など，外部資金を調達するのではなく，最終（税引き後）利益や減価償却費など企業の内部資金でまかなうことを**自己金融**と呼ぶ。企業は毎期の企業活動によって，最終利益を計上する。企業は最終利益から配当等を支払い，その後資本に残余の最終利益を繰り入れる。これにより企業の資金調達となり，企業は固定資産投資等に運用することができる。

　また企業は固定資産に対し，減価償却費を計上する。減価償却費は企業の固

定資産が耐用年数を経過したとき，置換（更新）する費用である。したがって企業は**減価償却費**により設備投資できる。

このほか，歴史的には退職給与引当金なども自己金融の原資となってきた。退職給与引当金は従業員が退職した際に支払う退職金に備えて積み立てられている引当金である。しかし，引当金が全額即時に支払われてきたわけではないので，運転資金や設備投資資金に充当されてきた。ドイツなどEUの企業では，こうした傾向が強いといわれてきた。

自己金融は欧米では長い歴史をもっているが，1980年代以降，世界経済が低成長に移行し，日本も含めて自己金融が強まっている。低成長のもと，設備投資は低迷し，利益や減価償却費の範囲内で資金需要が収まるためである。

図4－1は，非金融法人（事業会社）と**資金循環**をみたものである。まず注目される点は，1990年前後まで，非金融法人は資金過不足においてマイナス，すなわち資金不足であったが，1990年代後半から今日にかけてプラス，すなわち資金余剰となっていることである。1980年代までは企業による設備投資も相対的には多く，また1980年代後半には資産運用への資金需要もあり，法人は資金不足であった。こうした企業の資金不足は，金融機関からの借入れによって調達され，1980年代後半までは金融機関借入が増加していた（図4－1参照）。

しかし2000年前後以降，企業は**資金余剰**が続いている。企業の設備投資は低迷しており，設備投資の多くは，海外子会社による投資であり，国内における設備投資は低水準となっている。したがって企業は自己金融により，資金を調達可能であり，金融機関からの借入れを減らしている。

以上のように，近年では企業は資金余剰で，銀行借入を減らしているが，高度経済成長期までは，企業の設備投資は活発で，資金需要も旺盛であった。企業が利益や減価償却費など自己資金で不足する場合，**外部資金**を調達することになる。日本では歴史的には銀行借入が中心であった。これは日本では欧米に比べ資本主義の形成と成立が遅く，貯蓄形成が不足しており，証券市場の形成が遅かったためである。このため日本では中央銀行＝日本銀行が中央銀行信用を拡張し，さらに市中銀行が民間企業に貸出を増加させて（オーバー・ローン，預金を超える貸出），企業の資金需要に対応してきた。高度経済成長期には企業の資金需要が旺盛であったが，証券市場がまだ企業の資金調達で大きな位置を占めていなかったため，銀行貸出が重要な経路であった。長期信用銀行や信託

■図 4-1　非金融法人と資金循環

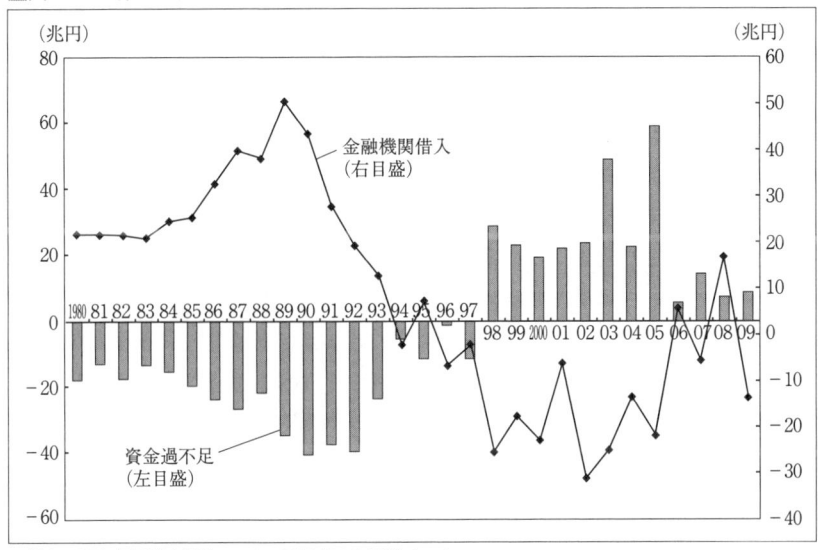

(注)　2009 年以外は年度ベース。2009 年のみ暦年ベース。
(出所)　『日本銀行統計』から作成。

銀行，さらには公的金融機関などの長期的金融機関はもちろんであったが，都市銀行なども企業向け貸出を増加させた。

　企業からは銀行借入，銀行からすれば貸出は短期と長期，有担保と無担保，手形割引と証書貸付等に区分される。一般に借入れが 1 年未満であれば短期借入，1 年超であれば長期借入（固定負債）となる。人件費や原材料費などの短期的な運転資金には，企業は短期銀行借入で対応する。他方，設備投資などの長期的な資金需要には，企業は長期銀行借入で対応する。

　歴史的には，日本での銀行貸出（対法人）は有担保が多かった。これは社債との競合関係で，社債が有担保であったことの反映といわれる。また担保としては不動産が中心であった。不動産は登記制度により所有権が明確であり，戦後から 1990 年代まで不動産価格は基調として上昇してきたことが大きい。また歴史的には銀行が企業向けに貸し出す場合，メインバンクと呼ばれる中心的な銀行が大きな役割を果たしてきた。メインバンクは貸出において，大きなシェアを占めるだけではなく，社債の発行等においても重要な役割を果たしてきた。

　しかし 1990 年代以降，地価は低下し，銀行貸出において無担保貸出が増加

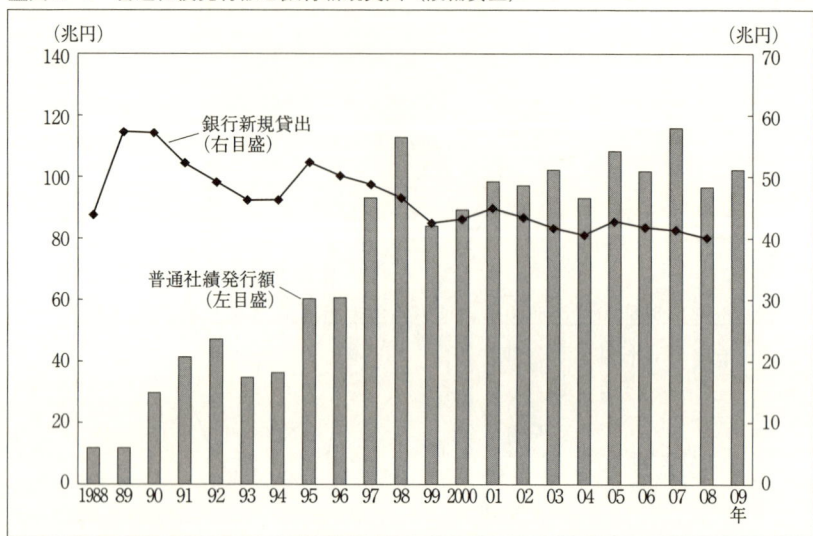

■図 4-2　普通社債発行額と銀行新規貸出（設備資金）

(出所)　『日本銀行統計』および『金融経済統計月報』（日本銀行）から作成。

している。またシンジケート・ローンといった，複数銀行による無担保貸出も増加している。こうした状況において，大企業の資金調達における銀行依存度は低下し，またメインバンクの影響力も低下している。

　1980年代以降，日本でも社債や株式など証券形態での資金調達が増加し，企業の銀行借入は減少している。中小企業では銀行借入への依存度が依然として高いものの，上場企業では直接金融の比率が上昇し，銀行借入は減少している。低成長により設備投資が抑制され，資金需要が低位である上，低金利政策もあり，証券発行のコストが低いためである。

　図4-2は，普通社債発行額と銀行新規貸出（設備資金）を示している。銀行新規貸出は1989年には57兆1904億円あったが，2008年には40兆4013億円まで減少した。他方，普通社債発行額は1988年には1兆円程度であったが，1998年には11兆3080億円に増加し，2000年以降も10兆円程度の水準が続いている。大企業では格付けが高いと，社債の発行コストは相対的に低く，銀行借入よりも機動的に資金調達できるため，銀行借入への依存度は低下している。

　企業は社債や株式といった証券発行により資金を調達できる。社債は負債としての証券であり，銀行借入と同様に，有担保または無担保となる。社債は負

債であるため,元本のほかに,利子が発生する。社債を企業が発行した場合,利子を支払い,満期が到来した場合,元本を返済しなければならない。

コマーシャル・ペーパー(CP)は,実質的には短期社債である。満期が3カ月といった短期性の証券が中心である。CPは発行限度額が金融機関から設定され,発行企業は限度額以内で機動的に発行できる。このため企業が短期的な資金需要をもった場合,CPによって即座に調達できる。また銀行借入金利よりも,CP金利は通常低いことが多い。したがって,CPは銀行借入に比べ,その機動性と金利コストの両面で企業から選好される。

他方,株式は企業への出資証券であり,企業利益からの配分として株主は配当を請求できる。また株式は証券であり,かつ株主資本を構成するため,返済する必要がなく,永久資本となる。このため企業からは株式は「自己」資本と認識されやすく,また配当は株主への「コスト」と位置づけられやすい。利子は負債に対する支払いであり,配当は企業利益からの分配であるから,両者の性格は異なっている。

第1章でみたように,株主の権利には大別,配当請求権,議決権,残余財産請求権の3つの権利がある。この3つの権利を備えた株式は**普通株**(Common Stock)と呼ばれる。

社債は,所有と経営があらかじめ契約によって分離されているため,利子・元本は確定債務であり,もし**債務不履行**になった場合には,優先弁済権をもつが,株式はそれ自体としては所有と経営は一体である(中小株主は資本多数決制により事実上,経営権を行使できないというにすぎない)。このため,株式では,経営リスクから逃れることができない。

したがって,株式の場合,配当金額は確定しておらず減配・無配になることもあるし,会社清算の場合には,企業財産に対する分配請求権は後回しにされる(これを「劣後」するという)ことになる。以上のように,社債と株式において契約上に大きな違いがある。もっとも,両者の間にはさまざまなバリエーションがある。株式にも**優先株**など**種類株**があり,また社債にも**劣後債**があるからである。

普通株の株主は,配当を受け取り,経営議決権をもち,残余財産を請求できる。他方,種類株とは,権利内容が異なる株式のことである。種類株の1つは,優先株である。優先株は,配当支払(および残余財産請求権)が普通株株主に比べ優先されるが,経営議決権をもたない。日本では銀行への公的資金注入にあ

たり，優先株が利用された。これは優先株が経営議決権をもたないため，国が銀行の優先株株主となっても，銀行は国有銀行とならない，とされたためである。

他方，「劣後債」とは，社債ではあるが，普通社債と比べて金利が高い反面，発行企業が債務不履行に陥った場合には，債務支払が後回しにされるものである。

株式と社債は，契約上の権利に明白な違いがあるが，優先株や劣後債はその中間的なものである。これらを一括してメザニン（Mezzanine, 中2階）と呼んでいる。バランスシートの貸方を家に見たてれば，1階部分が「資本」，2階部分が「負債」であり，優先株や劣後債は，その中間の中2階にあたるからである。なお，後述する（→ 102ページ）新株予約権付社債も新株発行を伴うことから「メザニン」と呼ばれることが多い。

資産証券化の仕組みについては第8章で詳述されるが，企業の保有資産（不動産，融資債権，売掛債権など）を**特別目的事業体**（SPV, Special Purpose Vehicle）に売却し，SPVはこれらの資産を裏づけに社債やCPを発行して，買取り資金とするものである。SPV発行の社債，CPの元利金は裏づけ資産の生み出すキャッシュフロー（不動産賃貸料，債権の金利・元本回収金等）で支払われ，あたかも不動産等の生み出すキャッシュフローの請求権だけが証券化され，譲渡できるようになる。そこでこうした仕組みを「資産の証券化」と呼んでいる。また資産を利用した資金調達であるから，アセット・ファイナンスと呼ばれる。社債は発行企業にとって，デット・ファイナンスであるから，アセット・ファイナンスとは対照的である。

▶ **株式の発行方式**

株式会社が株式を発行することを**増資**と呼ぶ。株式の発行によって資本金が増加することになるため，これを増資と呼ぶ。

増資は大きくは株主の払込みの有無によって2つに区分される。株主の払込みを伴う場合，**有償増資**と呼ばれる。これに対し，株主が払込みをしない場合，**株式分割**（かつては**無償増資**）と呼ばれる。株式分割と無償増資は株主が払込みをしない点では共通しているものの，法的には区別されている。株式分割は株式を分割し，株数を増加させる。無償増資は株式を発行し，株主に無償で割り当てる。法的には区別されているが，経済効果としては株主が払い込まず，持

ち株数を増やすことでは共通している。

　株式を発行する方法には，公募，第三者割当，株主割当がある。公募増資は，広く一般に新株購入を募集することである。これに対し，第三者割当は特定の企業などに株式を引き受けてもらうことである。**第三者割当**は企業買収への防衛策として発動されることが多い。A社をBファンドが買収しようとした場合，第三者であるC社に株式を割り当て，Bファンドの持ち株比率を引き下げる。あるいは株式持合いを企業が強化する場合，第三者割当によって，特定株主に株式を割り当てる。第三者割当増資では，特定の株主に発行するので，私募発行となる。**株主割当**は，既存の株主に対し，持ち株数に応じて新株を発行する。後述のように，イギリスではライト・イッシューと呼ばれる株主割当が長い歴史をもっている。

　株式が発行される場合，発行価格は大きく3つに区分される。額面株であった場合，額面価格で発行されれば，**額面発行**となる。日本では現在，時価発行増資が定着したが，かつては額面（額面50円が多く，50円で発行）発行されていた。額面50円発行であれば，配当5円とすれば，その調達コストは発行企業にとって10％（5円÷50円）と認識されやすい。このため増資はコストが高い資金調達手段と認識され，銀行借入や社債発行ができないときの，「限界的」資金調達手段と考えられていた。

　これに対し，**時価発行増資**は市場の株価での発行となる。このため発行企業にとっては，資金調達額は飛躍的に増加する。株価が上昇する見込みがあれば，投資家が競って新株を購入する。このため市況がよければ，時価発行増資は発行企業にとって有利な資金調達手段となる。他方，時価発行増資が増加して以降も，日本では配当が1株5円に据え置かれることが多く，発行企業にとっての資金調達コストは低位にとどまった。しかし，このことは同時に投資家にとっての配当利回り（年配当÷時価）が著しく低下することを意味した。このため投資家は配当利回りで投資するのではなく，キャピタル・ゲイン期待で投資することとなり，市場が投機化する一因となった。

　割引発行は，市場での時価から割り引いた価格で発行する。イギリスではライト・イッシューと呼ばれる増資が定着していた。これは既存の株主割当であるが，発行価格は時価より1割程度割り引かれた水準であった。既存株主に持ち株に応じて株式を発行し，発行価格は時価よりも低い水準であったから，株主からも歓迎される資金調達手段であった。

2001（平成13）年の商法改正により，従来の額面株式に関する規程が廃止され，**無額面株式**に統一された。額面株式とは，定款に株式の金額が規定され，また株式の券面に券面額が表示される株式である。無額面株式とは，株券の券面に金額の記載がなく，株式数だけが記載される株式である。

2001年の改正前からも無額面株式の発行は認められていた。額面株式は額面を下回る価額では発行できない。したがって時価が額面を下回る場合，新株発行が困難となる。しかし無額面株ではこうした制約がなく，機動的な新規発行が可能である。また2001年の商法改正で，株式分割における**純資産額規制**（分割後に1株当たり純資産額が5万円以上）が廃止された。同時に会社設立時の純資産額規制（1株の最低発行価額が5万円以上）も廃止された。こうした関連で株式の券面額の意義が薄れ，廃止に至った。現在は，新規に発行される株式に額面額はなくなっている。

また従来の**単位株**が廃止され，**単元株**が導入されて，会社は一定の株数を1単元と定款で規定できるようになった。単位株とは，原則として券面額で5万円に相当する株式数（額面50円の株式では1000株）を1単位とし，単位未満株については株主の権利が制限されるものである。他方，単元株とは，会社が定款で定めた数の株式を1単元とし，1単元の株式に1つの議決権など株主の権利を与えるものである。したがって，単元株導入により，会社は1000株といった規制から解放され，1株など自由に単元株数を設定できるようになった。

以上の一連の商法改正の狙いは株式の流通性を高めることにあった。純資産は少ないが，成長力から株価が高騰している企業が，株価を下げるため，純資産額規制に縛られずに株式を分割し，株式の流動性を高めることを意図した。こうした背景で純資産額規制と額面株式が廃止され，また単位株も撤廃された。

法的側面からも株式分割を促進するように整備されたわけだが，これは近年における上場会社の動向を反映したものである。表4-1は近年における上場会社の発行済株式数の変化をもたらす要因を示している。

第1に，株式分割による株数増加がシェアを高めている。2007年に，上場会社の株数は約136億株増加したが，うち株式分割による増加は117億株であり，株数増加のほとんどが株式分割に起因していた。こうした傾向はアメリカでも同様であり，2001年にニューヨーク証券取引所（NYSE）で株数増加は276億株であったが，うち株式分割による増加は221億株であった。日本でも，2009年にJR東日本やNTTといった大企業が，1:100の大規模な株式分割を

■表4-1　上場会社発行済株式数増減状況

(単位：1000株)

年	有償		株式分割	会社合併	自己株式消却等	合計
	小計	うち公募				
1999	9,135,775	45,999	702,044	1,215,155	-1,162,643	9,890,331
2000	3,452,451	73,300	1,543,672	2,865,259	-1,697,819	6,163,563
2001	4,049,076	49,760	573,761	4,790,707	-1,683,009	7,731,035
2002	4,260,986	238,268	692,917	4,548,337	-3,135,456	6,366,784
2003	4,541,171	431,517	333,448	8,864,347	-2,932,798	10,806,168
2004	5,659,174	516,166	2,975,260	1,199,015	-1,174,518	8,658,931
2005	11,393,111	616,574	3,051,215	1,519,227	-15,486,252	477,311
2006	7,459,697	1,638,972	6,713,875	923,356	-2,125,294	12,971,634
2007	5,346,641	415,040	11,749,106	994,939	-4,498,960	13,591,727
2008	3,542,021	687,868	120,552	439,106	-981,860	3,119,819
2009	22,418,250	12,049,714	16,193,816	1,513,268	-1,274,378	38,850,955

(出所)　『東証統計月報』から作成。

実施し，株式分割が大企業にまで広がっている。

　第2に，自己株式消却（自社株買いと消却）等が増加している。自社株買いは企業が手元流動性（現預金等）を豊富にもつ場合，自社の株式を市場から買い取ることを意味する。企業の発行済株式数を減少させ，1株当たり利益を増加させるため，株価上昇要因となる。また自社株消却は株主資本を減少させ，株主資本利益率（ROE）（→131ページ）を上昇させるため，この面からも株価上昇要因となる。2005年には自社株消却は約155億株に達し，有償増資や株式分割による株数増加にほぼ匹敵している（表4-1参照）。以上のように，企業の発行済株数は法的整備と関連しつつ変化している。

2　社債とエクイティ・ファイナンス

▶普通社債と発行規制の緩和

　日本では歴史的には間接金融方式が企業金融の中心であった。したがって1980年代までは，社債発行による資金調達は限定されていた。しかし1990年代後半には，急速に社債発行額は増加した（図4-2参照）。こうした社債発行の増加は，1990年代における社債制度改革に起因するところが大きい。社債制度改革とは，社債発行限度枠，適債基準，財務制限条項，有担保原則，社債受託制度などの撤廃である。また後述するように，1980年代以降，転換社債やワラント付社債などでエクイティ・ファイナンスが増加したが，90年代以

──● コラム⑪　MM 理論──────────────

　モジリアーニとミラーはその共著論文（Modigliani, F. and Miller, M. [1958], The Cost of Capital, Corporation Finance and the Theory of Investment）の中で，情報，取引コスト，税制，流動性などの制約が存在しない完全資本市場を前提とすれば，①企業の市場価値は資本構成とは独立であること（MM の第 1 命題），②また配当政策からも独立であること（MM の第 2 命題），と主張した。この主張は，「最適な資本構成はいかにあるべきか」を問題としていた当時の伝統的財務論に対し，問題そのものを否定する内容を含み，大きな論争となった。しかし MM は，後年，完全市場の前提をはずせば最適資本構成の存在を肯定したので論争は終結をみた。

　しかし，川合一郎はこうした論争よりも，**MM 理論**が株価ではなく企業の市場価値（株式時価総額プラス負債総額）を取り上げたことに注目している（川合一郎 [1978]，「新しい証券市場論」『現代信用論（下）』有斐閣）。個人投資家の関心は個々の株式や社債の収益力や返済能力であるが，ここでは会社全体を丸ごと買収する場合にいくらの値段がつくか，という視座からみている。こうした視座に立てるのは個人投資家ではなく機関投資家であろう。すなわち機関投資家にとっての財務政策が問題視されるようになった，視座の転換こそが重要なのではないだろうか。

降株価が低迷し，償還資金を普通社債で手当てしたことも背景にある。

　社債発行限度枠とは，社債発行会社の社債発行に対して限度を設ける商法（当時）上の規制であった。1990 年の商法改正までは，「資本及準備金ノ総額」または「純資産額」のいずれか少ない額を超えて社債を発行することはできない，とされていた。すなわち企業の保有資産規模が大きいほど，社債発行限度は高かった。これが 90 年の商法改正で大幅に規制緩和された。

　適債基準には，社債を発行できる会社自体を制限する基準と，無担保社債発行を制限する基準があった。かつて日本では資本金や純資産額（数値基準）によって，社債を発行できる会社が規制されてきた。結果的には，大企業しか普通社債を発行できなかった。しかし 1990 年には数値基準が廃止され，格付け基準とされた。またかつて日本では社債発行は担保付社債が基本とされ（有担保原則），無担保社債は**財務制限条項**（無担保社債を発行する上で，財務指標による制限）で規制されてきた。しかし 90 年代以降，財務制限条項は緩和され，無担保社債の発行が増加した。

　社債受託制度は，主として銀行が受託銀行として社債の募集受託を行うことを指す。この受託銀行となったのは，発行会社のメインバンクであった。当時

のメインバンクは，取引先企業に対して強い影響力をもっており，大企業のメインバンクは日本興業銀行などの長期信用銀行や三井・三菱などの都市銀行が中心であった。したがって，これらの大銀行は受託銀行として社債発行に深く関与し，発行条件など，本来は引受証券会社が決定すべき事項にまで関与していたといわれている。しかし1993年に社債受託制度は廃止され，社債管理会社制度が導入された。

90年代の規制緩和までは，社債発行企業は銀行に対して社債募集を委託して，銀行と「募集委託契約」を締結した。また社債の引受募集は引受会社として証券会社が担い，発行企業は証券会社と「引受並びに募集取扱契約」を締結してきた。

しかし90年代において，受託会社として銀行の役割は社債権者の保護に限定される，といった議論が強まった。さらに金融制度自由化によって，いままで受託業務を担ってきた銀行が，今後は証券子会社を設立し，社債の引受業務を担えるようになった。こうした流れの中で，銀行による受託会社制度は廃止され，社債権者保護を主たる業務とする**社債管理会社**が始まった。

社債管理会社制度のもとでは，①受託銀行手数料は社債管理手数料となり，大幅に引き下げられた，②社債管理会社の設置は例外規定によって実質的に任意となり，社債管理会社を設置しない「不設置債」が増加した，③証券会社も社債管理会社となれる，④従来，**デフォルト**した社債は受託銀行によって一括買取されたが，一括買取が行われなくなった，といった変化があった。デフォルトとは，発行会社の倒産などによって，社債の元利金の支払いが不能になる事態を指し，従来日本では，デフォルトが発生した場合，受託銀行が社債保有者から全額を一括して額面価格等で買い取り，損失を肩代わりしてきた。しかしデフォルトに伴う買取等が行われないことで，投資家が社債投資にあたり，格付け制度を重視することとなった。

金融自由化と金融制度改革の中で，投資家の自己責任原則が重視されるようになった。また普通社債について，受託銀行制度も廃止され，こうした背景からも，投資家は債券投資にあたり投資判断を必要とするようになった。

格付けとは，債券の元利払いの安全性，もしくは確実性の程度を簡単な指標で表示したものである。日本における格付機関としては，格付投資情報センター，日本格付研究所があり，このほか外資系としてスタンダード＆プアーズ，ムーディーズ，フィッチがある。これらの格付け機関は，AAA（トリプルA），

AA（ダブルA），A（シングルA），BBB（トリプルB）などで格付けを表示し，通常はトリプルB以上が投資適格とされる。これらの指標を参考として，投資家は自己責任で投資することとなった。

しかし，2007年以降に発生した世界金融危機の中で，格付機関のあり方が大きな問題となった。格付機関は，サブプライム関係の債券等に高い格付けを付与しており，投資家が格付けを判断基準として，サブプライム関連に投資していたためである。

通常，格付機関は営利企業として，社債を発行する発行体から，格付手数料を受け取っている。このため格付けが発行体に甘くなるとの指摘がある。また格付機関への監督・規制のあり方として，従来は自由放任であった。これは規制当局として政府や監督機関が市場に介入することは望ましくない，との考えであった。しかし金融危機を経て，格付機関を登録制とし，一定の範囲で行政の監督下に置く流れとなりつつある。

▶エクイティ・ファイナンスとは何か

1980年代後半に，株価が上昇し，株式に関連した社債の発行が増加した。転換社債やワラント付社債などである。これらの社債は株価が上昇する限り，発行体の資金調達コストが低下し，投資家も株式に転換，もしくは新株を引き受けることでキャピタル・ゲインを得られた。このため株価上昇期には，転換社債やワラント付社債などのエクイティ・ファイナンスが増加した。なお，エクイティ・ファイナンスには増資（新株発行）も含まれ，エクイティ・ファイナンスとは，株式に関連する資金調達を指す。

2002年の商法（現会社法）改正によって，転換社債は**転換社債型新株予約権付社債**，ワラント付社債は**新株引受権付社債**と呼ばれ，**ストック・オプション**も含め，**新株予約権**という概念で包括されるようになった。ストック・オプションとは，あらかじめ決めた価格で自社株を購入できる権利を取締役や社員に与えることを指す（→ 34ページ）。これらに共通することは，将来発行される新株を予約することである。

転換社債は当初，普通社債として発行される。しかし普通社債を一定の価格で株式に転換する権利が付与されている。株価が上昇し，一定の価格（転換価格と呼ばれる）を超えてくると，投資家は転換社債を株式に転換請求できる。転換社債保有者は社債権者から株主に移行する。他方，株価が上昇せず，転換

価格を超えなかった場合、投資家は転換社債を普通社債として、満期まで保有し、元本を償還されることとなる。

発行体からすると、投資家が転換社債を株式に転換してくれば、普通社債として償還する必要性がないため、償還資金の問題は発生しない。しかし株価が低迷し、投資家が転換社債を株式に転換せず、普通社債として満期まで保有すると、発行体は社債の償還資金を手当てしなければならない。日本で普通社債の発行額が1990年代に急増した背景は、こうした転換社債等の償還資金問題であった。日本企業は1980年代後半に転換社債等を大量に発行したが、1990年以降株価が低迷したため、償還資金問題に直面し、転換社債の償還資金手当のため、普通社債発行を本格化した。

▶**日本の株式発行市場の歴史**

日本では戦後、間接金融が優位であり、株式や社債発行による直接金融は限定的であった。株式が発行される場合でも、1970年代まで額面発行が中心であった。額面50円で、配当が5円であれば、発行コストは10％と認識され、発行企業は株式を限界的な資金調達手段と考えてきた。

しかし1980年代以降、時価発行増資が中心となり、発行企業は機動的な資金調達が可能となった。他方で、発行企業は配当を据え置いたため、配当利回りは低下し、投資家にとって配当利回り指向の株式投資はメリットが減少した。この結果、投資家は株価上昇によるキャピタル・ゲイン指向の株式投資に傾斜していった。「成長株理論」が登場し、成長企業は配当による社外流出よりも、内部留保（株主資本組入れ）を増加させ、その結果として株価が上昇する、といわれた。

1985年に**プラザ合意**が成立し、日米間で円高・ドル安への誘導が決まった。円は1ドル＝360円というかつての固定相場レートから、急速に1ドル＝120円に近づいていった。急速な円高が輸出企業に与える影響が懸念され、日本銀行は大蔵省（当時）の委託を受け、円売り・ドル買いの介入を実施した。為替市場への日銀介入は金融市場での円資金供給によって、過剰流動性をもたらした。この過剰流動性が1987年以降、地価と株価の上昇をもたらした。1987年以降1990年にかけて、株価が上昇する中で、日本企業は増資を含め、転換社債やワラント付社債を発行して、エクイティ・ファイナンスを活発に行った。1989年の大納会（最終取引日）には日経平均株価は3万8915円87銭の史上最

高値をつけた。しかし1990年以降，株価が下落し，転換社債は株式に転換されず，ワラント付社債も新株を引き受けないままとなった。上場企業は，社債償還のため，普通社債を発行し，償還資金を手当てした。

2000年以降，株価は長期ボックス圏にあり，日経平均株価は1万円近辺で推移している。また2007年以降，サブプライムローンの破綻を契機とした金融危機が発生し，世界的に証券市場は動揺し，株価は低迷した。しかし2009年以降，金融危機から立ち直り，証券市場は資金調達機能を回復させつつある。また銀行に対する**バーゼル規制**（自己資本比率規制）が強化され，銀行が増資を活発化している。さらに長期金利が低水準で推移し，企業も普通社債を発行し，短期負債を借り換えている。

3　アセット・ファイナンスと証券化

資産の証券化（Securitization）とは，保有資産（不動産や売掛債権など）を**特別目的事業体**（SPV）に売却し，SPVはこれらの資産を裏づけに社債やCPなどの証券を発行して当該資産の買取資金とし，こうしたやり方で保有資産を流動化する手法をいう（→96ページ）。

SPV発行の社債，CPの元利金は，裏づけ資産が生み出すキャッシュフロー（不動産賃貸料，リース債権や金融債権の金利・元本回収金等）で支払われ，あたかも不動産等が生むキャッシュフローの請求権だけが証券化され，譲渡できるようになるので，こうした仕組みを「資産の証券化」と呼んでいる。またこれを資金調達の手段としてみるとき，**アセット・ファイナンス**とも呼ばれる。そして，資産（不動産や売掛債権など）の保有者は証券化商品を組成する主体という意味で「**オリジネーター**」（originator）と呼ばれる。

▶アセット・ファイナンスと資産売却

では証券化による資産の流動化と資産売却による換金とはどう違うのだろうか。序章および第3章でみたように，資産のもつキャッシュフロー（賃料など）の請求権だけを流動化させて「証券」を作り出すためには，所有と経営を分離させること，すなわちキャッシュフローを取得するに必要な経営労働（不動産であれば賃料回収，不動産の維持管理，テナントの管理，金融債権であれば元利金回収，

債権保全管理，債務者のモニターなど）は，資産の新たな所有者となるSPVが直接行わず，外部委託に出す必要がある。

その結果，オリジネーターは同時にサービサー（経営労働を担う）になる場合が多い。そうなれば，オリジネーターは引き続きテナントや債務者から賃料や債権を回収できる。経営労働の一部でもオリジネーターに残すことでテナントや債務者との「顧客関係」が維持できるのである。他方，資産を売却してしまえば，そうした顧客関係も買い手に移ってしまうだろう。

SPVは法人税が免除されているが，その設立要件として税務当局はキャッシュフローの大部分（9割以上）を利子・配当として払い出すことを条件づけている。これは，上記のような経営労働をSPVが行ってこの経営労働から生まれる収益への脱税行為を排除するためである。逆にいえばSPVは何らの業務も行わないこと，ただ資産の所有だけを体現させることを意味している。

▶デッド・ファイナンスとの比較

証券化商品は社債やCP，投資法人出資証券の形態をとっている場合が多い。その発行方式，手続きに大きな違いはない。社債，CPの場合は格付機関が格付けをし，証券会社が引き受ける。また，出資証券の場合には，公募発行が多いが，その手続きも株式発行と同様である。

ではデッド・ファイナンスやエクイティ・ファイナンスとどう違うのだろうか。デッド・ファイナンスの場合は，元利金回収の確実性は発行体自体の信用力に依存するため，その成否や発行条件も発行体の信用力に左右される。これに対し，アセット・ファイナンスは保有資産が裏づけとなっているために，その成否や発行条件はオリジネーターの信用力や収益力とは関係なく，保有資産の生み出すキャッシュフローの確実さに左右される。このため，社債を発行できない中小企業でも，信用力の高い大企業向けあるいは優良な顧客向けの売掛債権やリース資産をもっていれば，それを裏づけにして自社よりも高い格付けの社債やCPの発行が可能になる。

他方，エクイティ・ファイナンスでは，議決権や純資産（すなわち残余財産）に変化が生じて，既存株主の権限に大きな影響を与える可能性があるが，証券化の場合は，そのようなことは起きない。証券化といっても，投資法人出資証券の場合は，議決権があるが，それはSPVにおける意思決定においてであって，具体的には，外部委託先の選定などにおける意思決定にすぎない。オリジ

ネーターの株主権には全く影響しないのである。

しかしその反面，アセット・ファイナンスには投資家保護の観点からデッド・ファイナンスやエクイティ・ファイナンスとは異なった特有の問題点が発生する。第1にSPVに移す財産の価格をどのように算定すべきか，という論点がある。価格算定が高すぎると，オリジネーターにとって有利であるが投資家にとって不利である。そこで，価格算定が合理的であることを保証するため，裁判所の決めた検査役あるいは不動産鑑定士，会計士，税理士などの調査によって価格算定が合理的である旨の証明が必要とされる。

第2は，「倒産隔離」が確保されているか否かである。倒産隔離とは，オリジネーターが倒産したとき，その影響を遮断できることである。たとえば，小売業者が，自社の営業店舗を証券化する場合を想定しよう。この営業店舗を引き続き利用するため，SPVから借り受けて（リースバック），その賃料をSPVに支払うという契約の場合，倒産隔離が確保されているかどうかは疑問である。というのは，形式的にはともかく実質的には，当該営業店舗を担保にSPVから資金を借りうけたことと同じ効果があるからである。こうした状況下で，もし小売業者が倒産すると，その債権者は債権保全のため資産の差し押さえにかかるだろう。その場合，この営業店舗も差押えの対象とされ，SPVは勝手に処分できず，投資家利益が損なわれる恐れがある。そこで，倒産隔離を担保するためには，譲渡される資産が，実質的にもSPVに売却されていること〔これを**真正売買**（True sales）という〕が必要である。

また，オリジネーターがサービサーを兼ねている場合，回収した賃料などのキャッシュフローをSPVに引き渡す前に倒産すれば，差し押さえられる恐れがある。そこで，あらかじめバックアップ・サービサーを設けて，オリジネーターが倒産した場合には，バックアップ・サービサーが回収に当たる仕組みになっている場合が多い。

4 国債制度

▶公債とは

(1) 公債の種類

公債とは中央政府など公的機関の発行する債券の総称であり，発行体別に国

債，地方債，政府関係機関債に分類される。2000年度から2010年度にかけて公債の年平均発行額は約165兆円であり，そのうち大半の92%を国債が占める。したがって，以下では国債を中心に説明し，地方債と政府関係機関債については最後に説明する。

　国債は中央政府（国）が発行する債券である。国債を発行目的別にみると，**普通国債**，**財政融資資金特別会計国債**（財投債），**交付国債**，**出資・拠出国債**，その他（石油債券承継国債など）に分類することができるが，普通国債が中心を占めている。普通国債には，**新規財源債**，**借換債**，復興債（時限的）がある。

　新規財源債とは，その年度の財政活動に必要な資金を調達するために発行される国債であり，新規財源債はさらに**建設国債**と**特例国債**（または赤字国債）とに分けられる。建設国債とは公共事業費，出資金および貸付金の財源とすることを目的として発行されるものであり，特例国債は，公共事業費等以外の経常的経費の歳出（国家公務員の人件費や社会保障費など）に充てる資金を調達するために発行される。また，普通国債の償還において，償還額の一部を借り換えることが法律によって認められており，この借換資金を調達するために発行される国債が借換債である。なお，新規財源債と借換債の発行額を比べると，2003年度以降後者は前者の2倍以上の規模となっており，このことは借換債をどのような年限構成で発行するかなど借換政策の重要性を示している。

　また，表4-2に示すように，国債は，償還期限（短期・中期・長期・超長期），形態〔割引債・利付債（名目固定・変動・物価連動）〕など債券一般の属性により分類することができる。この表には含まれていないが，**短期国債**（TB）に類似したものとして**政府短期証券**（FB）があり，財政制度上，前者は借換（国）債，後者は資金繰り債（国債ではない）となっている。なお，2009年2月からTBとFBは「**国庫短期証券**（T-Bill）」の統一名称のもとで発行され市中で流通しているが，各々の財政制度上の位置づけは不変である。

(2)　国債発行の推移とその経済効果

　国は，租税等による収入（歳入）にもとづき，警察，教育など行政サービスの提供や，道路，港湾などへの公共投資（歳出）を行っている。財政運営においては，景気動向に応じた裁量的な財政政策が行われているため，歳出が歳入を上回る場合には，その不足額は主として国債の発行によってまかなわれる。以下では，まず戦後の日本の国債発行の歴史を簡単に概観して，その後に国債発行の経済効果について考えてみよう。

■表4-2 日本で発行されている国債の種類

償還期間等	短期国債		中期国債	長期国債	超長期国債
	6カ月・1年		2・5年固定	10年固定	15年変動
発行形態	割引国債		利付国債		
発行方式	公募入札 日本銀行乗換		公募入札 窓口販売(募集取扱い)		—
入札方式	価格競争入札・コンベンショナル方式				
最近の発行頻度	6カ月:総額0.9兆円, 1年:月1回		各々月1回	月1回	—

償還期間等	超長期国債			物価連動国債	個人向け国債
	20年固定	30年固定	40年固定	10年(実質金利は固定)	3・5年固定, 10年変動
発行形態	利付国債				
発行方式	公募入札				窓口販売 (募集取扱い)
入札方式	価格競争入札・コンベンショナル方式		利回り競争入札・ダッチ方式	—	
最近の発行頻度	月1回	年8回	年4回	—	3年:毎月 5・10年:年4回

(注) 1) 2012年11月時点。
2) 最近の発行頻度は2010年度の発行予定にもとづく。
(出所) 財務省『債務管理リポート 2010 ——国の債務管理と公的債務の現状』38ページの表にもとづき作成。

　1965年度の補正予算で不況対策として戦後初の特例国債が発行され，翌年度以降は建設国債が継続して発行されるようになったが，1970年代前半までは**国債依存度**（一般会計の歳入総額に対する国債発行収入の比率），国債発行額ともに低水準にとどまっていた（図4-3）。しかし，1970年代後半からの経済成長鈍化に伴い税収が伸び悩み，国債の発行額が急増した。こうした状況を改善すべく1981年度以降「財政再建」路線が打ち出され，また1980年代後半には好景気の恩恵もあって，国債依存度の低下と国債発行の増加が抑制された。

　1990年代以降は，長期不況によって税収が大幅に減少する一方で大型の景気対策が必要になったため，財政赤字が拡大した。結果として，国債依存度は急速に高まり，2003年度には42.9％にまで上昇した。その後，景気回復もあり2007年度には31.0％まで低下したが，2008年度以降はサブプライム問題に端を発した世界同時不況の影響もあり国債発行額が上昇すると同時に国債依存度も高水準となっている。

■図4-3 国債発行額の推移

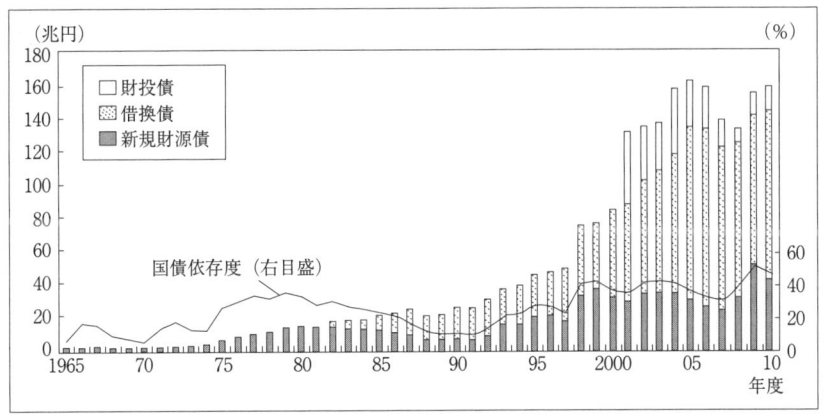

(注) 2009年度は2次補正後,2010年度は当初ベース。
(出所) 財務省『債務管理リポート 2010——国の債務管理と公的債務の現状』に掲載の統計より作成。

　日本における国債発行の歴史をみてもわかるように,不況時にはいわゆる経済対策として公共事業拡大または減税を実施することから,国債の発行額が拡大する。伝統的な**ケインズ**経済学の枠組みでは,国債発行増加を通じた財政支出の増加や減税は**乗数効果**により民間需要を増加させると考えられてきたのである。しかし,1990年代以降の日本では財政政策による経済刺激効果がいちじるしく低下したということが指摘されており,この現象を説明する仮説として公債の中立命題と非ケインズ効果がある。

　まず,**公債の中立命題**とは次のような考え方である。国民経済の全体でみると,現在の国債という金融資産は,将来の租税の賦課によって返済されるので純資産とはみなされないであろう。このため,財政赤字を国債発行または租税のいずれでまかなおうとマクロ経済的には何ら実質的影響をもたらさないという考え方が公債の中立命題である。この考え方は,そもそも19世紀にリカードによって主張されたが,厳密に国債と租税の等価性を証明したのがバロー(Barro [1974])である。**非ケインズ効果**とは,特定の条件下では財政拡大が民間需要を減少させ,逆に財政の再建が民間需要を喚起するという現象を説明する考え方である。たとえば,すでに財政赤字が続いて国債残高が大きく累積している状況では,大規模な財政支出や減税による刺激策が実施されても,国民は将来の財政再建のための増税を予想するので,現在の消費を抑制することとなる。さらに,国債累積による政府への信認低下は,国債投資へのリスク増加

による金利上昇などを通して，民間投資と個人消費に悪影響を与える。これが負の非ケインズ効果の説明である。逆に，高債務の状況で政府支出を削減し顕著な財政再建が進展するという期待が高まると，上記とはまったく逆の論理でそれが景気拡大につながる可能性がある。これが正の非ケインズ効果である。なお，1990年代以降の日本の現象がこれらの考え方のいずれかに妥当するか，またいずれの考え方も妥当しないのかについては，結論は得られていない。

▶国債の発行方式
(1) 発行方式の分類と日本の制度

国債の発行方式には大きく分けて**入札方式**，**シンジケート団引受方式**（シ団引受方式），タップ発行などがある。

日本では2006年度以降，シ団引受方式が廃止されたため，国債の市中発行に用いられている方式は基本的に入札方式のみである。具体的には価格（または利回り，以下同じ）競争による公募入札が基本とされている。これは，財務省が提示した発行条件に対して入札参加者が落札希望価格と落札希望額を入札し，それにもとづいて発行価格と発行額を決定する方式である。その際，国債の種類に応じて，各落札者の入札価格が発行条件となるコンベンショナル方式と，入札価格によらず均一の募入最低価格（募入最高利回り）が発行条件となるダッチ方式を使い分けている（表4-2参照→108ページ）。なお，競争入札のほかに，主として中小入札参加者に配慮した非競争入札（2・5・10年固定利付国債）と，**国債市場特別参加者**（日本版プライマリー・ディーラー）向けの第Ⅰ・Ⅱ非価格競争入札がある。民間金融機関が募集を取り扱う個人向け販売方式は，個人向け国債とその他窓口販売（2・5・10年固定利付国債）に適用されている。

入札発行方式の最大の特徴は，発行する国債と同様の特性を備えた既発国債の流通市場での利回りを発行条件に反映できることである。流通市場では，市場参加者による裁定取引を通じて種々の国債の利回りが連動している。つまり，発行条件に流通市場の状況を反映させることができれば，新たな発行が流通市場（利回り）を攪乱することもない。そのため，欧米主要国ではいち早くプライマリー・ディーラー制度を導入して，国債発行の中心的方式を入札方式に移行してきた。

シ団引受方式とは，国債の募集・引受を目的として，主要金融機関等により組織された国債募集引受団（シンジケート団）が総額引受を行う制度である。日

本では，1966年1月に戦後初めて国債が発行されて以来，約40年間にわたり中核的な国債であった10年固定利付債の発行にシ団方式が採用され，安定消化に大きな役割を果たしてきた。しかし，欧米主要国が入札方式に移行する中で，競争的かつ効率的な国債市場を形成する観点からシ団方式は2006年3月末をもって廃止された。

　タップ発行とは，特定の機関が一旦国債を引き受け，流通市場の状況に応じて国債を市場に売り捌いていく発行方式である。イギリスにはこの制度がある。

(2) プライマリー・ディーラー制度

　日本では特に2001〜06年にかけて発行制度の見直しと整備が集中的に行われ，現在では英米に近い制度が整備されている。その発行制度の中核を担う**プライマリー・ディーラー制度**（PD制度）について説明しよう。PD制度とは，財政当局または金融当局が特定の金融機関（主として証券会社）をPDに選定し，国債の発行市場および流通市場において取引の中核を担わせる制度である。そのため，PDに選定された金融機関には国債市場における特別の責任と特権が与えられる。

　日本では2004年10月からPD制度である**国債市場特別参加者制度**が導入され，現在ではすべての国債がPDを中核とする入札方式により発行されている。PD制度の主目的は，国債の安定消化と市場流動性の確保にあり，2012年6月時点で，PDの数は25社である。PDの責任については，国債の発行市場において発行予定額の3%以上の応札と発行予定額の一定（原則1%）以上の落札が義務づけられおり，さらに国債の流通市場ではマーケット・メイク（常時売値と買値を提示して，顧客の売買に応じること）を行うことが義務づけられている。

　アメリカでは1960年に，イギリスでは1986年にこの制度が導入され，いずれの国でも20社前後のPDが指定されている。制度の主目的は，日英がともに国債の安定消化と市場流動性の確保にあるのに対して，アメリカの場合は元来ニューヨーク連銀（NY連銀）による公開市場操作の相手先を選定する制度としてこの制度を創設したため，国債市場への貢献よりむしろ金融政策の円滑な遂行に対する協力が主目的とされている。また，英米では積極的な参加が義務づけられているものの，応札と落札についての数値基準は課されていない。

▶国債の発行政策

　国債発行政策とは，ある目的を達成するために国債発行による調達必要額を

どのような国債商品（割引債，固定利付債，物価連動債など）の組合せ，および年限構成で調達するかを決定する政策である。発行政策がめざす目的は各国または各時代によりさまざまであるが，概して「金利コストの抑制」，「経済の安定化への寄与」，「国債発行が金融市場に与える影響の最小化（中立性）」に分類できる。

　第1の金利コストの抑制は国債管理の上で重要な目的である。たとえば，流通市場において，残存期間が長いほど金利が高くなっている場合には，年限が短い国債を発行すれば金利コストを抑制できる。また，相対的に高金利の時期（将来的に金利低下が予想される時期）にも，同様の国債を発行する方が賢明といえよう。金利環境がこれらと逆の場合には，長期債または超長期債を発行することによって長期にわたり金利コストを抑制することができる。

　第2の経済の安定化という政策目的は，発行政策による金利変動を通じて総需要（水準およびその構成）に影響を与え，金融・財政政策をサポートするという考え方にもとづいている。この考え方によれば，経済の安定化のために次のような発行政策がとられる。満期構成の短期化は相対的に短期金利を上昇させる一方で長期金利を低下させることによって，貨幣需要の減少と同時に民間借入と実物投資の増加を促す。同様の論理から，満期構成の長期化は引締効果をもつことになる。

　第3の国債発行が金融市場に与える影響の最小化（中立性）の目的に対しては，国債発行は金融市場を攪乱せず，経済政策，特に金融政策の効果を妨げないよう，投資家の選好に合わせて国債を発行することが適切な政策となる。

　1990年代以降の日本における中期（年限が2～5年），長期（同6～10年），超長期（同10年超）の国債の発行構成比（カレンダーベースの市中発行額）をみると，1990年度は順に15.3％，76.2％，8.5％であったが，2000年度には53.0％，36.4％，10.6％となり，さらに2010年度には56.8％，25.0％，18.2％となっている。この推移から明らかなように，90年代以降金利が低下または低水準で推移しているにもかかわらず，中期債の構成比が急上昇している。このような変化の要因としては，第1に，1990年代以降の国債発行の急増に直面して，長期債の発行を抑制して長期金利の上昇を抑えようという政府の意図があったこと，第2に，公的部門を除けば国債の最大の需要者が短中期の資金運用スタンスをもつ銀行等であることが推測される。つまり，上述した発行政策の目的に照らしていえば，近年の日本では「経済の安定化」と「中立性」の目的

を重視していると考えられる。さらにいえば，国債の満期構成を需要側に合わせることによって，国債の円滑な消化を促すとともに発行時の余計な金利プレミアム（リスク・プレミアム）を取り除き，それを通じて発行コストの低下につなげようとしているのであろう。

▶地方債・政府保証債・財投機関債
　(1)　地方債
　地方債とは，都道府県・市町村といった地方公共団体の財政活動に伴い，その財政赤字（歳入不足）を補うために発行される債券である。地方債には証書借入と証券発行があり，公社債市場では証券形態のものだけを一般に地方債と称している。このうち，広く一般投資家向けに発行されるものが**公募地方債**であり，地元銀行などに私募で発行されるものが**非公募地方債**（縁故地方債）である。
　地方債の発行は，まず計画予算を策定し，地方公共団体議会の承認を経た上で総務大臣または都道府県知事と協議して決定しなければならない（地方債協議制度）。目的も公営企業財源，出資金・貸付金財源，借換財源などの適債事業に限定されている。公募地方債は総務省から指定を受けた 30 都道府県と 19 政令指定都市（2010 年度）が発行している。この場合，発行体は募集取扱を行う引受シ団との交渉で発行条件を決定し，売残りが生じた場合はシ団が買い取ることとなっている。また，2003 年度から発行されている**共同発行市場公募地方債**（2010 年度では 35 地方公共団体の共同発行債）でも引受シ団方式によるが，02 年 3 月に導入された**住民参加型市場公募地方債**（ミニ公募債）では一部で入札制度が採用されている。なお，発行されている公募債の年限は，公募地方債で 3・5・10・20・30 年（うち，共同発行市場公募債の場合は 10 年のみ），ミニ公募債で 3・4・5・7・10 年があるが，中心年限は前者で 10 年，後者で 5 年である。
　(2)　政府保証債・財投機関債
　政府関係機関債は独立行政法人などの政府関係機関が発行する債券で，政府保証が付く**政府保証債**とそれが付かない**財投機関債**，さらに**特別私募債**に分けられる。ただし放送債券は公共的な機関が発行する債券だが，一般の社債と同様に証券会社を通じて募集されるため，公社債市場では一般事業債として扱われている。
　政府保証債の発行は政府の財政投融資計画の一環として策定され，その発行

限度額は毎年度国会の決議を経なければならない。政府保証債はすべて利付債であり，年限も2年から30年まで多彩である。発行方法には「ナショナルシ団方式」と「個別発行方式」がある。前者は地方債と同様に引受シ団を組成する方法であり，その発行条件は毎月の国債の価格競争入札結果を参考にして決定される。後者は競争入札により発行条件と主幹事証券会社が決められる。財投機関債も利付債だが，5年物ないし10年物が多く，その発行は主に発行体が主幹事証券会社を選定して引受シ団を組成する方法がとられる。

・参考文献

■引用・参考文献

高中正彦ほか［2001］，『金庫株・単元株制度の解説』日本法令
後藤猛［1999］，「社債市場の新展開」『証券経済研究』第18号
財務省［2010］，『債務管理リポート 2010 ―― 国の債務管理と公的債務の現状』（その他各年版）
代田純編［2010］，『金融危機と証券市場の再生』同文舘出版
須藤時仁［2007］，『国債管理政策の新展開 ―― 日米英の制度比較』日本経済評論社
日本証券経済研究所［2010］，『図説 日本の証券市場 2010年版』日本証券経済研究所
松尾順介［1999］，『日本の社債市場』東洋経済新報社
Barro, R. J. [1974], "Are Government Bonds Net Wealth ?," *Journal of Political Economy*, Vol. 82, pp. 1095-1117.

■学習のための文献

▶企業金融を理論と日本の現実の両面から解説したもの
　首藤恵・松浦克己・米澤康博［1996］，『日本の企業金融』東洋経済新報社
▶企業金融の新しい動向を学生向けに解説したもの
　米澤康博・小西大・芹田敏夫［2004］，『新しい企業金融』有斐閣
▶会社法の証券市場関係を学生向けに解説したもの
　北村雅史・柴田和史・山田純子［2010］，『現代会社法入門（第3版）』有斐閣
▶国債の歴史等を解説したもの
　浜田恵造編［1997］，『国債 ―― 発行・流通の現状と将来の課題』大蔵財務協会
　富田俊基［2006］，『国債の歴史 ―― 金利に凝縮された過去と未来』東洋経済新報社
▶国債の制度および現状を解説したもの
　財務省が毎年発行している『債務管理リポート』
▶日本における地方債等の状況を解説したもの
　代田純編［2009］，『日本の国債・地方債と公的金融（第2版）』税務経理協会
▶国債の状況について分析する視点を提示してくれるもの
　富田俊基［1999］，『国債累増のつけを誰が払うのか』東洋経済新報社
　富田俊基［2001］，『日本国債の研究』東洋経済新報社

真壁昭夫・玉木伸介・平山賢一［2005］,『国債と金利をめぐる300年史——英国・米国・日本の国債管理政策』東洋経済新報社

第5章　証券流通市場

1　株式の取引所市場と店頭市場

▶取引所市場の形成

　発行市場で新規に発行された証券は，その後売買され，所有者間で流通することになる。このように売買されることで，所有者間で流通する市場を**証券流通市場**と呼ぶ。証券流通市場は概念的な存在であるが，場所的には東京や大阪の証券取引所や店頭市場がこれにあたる。

　株式が所有者間で売買される市場を**株式流通市場**と呼ぶ。時価発行増資が可能となって以降，投資家は株式投資において，配当などインカム・ゲイン指向で投資するよりも，値上がり益などキャピタル・ゲイン指向で投資する姿勢を強めている。このため，株価動向によって，売買高や売買代金が左右されやすくなっている。

　東京や大阪など証券取引所において，取引される証券取引を，**取引所取引**，または**場内取引**と呼ぶ。これに対し，取引所外で取引されることを，**場外取引**，または**店頭取引**と呼ぶ。以下ではロンドン証券取引所を例として，**取引所市場の形成**を説明しておきたい。

　ロンドンの証券取引所の場合，近代的な取引所が会員制でスタートした時期は1802年であった。しかし現代的な取引所は第1次大戦前の1909～12年頃に形成され，成立した。1909年以前では，取引所取引と場外取引が併存していた。1912年以降のロンドン証券取引所の特質は，①**単一資格制**（売買仲介業者

たるブローカー，もしくは値付け業者たるジョバーのいずれかへの専業），②会員制と**市場集中義務**（取引所は会員制とし，会員たる証券業者は取引所取引へ集中する義務を負う），③**最低固定手数料制**（売買の仲介による委託手数料は最低水準が決められた）であった。単一資格制が採用された背景は，兼業を認めると，顧客の投資家との利益相反が懸念されたためであった。ジョバーはディーラーを意味するが，同じ業者がディーラーとして自己売買し，同時にブローカーとして顧客売買を仲介することは，利益相反の可能性が否定できない。そして単一資格制への見返りとして，経営上の安定性のためもあり，最低固定手数料制が認められた。最低固定手数料制には，市場集中へのインセンティブといった側面もあった。さらに市場（取引所）集中義務は価格の透明性（場外取引があると，価格が二重となる）からも要求され，会員制による費用負担とリンクしていた。会員制と会費負担によって，単一の価格が成立し，その価格情報は会員に限定されて伝えられた。

　第2章でも説明したように，取引所の重要な機能は，探索機能である。A株を保有する投資家が，一定の価格で売却したいと思っても，投資家は相手方の投資家を見つけることはできない。そこで投資家は会員権を有する証券会社を経由して，取引所に売り注文をつないでもらい，株式の銘柄，株数，価格などの売却情報を伝え，相手方を探索してもらうのである。委託手数料は，こうした探索機能のコストと考えられる。

　以上のように，現代的な取引所市場は会員制と市場集中義務を軸として成立し，ロンドンの場合には，1986年のビッグバン（取引所システムの大改革）まで継続した。このように日米欧各国では，近代的な取引所市場が20世紀初期に形成され，市場集中義務が課され，取引所取引が中心となってきた。しかし1980年代以降，各国で金融自由化において取引所改革が実施されている。

　ロンドン証券取引所は1986年にビッグバンを実施した。本来，宇宙創成の爆発を意味する，ビッグバンと呼ばれる理由は，1911年以来の取引所システムが一挙に，かつ急激に改革されたため，である。ビッグバン以降，単一資格制は廃止され，二重資格である**マーケット・メーカー**制となった。また会員権も米系や欧州大陸系の金融機関に売却された。さらに最低固定手数料制は廃止され，交渉手数料制となり，実質的に手数料は自由化された。ビッグバン以降，ロンドンでの証券業者間競争は厳しくなったといわれる。

▶上場と売買の監視

　取引所取引で売買される株式は上場された株式である。上場するためには，取引所が定める一定の基準をクリアしなければならない。また取引所による上場審査を通過しなければならない。取引所が定める上場基準は，株主数，流通株式数，時価総額，事業継続年数，純資産額，利益額等々から成る。流通株式数や同比率に関する規程は，オーナー社長や同族株主などの株式保有比率が高い場合，流通株式数が乏しく，株式の流動性が懸念されるため，一定の株数等を規定している。時価総額は発行済株数に株価を乗じたものだが，東証1部では500億円以上としている。こうした**上場基準**をクリアし，取引所で売買される株式を上場株と呼ぶ。未上場株は取引所で売買されない株式で，通常流動性に乏しい。

　また取引所に上場されて，取引が開始されて以降も，上場株の取引は取引所によって監視されている。取引所は，株価に大きな影響を与える重要情報（画期的な新商品の開発，工場の火災など）が発生した場合，上場企業に速やかにその情報を開示させる（これを**適時開示**，**タイムリーディスクロージャー**という）義務を課している。取引所は，どのような情報が開示すべき重要情報に当たるのか，上場企業にアドバイスし，そうした義務が守られているかどうかを監視する。これを**上場管理**という。

　上場管理はまた，売買管理とも密接に連携している。現在，日本の取引所取引はコンピューターによるシステム売買となっているが，不自然な株価形成や出来高について取引所が監視している。特定の企業関係者しか入手できない情報（一般に公表されていない情報）にもとづいて株式を売買することを，**インサイダー取引**と呼ぶが，インサイダー取引を規制するためにも，取引所が売買を監視している。インサイダー取引以外でも，上場企業が重要情報を公表し，株価の乱高下が予想される場合，取引所は売買を一時停止することがある。このように取引所によって，株式売買は監視されている。

　図5-1は東証の上場企業数を示している。1990年末に東証1部上場企業は1191社であったが，2009年末に1684社と増加している。2部上場企業は同じく436社から452社と増加しているが，2002年の581社をピークとして漸減している。他方，新興市場とされるマザーズは1999年に2社であったが，2009年に183社と急増してきた。

　以上のように，国内企業の上場企業数は順調であるが，近年，外国企業の上

■図5-1 東証上場企業の推移

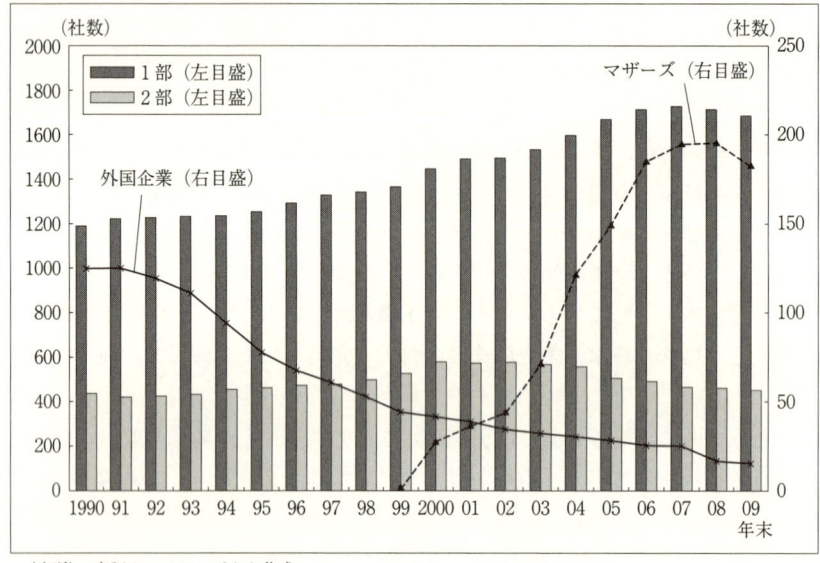

(出所) 東証ホームページから作成。

場企業数は急速に減少している。東証に上場する外国企業数は，1990年に125社であったが，2009年には15社まで減少した。外国企業が東証に上場を維持するためには，費用が発生する。しかし費用との比較で，株主数があまり増加せず，外国企業にとってメリットが少なくなっていた。近年は，東証が中国企業に対し，上場誘致を試みている。

▶取引所と売買制度

　一概に取引所取引といっても，その売買の仕組みは各国で異なっている。歴史的，もしくは伝統的には，東京証券取引所など日本の売買は，**競売買**（オークション売買）を基本としてきた。競売買では，投資家の買い注文と売り注文が付け合わされる。具体的には，「A株を500円以下で1000株買い」という注文と，「A株を500円以上で1000株売り」という投資家相互の注文がマッチングする。この場合，時間優先原則と価格優先原則がある。時間優先原則では，同じ価格の注文であれば，早い時間に出された注文が優先される。価格優先原則では，同じ時間の注文であれば，より高く買う注文，より安く売る注文が優先される。こうした原則のもと，投資家の売買注文相互で売買が成立する。

かつては，才取(さいとり)と呼ばれる業者が注文の付け合わせを担ってきたが，才取は自己売買をしない。したがって競売買では市場の流動性は，投資家の売買注文自体に依存することになる。競売買は投資家の注文が主導する取引制度であり，**オーダー・ドリブン（注文駆動型）**とも呼ばれる。

　他方，ロンドン証券取引所では，ビッグバン以降，マーケット・メーカー制がとられてきた。1986年のビッグバン以前は，**ジョバー制**であった。ジョバーは値付け（ディーラー）専業業者であり，ジョバー制では投資家の売買注文は，ブローカー経由でジョバーが自己資金で売買対応する。他方，マーケット・メーカーはブローカー（仲介業者）兼ディーラーである。このためマーケット・メーカー制では，すべてのマーケット・メーカーが自己資金で売買できるし，同時に投資家の注文を仲介できる。

　ただし売買の仕組み自体は，ジョバー制とマーケット・メーカー制で基本的に同じである。ジョバーもしくはマーケット・メーカーが提示する，銘柄ごとの売買気配値（呼び値）を投資家がみて，投資家はジョバーやマーケット・メーカーと売買することになる。投資家としてはより安く買いたい，より高く売りたいので，複数のマーケット・メーカーが投資家に有利な気配値を提示しようと競争する，と期待された。マーケット・メーカー制では，投資家はマーケット・メーカーと売買する。

　しかしマーケット・メーカーは売買に応じようとしないこともある。マーケット・メーカーの買い呼び値（ビッド）と売り呼び値（アスク）の差を，**スプレッド**と呼ぶ（→148ページ）。マーケット・メーカーはスプレッドを拡大することで，投資家の売買意欲をそぐことができる。また場合によっては，マーケット・メーカーは気配値を提示しないこともある（取引所が気配値提示を義務化しているケースもある）。

　したがってマーケット・メーカー制では市場の流動性は，マーケット・メーカーに依存することになる。マーケット・メーカー制は，マーケット・メーカーの気配値（Quote）が主導するので，**クオーツ・ドリブン（気配値駆動型）**とも呼ばれる。またアメリカの店頭市場であったナスダック（NASDAQ）でも，マーケット・メーカー制がとられてきた。

　一方，ニューヨーク証券取引所（NYSE）では，**スペシャリスト制**がとられてきた。スペシャリスト制は，競売買を基調としつつ，マーケット・メーカー制を取り入れた仕組みであった。またロンドンのマーケット・メーカー制が，1

---- ●コラム⑫　マーケット・マイクロストラクチャー論とは何か ----

　取引所における売買システムは伝統的に各国で異なってきたが，こうした売買システムと株価など価格形成に注目した議論が登場し，注目されるようになった。マーケット・マイクロストラクチャー論である。

　売買システムと価格形成は密接に関連している。東証では伝統的に競売買制がとられてきたが，機関投資家や外国人投資家の台頭によって，売買注文が大口化し，個人投資家の小口注文との付け合わせが困難になった。すなわち内外の機関投資家等は巨額の株数で売買注文を出す。しかし個人投資家は数千株程度が中心である。このため機関投資家の大口注文は成立しにくく，あるいは成立しても大幅に価格が変動してしまう。機関投資家等にとって，まず取引成立までに時間がかかるということ，さらに需給が適合しにくいため，**価格の変動性**（ボラティリティー）が高まってしまう。こうした問題は「マーケット・インパクト」と呼ばれるが，売買執行にあたっての広義コスト（委託手数料以外の）が発生することとなった。

　マーケット・マイクロストラクチャー論とは，こうした売買システムと価格形成の関係を分析する理論である。マーケット・マイクロストラクチャー論が登場した背景には，機関化とグローバル化が深く関連している。機関投資家の売買株数や売買代金（1回当たりの）は急増し，しかも想定する価格で，迅速な売買執行を求めるようになった。また国際優良銘柄（企業証券）は国際的に重複上場しており，国際機関投資家は売買注文の発注場所を選択できる。すなわち，たとえばソニーの株式を売買する場合，東証だけではなく，ロンドンでも，ニューヨークでも可能である。したがって国際機関投資家は，可能な限り，低コストに加え，価格の変動性が少なく，希望する価格で売買が迅速に成立する市場を選ぶこととなる。このため，日本と英米との売買システムが比較されることとなった。

銘柄につき複数のマーケット・メーカーによる競争的な値付けシステムであるのに対し，スペシャリスト制は個別銘柄に関して独占的な値付けシステムである。つまりスペシャリストは個別銘柄に一業者ずつおり，通常は投資家の売買注文を競売買制により付け合せる。しかし，投資家相互の注文で売買が成立しない場合，スペシャリストは自己勘定で売買することが義務づけられている。競売買では市場の流動性は投資家の売買注文自体に依存する。一方，投資家の売買注文が不足し，市場の流動性が十分でないとき，スペシャリスト制ではスペシャリストの自己売買によって流動性を補完している。

▶取引所の組織形態と会員制度

　機関投資家など投資家による執行コスト低減（取引コスト低減，執行時間短縮化，価格変動リスク抑制）ニーズは，取引所に一段のシステム投資を要求し，取引所間競争，さらに店頭市場を巻き込む市場間競争を引き起こした。

　後述（第9章等）するように，内外の機関投資家は先物との裁定取引等でプログラム売買と呼ばれる，コンピュータによる売買を増やしている。こうしたプログラム売買では，執行時間は秒単位以下が求められる。しかも，たとえば日経平均225先物などは，大証のほか，シンガポールやシカゴの取引所にも上場されており，機関投資家は執行コストが低い取引所を求めて売買を発注する。このため，取引所は投資家の売買注文を呼び寄せるため，執行コスト改善に向け，常に売買処理システムの更新投資を迫られることとなる。

　取引所がシステム投資を行うためには，巨額の資金が必要となる。したがって取引所は資金調達の問題に直面した。主として，システム投資の資金需要を背景として，世界の主要な取引所は株式会社に転換している。海外の主要な取引所も株式会社となり，しかも上場しているケースが多い。上場によって機動的な資金調達が可能となるためである。わが国でもすでに大阪証券取引所は上場しており，デリバティブ関係のシステム投資等に資金を活用している。

　このように取引所が株式会社に転換すると，従来のような**会員制**による取引所は変更を余儀なくされる。従来，取引所会員であった証券会社は，株式会社である取引所の株主に転換しているケースが多い。

　取引所が上場することで，株主構成によっては，**取引所の公益性**との矛盾を懸念する意見もあった。取引所は上場審査やインサイダー規制などで公益性を求められるが，私企業として収益を追求することで，公益性を阻害する可能性が指摘された。しかし，今日まで株式会社転換や上場により大きな問題が発生しているわけではない。こうした**取引所**の**株式会社化**や上場によって，取引所のあり方にも大きな変化が生まれている。

▶株式と店頭取引

　取引所の外で取引されることを，**場外取引**，または**店頭取引**と呼ぶ。店頭（OTC: Over The Counter）とは，証券業者の店頭で取引される意味である。取引所ではなく，投資家が証券会社と売買する場合，店頭取引となる。また業者間取引も店頭取引に含まれる。

店頭取引の代表例は2006年8月までの**NASDAQ**（全米証券業協会自動気配表示システム）であった。日本でも**ナスダック**として知られている。ナスダックは，アメリカの証券会社が成長企業を中心に，売買の呼値（売りと買いの気配値）を提示し，投資家と売買する取引であった。アメリカの取引所としては，**ニューヨーク証券取引所**（NYSE）などがよく知られているが，ナスダックは取引所の外で，業者間取引として発展してきた。

　ナスダックで取引されてきた企業の代表例としては，マイクロソフトやアップルなどのIT企業があげられる。今ではマイクロソフト等は大企業であるが，かつてはベンチャー企業であった。ナスダックはアメリカでハイテク関係のベンチャー企業を育成する市場として機能してきた。また取引所と競争し，投資家を引き付けてきた。

　しかし店頭市場としてのナスダックは，2006年8月に取引所に転換した。ナスダックではマーケット・メーカー間での談合疑惑を契機として，取引所に転換した。このため，現在のアメリカでは，店頭市場はOTCブリティンボードや，**ピンクシート**（1904年の開始以来，ピンク色の紙に気配値が印刷されたため）などの店頭電子情報システムとなっている。

　日本でも，ナスダックのような店頭市場を育成するべく，かつてはジャスダックと呼ばれる日本版ナスダックが存在した。ジャスダックは日本証券業協会によって運営されていた。一般に，店頭市場では公開基準が取引所の上場基準よりも緩和されているが，ジャスダックも公開基準を緩和し，上場企業として取引所へ卒業していくことを想定していた。しかし，その後，ジャスダックはジャスダック取引所となり，現在は大阪証券取引所に買収され，傘下にある。

　近年では，ロンドンなど国際的な証券市場において，**私設市場（PTS）**が成長している（→59ページ，コラム⑦）。これは世界的な巨大投資家が，取引所を介さずに相互に取引するための私設市場である。PTSでは，執行コストは取引所に比べ，安くなっている。ロンドンでは株式取引のPTSは，トレードポイントとして開始され，その後VIRT-Xとなっていた。現在では，チャイエックスが有力なPTSとなっている。2011年2月，アメリカのPTS大手であるBATSが，チャイエックス買収を発表し，PTSのグローバル化が加速している。こうした機関投資家相互の私設市場も，取引所外の市場であり，店頭市場に含まれる。

2 株式流通市場と投資家

　日本での投資家としては，金融機関，事業法人，外国人（ヘッジファンドを含む），個人などが代表的である。金融機関，事業法人については，株式保有構造でも説明されるので，ここでは外国人と個人について取り上げる。

▶外国人投資家

　日本の取引所取引では，2000年代に入り，外国人投資家のシェアが上昇している。**外国人投資家**は海外投資家と呼ばれることもあるが，基本的には非居住者（日本に居住しない法人，個人）の投資家を指す。外国人投資家の属性は多様である。まず海外の機関投資家が含まれる。欧米やアジアの投資信託，保険会社や年金基金である。またアメリカなどでは大学や財団なども資産運用（証券投資）に積極的であり，機関投資家に含まれる。

　機関投資家以外の外国人投資家として，オイルマネーなど**政府系ファンド**（Sovereign Wealth Fund: **SWF**）が大きくなっている。オイルマネーは産油国が原油輸出代金を積み立て，運用するものであるが，中東系と北欧系がある。中東系としては，アラブ首長国連邦（UAE）のアブダビのほか，サウジアラビアが代表的であるが，その規模や運用ポートフォリオはほとんど公表されていない。北欧系としては，ノルウェーの政府年金基金が代表的で，**社会的責任投資**（SRI）を踏まえた株式投資をグローバルに行っている。SWFには，オイルマネー以外の為替準備金等による政府系ファンドも含まれる。中国やシンガポールの政府系ファンドがこれにあたる。

　SWF以外の外国人投資家として，ヘッジファンドが存在感を高めている。2007年からの金融危機が始まる以前には，東証の外国人投資家の半分程度はヘッジファンドといわれていた。しかし，正確な統計データは存在せず，あくまで推計である。しかしヘッジファンドが大きくなっていることは，さまざまな関係で指摘されている。2007年からの金融危機は，ヘッジファンドや**SIV**（Structured Investment Vehicle, 銀行の投資子会社）などの「シャドーバンキング」（影の銀行）が肥大化したため発生した，ともいわれた。

　ヘッジファンドの特質は，公募ではなく私募であること（このため情報開示の

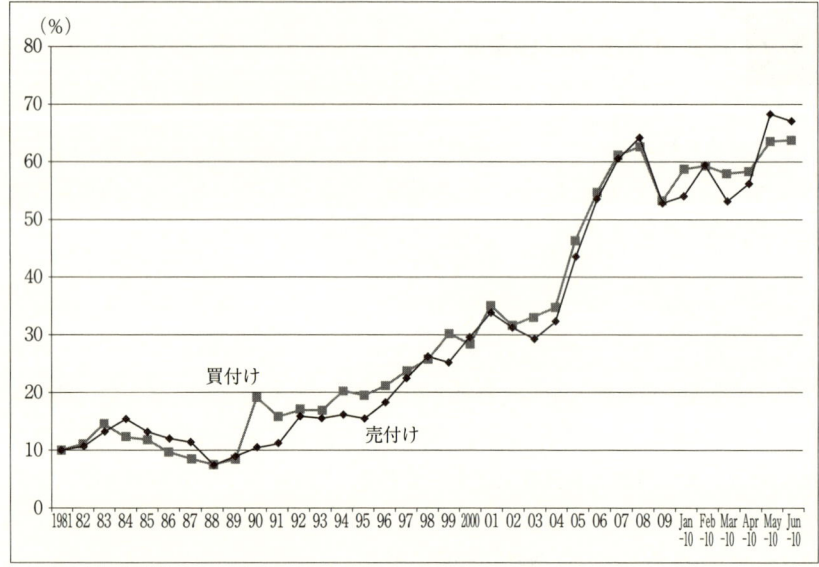

■図5-2 外国人（海外）投資家のシェア

(注) 委託売買代金における比率。
(出所) 東証ホームページから作成。

義務がない），法人ではなくパートナーシップであること（法人税非課税），ファンドマネージャーの報酬がパフォーマンス報酬（株価指数との相対比較で報酬が決まるのではなく，絶対的な運用成績で決まる），空売り（高値で売りから入り，株価下落後，買い戻す）をする，などである。

図5-2は，東証の委託売買代金における外国人（海外）投資家のシェアを示している。株価がピークをつけた1989年には，外国人投資家のシェアは10%程度であった。これは国内投資家（銀行，法人，個人など）の売買が多かったことも一因である。しかし，その後，国内投資家の売買が減少するのと対照的に，外国人投資家のシェアは上昇してきた。2007年には外国人のシェアは60%を超えたが，金融危機により一時低下した。しかし，金融危機以降，2010年に入ると，外国人のシェアは再び上昇し，70%に近づいている。

▶個人投資家

外国人投資家についで，**個人投資家**のシェアが高まっている。個人投資家は機関投資家（年金加入者や投信購入者の資金を運用）と異なり，自己資金の運用で

ある。このため個人投資家の特質は，リスクテークといわれる。機関投資家は運用を委任されており，リスク管理に取り組まざるをえない。このため機関投資家はリスクテークには消極的で，ベンチャー企業への投資や，株価下落局面での買いには動かないといわれる。これに対し，個人投資家の投資資金は自己資金であり，リスクテークに積極的とされる。以下で説明する信用取引やネット証券は，主として個人投資家によって利用されている。

▶信用取引

　通常の取引では，買付けの投資家は現金を用意し，売付けの投資家は株式を保有している。しかし，買付けにあたり，投資家が現金を不足させる場合，または売付けにあたり投資家が株式を保有しない場合，証券会社が現金や株式を貸し付けることで行われる取引を，**信用取引**と呼ぶ。信用取引の利用は，個人投資家が多いが，法人による利用もある。

　信用取引により，手元資金や保有株に不足する投資家でも，投資に参加でき，仮需給が生まれる。仮需給によって，株価が下落しすぎた場合には，信用取引による買いで，株価が上昇に転じる契機となる。また株価が過熱（上昇しすぎた場合）した場合には，信用取引による売りで，株価を冷やす契機となる。こうした仮需給による流動性の上昇が，信用取引に期待されている。

　信用取引が成立した場合，投資家は証券会社に**委託保証金**を預ける。これは信用取引で買い付けた株式が値下がりした場合や，売り付けた株式が値上がりした場合の，担保である。しかし，さらに追加の担保を必要とする場合，投資家は「追い証」と呼ばれる追加の保証金を証券会社に預けねばならない。

　証券会社が，投資家の必要とする信用取引の現金や株式を供給できない場合，証券会社は証券金融会社から貸借する。さらに証券金融会社が貸し付ける株式を保有していない場合，証券金融会社は入札によって証券会社や機関投資家から調達する。証券会社もしくは機関投資家等が株式を貸す料率（貸し手数料）を「品貸料」または「逆日歩」と呼ぶ。

　信用取引には，**一般信用取引**と**制度信用取引**がある。一般信用取引は，決済期限や逆日歩額を，投資家と証券会社間で自由に設定可能な取引である。他方，制度信用取引は，決済期限や逆日歩額が取引所規則で決められている取引である。

▶ネット証券

　個人投資家は近年，ネット証券を利用する頻度が高まっている。日本では1990年代以降の委託手数料自由化と同時進行で，ネット取引が個人投資家向けに普及した。ネット証券は，インターネットによる取引約定であり，対面取引（営業スタッフが対応）ではない。このためネット証券では人件費が安くなり，委託手数料も安くなっている。

　個人投資家の中には，デイ・トレーダーと呼ばれる，1日のうち頻繁に売買を繰り返す投資家も現れている。こうしたデイ・トレーダー向けに，ネット証券では「デイ・パス」（1日何回売買しても定額の委託手数料）を導入している。

　ネット証券でも信用取引が増加している。個人投資家はネット証券でネット口座を開き，ネット証券経由で信用取引するケースが増加している。ここには，日本の金融政策も深く影響している。日本では1999年以降，金融政策において，いわゆるゼロ金利政策がとられてきた。このため，短期金融市場（インターバンク市場やオープン市場）で短期金利は実質ゼロといった水準で推移してきた。ネット証券などは，短期金融市場等で超低金利の資金を取り入れ，信用取引に貸し付けてきた。ネット証券など証券会社にとって，短期金融市場での調達金利と，信用取引での貸付金利の利鞘は，重要な収益源となってきた。

▶ 空 売 り

　証券を保有せずに，借りてきた証券を売却することを，空売りと呼ぶ。値下がりが予想される場合，高値で売却（空売り）し，値下がり後，安値で買い戻す。安値で買い，高値で売ったこととなるので，差額が利益となる。

　空売りには，投資家が信用取引によって，現物証券を保有しないまま売りから入った場合も含まれる。またヘッジファンドも，証券貸借制度を利用して，空売りをしており，株価低下局面でもリターンが高いヘッジファンドもある。

　図5-3は2010年における日経平均株価と空売り比率をみたものである。2010年には3～4月にかけて，日経平均株価は高かったが，夏にかけて相場は下落した。これに伴い，空売り比率が上昇していることがわかる。空売りは株価の下落を促す可能性があり，金融庁によって規制されている。この場合，規制の対象となる空売りが，図の「空売り（価格規制あり）」である。しかし，規制対象外の空売りもあり，個人投資家の信用取引で50単元以下の売り，機関投資家の先物との裁定取引などであり，図の「空売り（価格規制なし）」である。

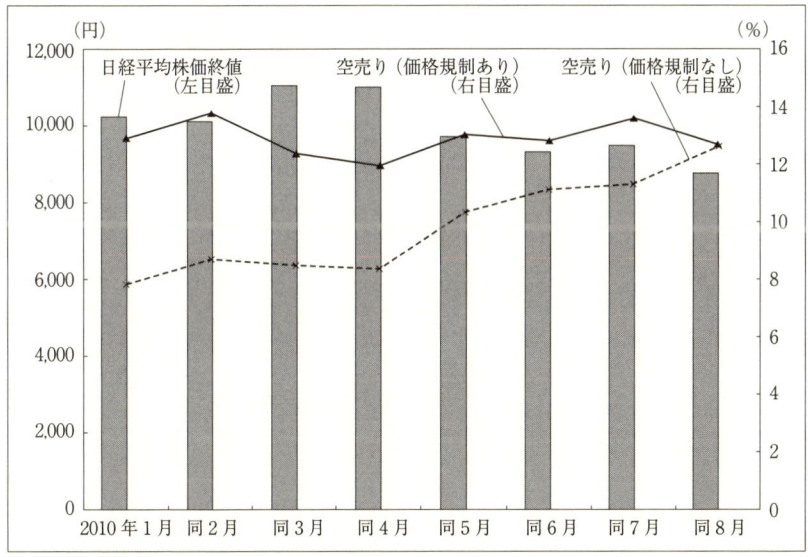

■図5-3　日経平均株価と空売り比率

(注)　売買代金合計に占める空売り（信用取引を含む）の比率。
(出所)　東証ホームページから作成。

　価格規制される空売りは2010年1月には12.9％の比率であり，8月まで12〜13％程度で推移した。しかし，価格規制がない空売りは，1月には7.8％であったが，8月には12.7％まで上昇した。日経平均株価が低下するに伴い，個人投資家が信用で売りを増やしたと推定される。
　本来，空売りはリスクヘッジ手段である。株式を保有していて，値下がりをヘッジするために，空売りが利用される。しかし，現在，株式を保有していなくとも，相場の値下がりを予想して，個人投資家やヘッジファンドにより空売りされている。空売りは投機的な手段となっている。

3　株式分析

▶株価分析と証券アナリスト
　株価分析には，大きく分けて，企業の業績や財務など，株価の基礎的要素を分析するファンダメンタル分析と，株価グラフ（株価チャートとも呼ばれる）から

株価のトレンドを分析するテクニカル分析がある。

ファンダメンタル分析は、株価が企業業績（利益など）を反映する視点から、企業の財務や利益動向を分析し、株価の水準を判断する。一般に、**証券アナリスト**がファンダメンタル分析を担う。日本にも、㈳日本アナリスト協会があり、検定資格を認定している。同協会では大学生向けのアナリスト基礎講座も実施している。

テクニカル分析は、株価が企業業績を基本としつつも、株価自体が一定のトレンドをもつことに着目する。たとえば、30日移動平均線といった考えがあり、株価は一定期間（ここでは30日）平均して動く、と考える。そして移動平均線からの乖離（かいり）があれば、上方への乖離は割高、下方への乖離は割安というように考える。テクニカル・アナリストと呼ばれる専門家が分析する。

▶株式投資の尺度

株式投資する場合の尺度は多様であるが、代表的なものは以下である。

(1) 配当利回り

配当利回り＝年間配当額÷株価

年間の配当（インカム・ゲイン）を株価で除した指標。現在の株価で購入した場合、配当によるリターンを示す。債券利回りに比較的近い指標である。配当利回りは電力株等の安定配当株で高い傾向にある。なお、低い株価で購入している場合、同じ配当額でも配当利回りは高くなる。

(2) PER (Price Earning Ratio, 株価収益率)

PER＝株価÷1株当たり利益

株価が1株当たり利益の何倍であるか、を示す指標。現在、最もオーソドックスな指標でもある。株価は利益を反映する、といった考えから、PERが高い（市場平均との比較等）と割高、PERが低いと割安とされる。ただし、もともとPERは成長株理論で提唱された指標であり、成長株は将来の利益成長を織り込んで、PERが高くなるとされていた。

(3) PBR (Price Book-value Ratio, 株価純資産倍率)

PBR＝株価÷1株当たり純資産

株価が1株当たり純資産の何倍であるか、を示す指標。M&A（企業の合併・買収）等で重視される指標である。土地などを豊富に保有していて、1株当たり純資産が大きいにもかかわらず、株価が低水準の場合、その土地を購入する

(4) ROE (Return on Equities, 株主資本利益率) と ROA (Return on Asset, 総資産利益率)

ROE＝当期最終利益÷株主資本

株主が出資した株主資本によって，最終利益をみた指標。株主資本は株主が経営者に委託した資金であり，経営者が効率的に利益を出しているか，チェックするためにも ROE が用いられる。ROE が上昇すると，経営者は株主から評価され，株価も上昇しやすい。

ただし ROE＝**ROA**（利益/総資産）×レバレッジ（総資産/株主資本）の関係にあり，ROA が一定でも，レバレッジ（自己資本比率の逆数で ROE を上昇させる「てこ」）を上昇させることで ROE は上昇する。つまり，過少株主資本で，過大借入資本により，ROE は上昇する。ROE 上昇の要因分析が必要となる。

また ROE 上昇のために，自社株買い・消却が実施されることがある（表4－1参照→99ページ）。企業が自社の株式を買い取る，さらに消却すると，発行済み株式が減少し，株主資本から控除される。このため ROE が上昇することとなる。一般には，手元流動性（現預金）が潤沢な企業が，ROE 上昇による株主還元のために自社株買い・消却を実施することが多い。

▶**株 価 指 標**

株式流通市場の動向は株価指数によって表される。現在，日本では主要な株価指数が2つある。**日経平均株価**と**東証株価指数**であるが，両者の計算式は異なっている。

日経平均株価は 225 銘柄からなる，日経平均 225 が中心であり，一般に日経平均は日経平均 225 を指す。日経平均の基本は，ダウ式と呼ばれる方法で，日本経済新聞社が選択した 225 社の株価を合計して，平均したものである。225 社の選択は，時代とともに変化するため，225 採用銘柄は日本経済新聞社が銘柄入替えとして定期的に見直している。また日経平均株価では，225 の株価合計を 225 で除さず，除数という数値で除しており，除数は 24.696（2010 年9 月現在）となっている。除数を使用する理由は，第1が株式分割の影響をなくすためである。企業が株式分割すると，理論的には株価は低下する。このため株価指数としての連続性に問題が生じる。そこで除数を小さくすることで，株式

─── ●コラム⑬　ダウ式修正株価 ───

　今，3つの銘柄があり，その株価がA株300円，B株200円，C株100円としよう。この単純平均株価は200円である〔(300 + 200 + 100) ÷ 3 = 200〕。この場合，銘柄は3つであるから除数も3である。

　次にB株が2株に分割されて100円になったとしよう。株式のファンダメンタルな価値に何の変化もなかったのに単純平均株価は167円に低下する〔(300 + 100 + 100) ÷ 3 = 167〕。そこで，引き続き200円になるように除数を修正すると〔(300 + 100 + 100) ÷ X = 200〕，除数（正確には恒常除数という）は2.5となる。アメリカのダウ30種平均は1896年の12銘柄から計算を開始，その後，銘柄数は30まで拡大したが，他方で株式分割が繰り返された。その結果，恒常除数は0.132126まで低下している（2010年9月3日現在）。

　他方，B株が額面50円で株主に倍額増資を割り当てたとしよう。すると，B株は125円に低下する〔(200 + 50) ÷ 2 = 125〕。単純平均株価は175円に低下する〔(300 + 125 + 100) ÷ 3 = 175〕。そこで引き続き200円になるように恒常除数を修正すると〔(300 + 125 + 100) ÷ X = 200〕，恒常除数は2.625となる。わが国の日経225の場合，1950年から計算を開始，恒常除数は当初の225から24.696に低下している（2010年9月3日現在）。アメリカのダウ30種平均に比べ低下速度が遅いのは，過去において除数の修正が株式分割よりも株主割当額面増資によって行われた場合が多かったためである。

指数としての連続性を保持している。第2に，銘柄入替えの影響をなくすためである。225銘柄の入替えに伴い，株価が大きく異なる企業が入れ替えられると，やはり株価指数の連続性に問題が出る。そこで銘柄入替えに伴い，除数が調整されている。

　日経平均株価の利点としては，1950年に算出が開始されており，株価の歴史的推移をみることができる。しかし，問題点としては，株価の絶対水準が低い銘柄と高い銘柄が同等に扱われるため，株価の水準が高い銘柄（**値がさ株**と呼ばれる）の影響が強くなってしまうことである。もちろん，日経平均株価の算出にあたり，みなし**額面調整**が実施されている。たとえば，JR東海（東海旅客鉄道）の株価は70万円（2010年8月現在）であるが，日経平均株価の算出では，額面5万円とみなされ，50円額面に換算され，700円とされている（会社法では額面が廃止されたが，日経平均株価では額面を使用している）。しかし，電機株などハイテク関連株では，なお株価水準が高い銘柄が多く，日経平均株価への影響が強くなっている。

これに対し，東証株価指数（TOPIX）は時価総額ベースである。個別企業の時価総額は，個別企業の株価に発行済み株数を乗じて算出される。東証株価指数は，東証に上場する企業の時価総額合計にもとづいている。1968年1月4日の東証時価総額を100とした場合の指数で示される。すなわち東証株価指数＝東証1部時価総額÷1968年時価総額×100である。

　日経平均株価は株価をベースとしており，大型株（発行済み部数が多い）か，小型株（発行済み株数が少ない）か，は反映されにくい。しかし，東証株価指数は時価総額ベースであり，こうした日経平均株価の問題点は克服されている。しかし，東証株価指数にも，問題点がある。それは日本の株式保有には株式持合いが多く，持合いによって時価総額が二重計算されている可能性である。

　持合いには，水平的な持合い（独立した企業間での持合い）と垂直的な持合い（親会社と子会社での持合い）がある。これらいずれの場合にも，時価総額が二重計算される可能性はある。

　持合いされている株式は，売買されず，保有が固定されており，固定株と呼ばれる。これに対し，投資目的で保有されている株式は，頻繁に売買されるため，浮動株と呼ばれる。東証では，現在，**浮動株比率**を計算し，時価総額が二重計算されないよう，TOPIX を修正している。

　また TOPIX は時価総額ベースであるため，発行済み株数が多い大型株の動向によって影響されやすい。具体的には，銀行株等の影響が強くなりやすい。銀行，特にメガバンクは BIS（国際決済銀行）による自己資本比率規制（→164ページ）の関係で，大型増資を繰り返してきた。このため，銀行の発行済み株数は多く，銀行は典型的な大型株となっている。TOPIX は時価総額ベースであり，時価総額の大きい，銀行など大型株の影響が出やすい。

▶株式流通市場の歴史

　図5-4が示すように，日経平均株価は1989年の大納会（年間で最終の取引日）に3万8915円の史上最高値をつけた。また同じ日の TOPIX では，2569ポイントであった。1987年以降，日本銀行による為替市場での円高介入等を契機として，国内金融市場は資金供給が増加しており，余剰資金は土地と株式に向かっていた。

　しかし1990年の大発会（年間で最初の取引日）から，株価は急落し，1992年終値は1万6924円となった。株式市場での格言として，高値で買った株の底

■図5-4　日経平均株価と TOPIX

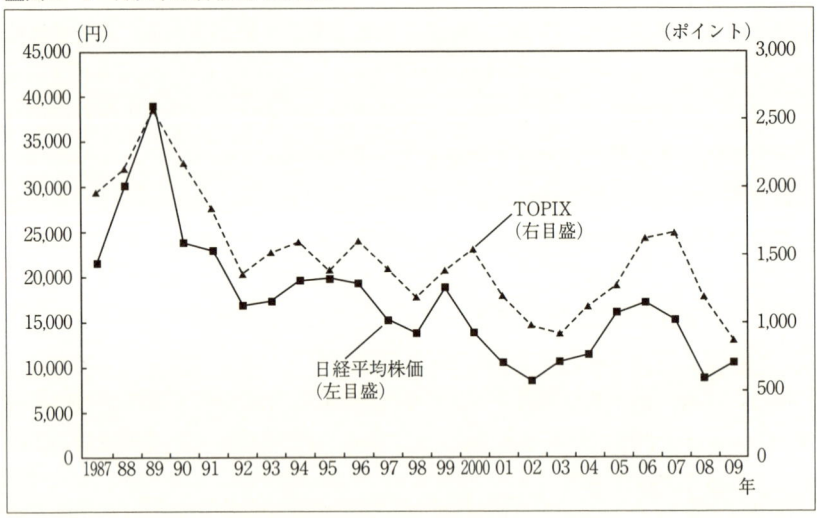

（出所）日本経済新聞社，東京証券取引所ホームページから作成。

値は「半値・八掛け・二割引」といわれる。3万8915円から1万6924円へと，半値・八掛けにほぼ近い水準へ下落した。

その後，1994～96年には内需拡大策への期待から1万9000円台へ回復，また1999年にはIT（情報通信）相場により終値で1万8934円へ回復した。2006年には世界的な景気回復や，外国人投資家の日本株投資で1万7225円まで回復した。

しかし2010年9月現在，半値・八掛け・二割引を大きく下回る9000円をめぐる攻防となっており，株価は1990年以降，長期低下トレンドにある。金融危機以降，世界の株価動向において，日本株は最低のパフォーマンスグループにある，といわれる。多様な要因が指摘されているが，成長企業が少なくなっていることは否定できない。

4　債券流通市場

第4章では，債券を新規に発行する市場である債券発行市場（プライマリー市場）について説明した。新規に発行された債券は，**新発債**と呼ばれる。債券

発行市場に対し、一度発行された債券が売買される市場が債券流通市場である。債券流通市場は、一度発行された債券が二次的に売買される市場であることから、**セカンダリー市場**とも呼ばれる。また、一度発行された債券はすでに発行された債券ということから、**既発債**と呼ばれる。本節では、債券流通市場について説明する。

▶債券流通市場の仕組み
(1) 取引所取引と店頭取引

債券流通市場における取引には、**取引所取引**と**店頭取引**がある。取引所取引とは、売買注文を一カ所（取引所）に集めて成立させる取引のことである。取引所取引において売買対象となる債券は、その取引所に上場している銘柄に限られる。国債と新株予約権付社債以外のほとんどの銘柄は上場されていない。店頭取引とは、証券業者（証券会社など）が投資家の売買の相手方となって売買を行う取引のことである。債券の店頭取引では、証券業者（証券会社など）が電話や情報通信設備を通じてそれぞれの顧客である投資家と直接取引を行う。

債券流通市場では、取引所取引はあまり行われておらず、ほとんどの取引は店頭取引となっている。その理由は、債券は発行銘柄が多く、すべての銘柄を取引所に上場することが難しいためである。仮に、債券の発行体と債券の種類が同一であったとしても、償還までの期間や**表面利率（クーポンレート）**など債券の発行条件が異なっていれば、それらは同一の債券とはならない。また、売り手と買い手の売買内容が複雑かつ多様であることも、債券取引において店頭取引が多いことの理由である。

債券取引の多くは銀行や内外機関投資家が行っており、機関投資家による売買は取引単位も大きく、いくつかの銘柄を組み合わせた取引も多い。そのため、債券取引においては、取引形態を標準化する必要がある取引所取引よりも、売り手と買い手が相対で取引条件を決めながら売買を行う店頭取引の方が、円滑に取引が進むのである。

(2) 売買取引制度と取引時間

証券業者（証券会社など）は、自社の顧客との売買を行うために必要な債券の手当てやポジションの調整を、**日本相互証券**の端末を通じて行っている。日本相互証券はBB証券とも呼ばれるが、証券業者（ブローカー）と証券業者（ブローカー）との間の取引を仲介する業務を担っている。すなわち、ブローカー

のブローカーである。現物債は証券業者の店頭で取引されるため、その取引時間は特に定められていないが、日本相互証券での売買が開始されるのが午前8時40分となっていることから、現物債の取引は午前8時40分から徐々に始まる。債券市場の参加者の多くは、日本相互証券での現物債の価格の変動状況や債券先物市場の価格の変動状況から、債券市場全体の水準や方向性を判断している。

▶取引手法

債券取引には、通常の取引である現物取引のほかに、**債券現先取引**(げんさき)と**債券レポ取引**がある。

(1) 債券現先取引

債券現先取引とは、債券を一定期間後に買い戻す（売り戻す）という条件を付けて、その債券を売却（購入）する取引のことである。買戻し条件付きで債券を売却（売現先(うりげんさき)という）することは、一時的な資金調達を意味する。逆に、売戻し条件付きで債券を購入（買現先(かいげんさき)という）することは、余裕資金の一時的な運用を意味する。債券現先取引は、形式上は債券売買となるが、実質的には債券を担保とする短期の資金貸借取引である。

債券現先取引は、証券会社が資金を調達する手段として**オープン市場**で最初に発達した取引である。オープン市場とは、金融機関以外の事業会社等の投資家も参加できる、短期金融市場のことである。証券会社は、自社が保有する債券を元に売現先取引を行うことで資金を調達するようになり、そのような取引を各証券会社が行うようになったことで債券現先市場が自然発生的に形成された。

債券現先取引は、歴史的には**政府短期証券（FB）**や**短期国債（TB）**を利用したものが多かった。なぜなら、1986年以降、TB等が大量に発行されてきたからである。TB等の大量発行に伴い、両証券の流通市場も拡大してきた。TB等の流通市場拡大とともに、短期債券を利用する現先市場も拡大してきた。しかも、FBやTBの取引には**有価証券取引税**がかからなかった。このことが、FBやTBを利用した債券現先取引の規模を拡大させる大きな要因となった。2000年以降は中長期国債が大量に発行され、かつ1999年4月から有価証券取引税が撤廃されたことから、中長期国債を利用した現先取引の規模が拡大している。

(2) 債券レポ取引（債券貸借取引）

　債券を貸借する取引のことを，**債券貸借取引**という。現金担保付き債券貸借取引のことを，**債券レポ取引**と呼ぶ。債券貸借取引は，債券を**空売り**する際に受け渡すべき債券を調達することを目的として行われる取引である。空売りとは，当該債券を保有していないにもかかわらず，当該債券を売却することである。ある時点の市場価格で当該債券を空売りし，後にその債券の価格が下がったところで買い戻すことによってキャピタル・ゲインを得ることができる。

　債券貸借取引を利用することで，投資家は空売りを行うための債券を調達することができるため，その投資家が空売りを行おうと思っている銘柄の債券価格がこれから下落するであろうと考える場合に債券貸借取引を行う。このような取引により，債券流通市場全体の流動性も高まる。債券貸借取引の多くは，国債である。

　1996年の債券貸借にかかる現金担保への利付制限の廃止を受けて，同年に現金担保付き債券貸借市場（債券レポ市場）が誕生した。現金担保付き債券貸借取引（債券レポ取引）は，現金を担保とする債券の貸借取引で，貸借期間終了後には，貸出の対象銘柄と同種・同量の債券を返済する債券貸借取引である。債券の貸出（借入）に際し，その債券の担保として現金を要求する（差し入れる）取引ともなる。

　債券の借り手は借り入れた債券に対する貸借料を支払い，債券の貸し手は担保として受け取る現金に対する利息を支払う。債券の貸借料と担保金の利息の差額が取引の利益もしくは費用となる。債券の貸借料率と担保金の利息率との差は**レポ・レート**と呼ばれ，債券レポ取引における取引条件は通常このレポ・レートで示される。債券を貸し出すことによって現金を調達することをレポと呼び，債券を借り入れることによって資金を運用することを**リバース・レポ**と呼ぶ。

　日本の債券レポ取引は，アメリカのものをモデルとしている。ただし，アメリカのレポ取引は売買取引である。レポとは，Repurchase/Resell Agreementの略であり，本来は売買取引を意味する言葉である。しかし，日本の債券レポ取引は，現金を担保とする債券貸借取引であり，債券売買取引ではない。これには，債券レポ市場を創設するにあたり，欧米のレポ取引と同様の取引を導入しようとしたが，債券売買取引という形にすると有価証券取引税がかかってくるため，それを回避するために債券貸借取引という形をとったという経緯があ

▶債券の利回り

　利回りとは，元本に対する収益の1年当たりの割合のことであり，単位はパーセント（％）で表される。利回りには，**直接利回り（直利）**，**単純利回り（単利）**，**複利利回り（複利）**がある。利付き債の単利には，その債券の保有期間の違いによって，**応募者利回り**，**最終利回り**，**所有期間利回り**がある。直利の計算式は，「クーポンレート÷購入価格×100」である。クーポンレートは，現金で支払われる金利部分である。単利の計算式は，「｛クーポンレート＋（売却価格－購入価格）÷保有期間｝÷購入金額×100」である。償還まで保有した場合は，売却価格の代わりに償還価格（額面金額）を使うことで利回りを計算することができる。

　直利は，ある価格で購入した債券の何％が毎年クーポンによる収入で得られるかということを表したものである。直利の計算は，クーポンレートを単に債券の購入価格で割ることで求められる。クーポンレートが4.5％の債券を90円で購入した場合の直利は，$4.5 \div 90 \times 100 = 5\%$ である。

　応募者利回りとは，新発債を購入して償還まで保有した場合の利回りである。応募者利回りは，毎年支払われるクーポンと償還差益（償還差損）の合計額が，元本（購入価格）に対して1年当たり何％になっているかを表すものである。クーポンレートが5％，額面100円の長期国債（10年）を新規発行時に95円で購入し，償還まで保有した場合の応募者利回りは，$\{5+(100-95) \div 10\} \div 95 \times 100 = 5.79\%$ となる。

　最終利回りとは，既発債を購入して償還まで保有した場合の利回りである。最終利回りは，債券の購入日から償還までに支払われるクーポンと償還差益（償還差損）の合計額が，元本（購入価格）に対して1年当たり何％になっているかを表すものである。単に利回りという場合，一般的にはこの最終利回りを指す。クーポンレートが5％，額面100円の長期国債（10年）を発行後5年経ってから98円で購入し，償還まで保有した場合の応募者利回りは，$\{5+(100-98) \div 5\} \div 98 \times 100 = 5.51\%$ となる。

　所有期間利回りとは，既発債を購入して償還まで保有せず途中で売却した場合の利回りである。所有期間利回りは，債券の購入日から売却日までに支払われたクーポンと売買差益（売買差損）の合計額が，元本（購入価格）に対して1

年当たり何％になっていたかを表すものである。応募者利回りと最終利回りが償還まで保有すると仮定した場合の予想的な利回りであるのに対し、所有期間利回りは、投資結果としての確定的な利回りである。クーポンレートが5％、額面100円の長期国債（10年）を発行後4年経ってから96円で購入し、2年間保有した後97円で売却した場合の所有期間利回りは、$\{5+(97-96)\div2\}\div96\times100=5.73\%$ となる。この例では、クーポンの支払日に債券の受渡しが行われることを前提としているが、クーポンの支払日とクーポンの支払日の間に債券の売買が成立し受渡しが行われた場合には、その保有していた期間に応じた利子、すなわち**経過利子**を含めた計算が必要となる。

複利とは、債券の保有によって得た利子を再投資することによるリターンを考慮した場合の利回りのことである。100円を年率5％の単利で運用する場合、1年後のリターンは100円×0.05＝5円、2年後のリターンも100円×0.05＝5円である。ところが、100円を年率5％の複利で運用する場合、1年後のリターンは100円×0.05＝5円であるが、2年後のリターンは105円×0.05＝5.25円となる。単利と複利の相違点は、単利は時間の概念を含んでいないのに対し、複利は時間の概念を含んでいることである。複利は、時間の概念を含んでいることから単利よりも正確な利回りを表すことができるが、時間の概念を含んでいる分、計算が複雑である。単利は、時間の概念を含んでいないことから複利ほど正確な利回りを表すことができないが、時間の概念を含んでいない分、計算が簡単である。

▶債券流通市場の現状と今後
（1）　国債偏重（売買高の推移）

債券流通市場の市場規模は、債券の売買高でその大きさが測られる。債券流通市場の市場規模は、年々拡大してきている。**日本証券業協会**が発表している公社債の売買規模のデータから、その事実が確認できる。ただし、日本証券業協会が発表する債券流通市場の売買高は、現先売買を含むデータである。債券流通市場の売買高のうち、国債が他の債券に比べて圧倒的なシェアを占める。なぜなら、国債は他の債券と比べて発行額が圧倒的に多いためである。表5-1は、1999年から2009年までの債券流通市場全体の売買高と債券流通市場全体の売買高に占める国債売買高の割合を示したものである。

債券流通市場の売買高は、2007年に1京2096億6844億円となり、1京円を

■表5-1 債券流通市場全体の売買高と債券流通市場全体の売買高に占める国債売買高の割合

	債券流通市場の売買高 (億円)	国債の売買高 (億円)	債券流通市場に占める国債のシェア (％)
1999年	38,367,487	37,341,939	97.3
2000年	40,611,896	38,980,933	96.0
2001年	40,580,528	38,634,346	95.2
2002年	36,659,595	34,298,284	93.6
2003年	51,102,780	48,361,805	94.6
2004年	64,814,677	61,786,234	95.3
2005年	67,582,443	64,280,581	95.1
2006年	91,529,967	88,816,628	97.0
2007年	120,966,844	118,901,375	98.3
2008年	112,881,262	111,183,974	98.5
2009年	85,633,205	84,581,267	98.8

(注) 現先を含む。
(出所) 日本証券業協会。

超える市場規模をもつに至った。同年は、国債の売買高も1京1890兆1375億円であり、1京円を超えている。債券流通市場の売買高は、2008年には1京1288兆1262億円と1京円台の市場規模を保ったが、2009年は8563兆3205億円にとどまっている。債券流通市場全体の売買高に占める国債売買高の割合は、1999年以降、常に90％以上を保っている。とりわけ、2007年以降は98％以上を保っており、2009年は98.8％にまで上昇している。2007年から始まる**世界金融危機**以降は、多くの投資家が「質への逃避」の動きをみせている。国債はリスクフリー資産であり、さらに発行残高が多いことから流動性が高い。これらの理由により、世界金融危機以降は債券流通市場において国債の売買高がより増加している。

　2008年度における債券流通市場の店頭取引での売買状況をみると、**債券ディーラー**、その他、非居住者（外国人）、都市銀行、信託銀行が大きな割合を占めている。証券会社などの債券ディーラーは、自社の顧客である投資家との相対売買を行う一方、自社の相場観にもとづいてキャピタル・ゲインを狙った債券の売買を行っている。そのため、債券ディーラーの売買高が大きくなっている。「その他」の売買高が大きい理由は、「その他」には**日本銀行**が含まれるからである。日本銀行は**公開市場操作**（オープン・マーケット・オペレーション）によって、債券を購入したり売却したりしている。また、入札発行される国債は、日本銀行を通じて一般の投資家に売却される。これらが、「その他」が債券流

通市場の店頭取引での売買高を大きくしている理由であり，しかも「その他」が債券を大幅に売り越している理由である。非居住者による売買高も大きい。その理由としては，景気低迷による株式市場の低迷から，リスク回避先としての国債市場に資金が向かっていることがあげられる。特に，政府短期証券（FB）の買い越しが大きくなっている。都市銀行は，債券ディーラーと同様に，自社の相場観にもとづいてキャピタル・ゲインを狙った債券の売買を行っている。信託銀行は，自社が受託している年金などの資産を運用するため，債券の売買を行っている。

債券流通市場の規模が拡大してきている理由としては，第1に，国債の大量発行による国債残高の増加があげられる。第2に，1980年代の規制緩和で銀行や証券会社などの金融機関に債券のディーリングが認められたことがあげられる。第3に，政府短期証券（FB）や短期国債（TB）が市場で活発に取引されるようになったことがあげられる。

(2) デリバティブ市場（債券先物市場，債券オプション市場）

先物取引とは，将来時点での取引価格を現時点で決めて行う取引のことである。**債券先物取引**は，標準物と呼ばれる架空の債券が想定されており，その標準物価格がイールド・カーブ（→152ページ）上にあるものとして先物価格が形成される。

先物取引は，売買単位や受渡日などの取引条件が定型化され，一定額の**証拠金**を差し入れるだけで売買ができ，反対売買（転売もしくは買戻し）による差金決済によって期日前に決済することができる。先物取引における証拠金とは，取引所にその取引を保証するために預け入れる資金のことである。証拠金を預け入れれば，先物取引で売買を行うことができる。現物債を保有していなくても，売りから入ることができる。買いから入ることをロング，売りから入ることをショートと呼ぶ。現物取引では売りから入ることができなかったものを先物取引は売りから入ることを可能にし，それによって価格の下落リスクを回避することができるようになった。先物取引は，価格変動リスクをヘッジするための手段以外に，キャピタル・ゲインを得るためのディーリングの対象商品としても利用される。

1960年代半ば以降から徐々に国債の発行残高が増加してきたことで，市中金融機関が保有する国債を市場で売却する必要性が生じてきた。当時は，引き受けた国債を一定期間は売却できないという制限が課されており，自由に売却

できない時代であった。債券市場が徐々に整備されはじめ，1985年から銀行による公共債のフルディーリングが認められ，国債を市場で自由に売買することが可能となった。しかしながら，債券の貸借取引は整備されておらず，市中の金融機関は，保有する国債の価格変動に対するリスクヘッジ手段をもたなかった。アメリカではすでに債券先物取引が開始されていた。日本でも国債の価格変動に対するリスクヘッジ手段として，1980年代初頭から債券先物取引の機運が高まり，1985年から**長期国債先物取引**が東京証券取引所で開始された。債券先物市場は流動性が非常に高いため，債券市場全体を把握する指標の役割も果たしている。

オプション取引とは，債券などの原資産を将来の権利行使日に定められた価格での売買を行う権利を売買する取引のことである。将来の権利行使日の取引時点では売り手と買い手が存在するが，買い手となる権利は**コール・オプション**，売り手となる権利は**プット・オプション**と呼ばれる。権利の行使が満期の特定日に限定されているオプションは，ヨーロピアンタイプと呼ばれ，オプション取引の開始日から取引の最終日までの期間内のいつでも権利の行使ができるオプションは，アメリカンタイプと呼ばれる。

日本で取引されている**債券オプション取引**は，上場オプション取引（先物オプション）と店頭オプション取引（現物オプション）に大別できる。**債券先物オプション取引**は，東京証券取引所に上場している。債券店頭オプション取引は，標準物を用いる債券先物取引とは異なり，国債，社債，外国債などの個々の債券が対象として取引されている。また，店頭で取引されているため，その契約は第三者に転売することができない。**長期国債先物オプション取引**は，長期国債先物取引を対象としたアメリカンタイプの上場オプション取引であり，長期国債先物取引と類似している。

オプション取引を利用すると，オプションの買い手と売り手はどのような状況に置かれるのであろうか。オプションの買い手は**オプション料**を支払うだけで買う権利を購入することができる。相場がオプションの買い手の思惑通りになれば，オプションの買い手は権利を行使すればよい。相場がオプションの買い手の思惑通りにならなければ，オプションの買い手は権利を行使しなければよい。権利を行使しないことによる損失は，オプション料に限定される。オプションの売り手は，現物を保有していない場合でもオプションの買い手から資金を得ることができる。相場が買い手の思惑通りにならなければ，オプション

の買い手は権利を行使しないであろうから，オプション料が売り手の利益となる。相場が買い手の思惑通りになった場合には，オプションの買い手は権利を行使するであろうから，その際にはオプションの売り手は必ずこの取引に応じなければならない。すなわち，オプションの売り手は現物を確保しなければならないため，オプションの買い手のように損失がオプション料に限定されるというようなことはない。

オプション取引には，買う権利と売る権利の売買があるだけでなく，権利の行使価格もいろいろ設定が可能である。複数のオプションを組み合わせ，現物の取引にはない損益パターンを作ることも可能である。先物取引と同様に，オプション取引も価格変動リスクをヘッジする重要な手段となっている。

・参 考 文 献

■引用・参考文献
　中島将隆［2005］，「政府短期証券・短期国債の現先売買と発行時源泉徴収制度」『証研レポート』1629 号，日本証券経済研究所
　代田純・勝田佳裕［2008］，「国債流通市場における外国人投資家」『証券経済研究』第 64 号，日本証券経済研究所
　岩井宣章［2009］，「国債流通市場と海外投資家の投資動向」『証券経済研究』第 65 号，日本証券経済研究所
　中島将隆［2007］，「日本のレポ市場の現状と課題」『証研レポート』1642 号，日本証券経済研究所
　中島将隆［2008］，「日本におけるレポ市場の発展――その特徴と今後の課題」『証券レビュー』第 48 巻第 3 号，日本証券経済研究所
　代田純［2010］，『金融危機と証券市場の再生』同文舘出版
　代田純［1995］，『ロンドンの機関投資家と証券市場』法律文化社

■学習のための文献
▶証券市場に関する包括的な基本文献
　東京証券取引所［2004］，『入門 日本の証券市場』東洋経済新報社
　米澤康博［2006］，『証券市場読本（第 2 版）』東洋経済新報社
▶先物取引に関して比較的わかりやすく解説してある文献
　宇佐美洋［2000］，『入門 先物市場』東洋経済新報社
▶外国人投資家に関する解説や動向分析
　代田純［2002］，『日本の株式市場と外国人投資家』東洋経済新報社
▶個人投資家に関する解説や分析
　日本証券業協会［2005］，『個人投資家と証券市場のあり方』中央経済社

第6章 証券業と証券会社

1 証券業務とその機能

　証券発行による資金調達，その後の証券保有者による転売は，実際には，仲介業者によって行われるのが一般的である。この仲介にあたるのが証券業者だが，その役割とは何だろうか。また，なぜ証券発行や証券売買において証券業者が必要なのだろうか。本章は，この問題を取り上げる。

▶証券業務とその収入
　証券業務の基本的類型としては，①**委託売買業務**（Brokerage, ブローカレッジ），②**自己売買業務**（Dealing, ディーリング），③**引受業務**（Underwriting, アンダーライティング），④**分売業務**（Distributing, ディストリビューティング）もしくは**募集取扱業務**，の4つをあげることができる。
　委託売買業務とは，顧客から注文を委託され，顧客のためにその注文執行を代行するサービスであり，これにあたる業者をブローカー（Broker, **委託売買業者**）という。その代価として「**委託売買手数料**」を徴収する。具体的には，顧客から売り（買い）注文を受託し，①その注文を証券取引所に取り次いで，対当する買い（売り）注文と付け合せることにより（上場証券の場合），あるいは②業者自らが対当する注文を探し出して，この注文と付け合せることにより（非上場証券の場合），売買執行をする。
　自己売買業務とは，業者が自己勘定で売買することにより「**売買差益**」を稼

ぐ業務を指し，こうした業者を**ディーラー**（Dealer）または**トレーダー**（Trader）（**自己売買業者**）という。こうした業務は，単独で行われる場合よりも，委託売買業務や引受業務など，他の証券業務と関連して併営される場合が多い。

引受業務とは，新規の証券発行を確実にする保証を与える業務であり，これにあたる業者を**アンダーライター**（Underwriter，**引受業者**）という。その保証の代価として「**引受手数料**」を徴収する。具体的には，発行会社が資金調達などのため証券を発行したい場合に，①その総額を買い取って，これを投資家に販売する（「**総額引受**」または「**買取引受**」），あるいは②投資家に販売できなかった場合にその残額を買い取る（「**残額引受**」）ことにより，所定の発行金額がすべて確実に消化できることを保証する。

分売業務とは，新規に発行される証券を多数の投資家に売りさばく業務をいい，その業務に当たる業者を**ディストリビューター**（Distributer，**分売業者**）という。その代価として「**販売手数料**」を徴収する。新規発行証券への投資勧誘は，法律上，「募集」行為とされるので，当該業務はまた「**募集取扱業務**」，このサービスの代価は「**募集取扱手数料**」ともいう。

アンダーライターがこの分売業務も兼務するのが一般的であり，発行会社が支払う引受手数料には販売手数料分も一括して含まれる。したがって，異なった業者が引受業務と分売業務を分担するときには，引受手数料は，「**引受責任料**」と「**販売手数料**」に分割されて支払われる。

また，引受業務と分売業務は，新規の発行証券のみならず，既発行証券についても行われる。たとえば，**新規上場**に際して株主数や浮動株数などの上場要件を満たすために，大株主が保有株のうちかなりの割合を所定の時期までに一括売却しなければならないような場合に，業者が予定株数の売却を買取引受によって保証するのである。これを「**売出業務**」という。そこで既発行証券の売却保証も含める意味で，わが国では，「**引受・売出業務**」，その販売を「**募集・売出取扱業務**」と呼んでいる。

▶ 証券業務の機能

以上が，基本的な4つの証券業務の内容である。次に，その機能・役割をみよう。証券業者が証券発行や証券流通に介在することの積極的な意義は何であろうか，言い換えれば，投資家はどうして自ら売買し，発行会社はどうして自社で証券を発行しないのだろうか。

(1) ブローカーの機能

証券流通は，発行者からみれば「**満期変換**」（短期資金の長期資金化）であるが，保有者からみれば「**権利の移転**」である。証券流通が円滑になれば，それだけ満期変換機能が向上するが，そのためには「権利の移転」にまつわる障害をできるだけ除去する必要がある。

第2章でみたように，権利移転に際して生じうる権利の所在の不明確さは有価証券法制によって解決が図られた（第2章1〜3節）。もう1つの課題である取引相手を探索しやすくする努力は，**証券取引所**の創設へと向かった（第2章4節）。そして，ブローカーはこの証券取引所と同時に誕生するのである。

取引相手の探索機能を向上させる手っ取り早い方法は，できるだけ多くの取引参加者が一堂に集まることである。事実，初期には売買当事者みずから相手を見つけるために参会したのであって，その具体的な集会場が定期市，特定の商人の館，コーヒーハウスなどであった。

ところで，探索機能はできるだけ多くの取引当事者が集まれば集まるほど向上するが，集会場所のスペースには物理的制約があって参加できる取引者の数には限りがある。この矛盾は，証券取引の規模が大きくなるにつれて顕在化し，ついに，①会員制度と②委託売買制度を具備した証券取引所の開設によって解決をみたのである。

すなわち，①立会場での取引を会員業者に限定し，②会員でないものは顧客として会員に売買を委託させる。こうすれば，比較的少数の取引者（会員）の手元にできるだけ多くの注文を集中させることができ，探索の可能性が飛躍的に高まるわけである。証券取引所の成立とともに，取引者は概念的にはじめてブローカーと顧客に分化する。**会員業者**は，証券取引所の専一的利用者として取引所施設の設立・維持・利用のコストを支弁する一方，ブローカーの立場で顧客に対しその利用サービスを「切り売り」し，そのコストを「委託手数料」によって回収する。

他方，**非上場証券**に対する顧客の買い（または売り）注文は，取引所で執行することができない。そこで，ブローカーはこれに対当する売り（または買い）の意志をもつ相手を探索することで，取引を成立せしめる。こういった，取引所外すなわち**店頭市場**での探索活動は，上場証券においても行われる。特に，債券は上場物件であっても店頭取引が多いし，**上場株式**についても，**大口取引**や**バスケット取引**（多数銘柄の一括取引）など複雑な発注形態のものは，取引所

内では執行し難いためである（第5章1節，4節を参照）。

(2) ディーラー（トレーダー）の機能

証券取引所は証券売買の注文が集中するため，需給の出会いがつきやすいが，必ずそうなるとは限らない。需給がかたより，出会いがつかないときもある。その場合，顧客は執行の不確実性にさらされる。そこで，会員業者が**在庫**を手持ちし，とりあえず売り（買い）向かって執行の不確実性を除去してやり，しかる後に反対売買に応じる顧客を見つけて**ポジション**（証券の持ち高）を清算する。この場合の会員業者の役割が，**ディーラー**または**トレーダー**といわれるものである。

ディーラーは在庫を手持ちして顧客の注文に備えるので，**在庫保有コスト**と**価格変動リスク**にさらされる。そのため，このコストとリスクを補償する意味で，顧客に対する**売気配値**（offer-price または ask-price という）を高めにし，**買気配値**（bid-price という）を低めにする。この値鞘を「**スプレッド**」（spread）という。投資家からみれば，このスプレッドはコストになるが，それは即時執行による時間および価格変動リスクの節約の代価である。

上記のディーラー機能は証券取引所内においても発揮されているが，**店頭市場**においてこそ特に強く求められる。というのは店頭市場では需給が分散しているからである。そして，ディーラーが積極的に売り買い両方向の気配値を呈示することで，対当する需給があることを顧客に確信させ，安心して注文を発注させることができる。そこで，ロンドン証券取引所やアメリカのナスダック証券取引所のように，①気配値呈示ならびに②その値段で売り買いに応じるような制度設計をしている場合には，こうしたディーラー行為によって市場が成り立っているため，ディーラーはまた**マーケット・メーカー**（market maker）とも呼ばれる。

以上のように，ブローカー・ディーラーの機能は，取引相手の探索にある。この探索サービスは，彼らの共同施設（証券取引所）を通じて，あるいは自らの専門性や規模の経済性を通じて顧客に提供される。その提供の仕方にはブローカーとディーラーの2通りがあり，サービスの対価も，前者は「委託売買手数料」，後者は「売買損益」の形態をとるのである。

このようにブローカー・ディーラーは証券取引所の構成要素として誕生したが，それは需給の集中のために取引参加者自身が一堂に会する，ということが前提になっている。ところが近年のIT革命の進展により，注文自体が取引者

の手を離れて「サイバー空間」の中へ集中させることが可能になった。こうなると，集会場が不要になる。事実，ニューヨーク証券取引所を除いて[1]，各国の主要な取引所から「立会場(たちあいじょう)」は一斉に姿を消している。

これとともに，PTS あるいは ECN といった証券取引所類似の施設が設立・運営されるようになった（コラム⑦を参照→59 ページ）。これは取引を希望する者を電子ネットワークで結び，彼らの注文を付け合せて取引執行する業務である。この運営業者は証券業者でもあり，証券取引所のようでもある。すなわち探索機能という点では，近年，ブローカー・ディーラーは証券取引所のパーツ（部品）から競合物に変わりつつあるといえよう。

(3) アンダーライター，ディストリビューターの機能

他方，第１章でもみたように，株式会社は最も資金調達しやすい企業形態であるが，そのことは，株式会社が，常に自ら株式や社債を発行して資金調達することを意味しない。もちろんこうした直接発行（「自己募集」という）も皆無ではないが，その場合には，①自らコストを払って投資家を探索し勧誘しなければならず，②勧誘に失敗して発行が未達成になるリスクを負わねばならない。

そこで，発行会社のためにディストリビューターが発行証券の販売にあたるのである。その存在理由は，専門的な知識と経験，規模の経済性等によって，直接発行に比べて投資家の探索に必要な時間とコストを節約するという点にある。またアンダーライターは，発行証券が所定額すべてについて消化できることを保証することで，未達成になるリスクを除去してやるのである。

(4) 情報生産機能

ところで，上記 4 つの基本的な証券業務には，今述べた機能のほかに「**情報生産**」**機能**といわれるものが付随している。「付随」という理由は，「情報生産」にはそれ自体に「代価」は支払われず，少なくとも顧客（投資家や発行会社）からは，「主たる」機能とみなされていないからである。しかし，主たる機能を促進させるという意味で，重要な要素であり，後になると，情報生産そのものに代価が支払われるようになり，「主たる機能」に転化するのである。

(i) ブローカーの情報生産　たとえば，会員ブローカーは場内にいるため気配値等の市場情報に最も早くアクセスでき，さらには取引物件である株式のファンダメンタル価値についても顧客よりは精通している。そこで顧客には，市場情報や銘柄情報の伝達，投資アドバイスの提供などの付随サービスを行うことで注文を出しやすいようにしている。こうした投資助言サービスそれ自体

には代価は支払われない。しかし，この投資助言活動が，証券取引所への顧客の発注を増やし，ひいては証券の売り買いの出会い（取引相手の探索）の可能性を高めるのである。

他方，ブローカーはさまざまな顧客から受注する中で，どの顧客がいつ，どのような銘柄を，いくらの買値（売値）で，どのくらい保有しているか（売ったか），といった情報を蓄積している。そのことが，取引所外での委託売買において，対当する売り（買い）注文を引き出す上で有用な情報になっている。

こうしたブローカーの情報生産のうち，投資アドバイスについては，委託売買手数料が自由化され，売買執行サービスのみを提供する**ディスカウント・ブローカー**（Discount broker，**手数料割引業者→ 166 ページ**）が出現すると，委託売買業務から分離し独立した業務，たとえば**資産管理業務**（Asset management）の１つとして代価を徴収するようになる。

(ii) アンダーライターの情報生産　他方，アンダーライターは発行を保証するときに，発行会社の事業・財務状態に関する情報を収集・解析し，保証に値するかどうかの審査をしているはずである。また，投資家が応募してくれるかどうか，資本市場の状況調査を行いながら発行価格や金利・年限などの発行条件を決め，具体的な発行案件を発行会社と協議しながら決定していくだろう。これらはアンダーライターの**審査・起案**（originating）**機能**といわれるものである。発行証券の募集活動を円滑に遂行するためには，この審査・起案機能は必要不可欠ではあるが，この機能に対して別途の代価が払われるわけではない。

ところが，複数の引受業者からなる引受シンジケートが結成されるようになると，それを代表する**幹事会社**（Manager）が審査・起案業務を担うことになり，これに代価（「**幹事手数料**」）が支払われるようになって，独立した業務となるのである。

アンダーライターの保証業務は，投資家に販売しにくい市況時にこそ手持ちが大きくなるため，大きな損失を蒙るリスクがある。そこで引受規模が大きい場合に，リスクを分散する目的で個々の発行案件ごとに複数の引受業者が共同で引き受ける慣行ができあがった。この共同の団体を「**引受シンジケート**」（Underwriting syndicate）といい，シンジケート団を代表する引受業者を**幹事会社**（あるいは「**幹事証券**」）という。

幹事会社は，上述した審査および起案業務を主導して，発行会社と協議し，

> ● コラム⑭　情報の非対称性と情報生産機能
>
> 　金融取引における障害の1つとして「**情報の非対称性**」が指摘されている。一般に，金融取引において貸し手は，借り手側の財務状態について，借り手自身がもつのと同程度の質・量の情報はもっていない（これを「**情報の非対称性**」という）。このままでは約束した元利金の回収あるいは出資金の配当等が期待通りに得られるかどうか，確信がもてない。そのため，借り手の信用情報を収集し分析する必要があるが，それには時間とコストがかかる。
>
> 　こうした情報の収集と分析には，規模の経済性が働く。およそ金融の仲介に携わる機関は，最終的な貸し手（銀行の場合は預金者，保険会社の場合は保険加入者，証券会社の場合には投資家）に代わって，信用情報の収集・解析を通して資金供与の可否を判断する（**信用審査**）。また資金供与を「融資」の形で自ら行う銀行の場合には，借り手のその後の返済状況を点検する（**モニタリング**）。こうした，審査やモニタリングは「**情報生産機能**」と呼ばれている。

発行条件など引受契約の内容を確定する作業を行う（これを「<ruby>元引受<rt>もとひきうけ</rt></ruby>」という）。幹事会社が複数の場合は，**主幹事会社**（Lead manager）がこれを行う。

　こうした主幹事証券による発行会社の審査は，ミクロ経済学では「**情報生産機能**」と呼ばれ，金融仲介機関の最も重要な機能として重視されている（コラム⑭）。

(5)　利回り平準化機能

　先述のように，ディーラー業務は顧客に対して注文執行の確実性を与えるものであるが，それは自己の商業採算（すなわち，安く買って高く売る値鞘稼ぎ）を追求する中で行っているのである。このことは，結果として短期金融市場と長期資本市場（証券市場）ならびにそれらの部分市場（株式市場と公社債市場）の間での資金交流を促進し，ひいては利回りを平準化させる役割を果たすことになる。

　ディーラーは，在庫を手持ちすることで価格変動リスクと資金繰りコストを負担している。採算上，少なくともこのリスクとコストをカバーする必要がある。そこで，**デリバティブを利用したリスクヘッジ**，**証券貸借取引やレポ取引**（第5章4節）その他の短期金融市場を利用した在庫繰り，資金繰りの効率化，機動的なプライシング調整（気配値の上げ下げ）を行っている。

　たとえば，わが国でも戦前，金利統制が導入される直前の1936年前後ですら，証券業者はコール資金を取り入れて債券ディーリングを行っており，これ

を通じて短期金利と長期債券利回りの間に一定の格差を維持させながら利回りを平準化していた。

今日では,債券現物とコール市場のみならず債券デリバティブ,債券レポ,債券貸借など複数市場にわたる複合取引が行われ,償還期日ごとの滑らかな利回り形状,すなわち「**利回り曲線**」(Yield Curb,イールド・カーブ)が形成されるようになっている。

同様のことは,債券市場と株式市場の間でもみられる。戦前,配当利回りは長期社債利回りを数％上回っていた。ところが1950年代後半以降,逆に下回るようになっている(「利回り革命」,第3章2節を参照)。こうした配当利回りと長期社債利回りの格差や逆転は,無秩序に起こっているのではない。利回り格差は経営リスクの有無を反映し,戦後の利回り革命は,株式分割などに随伴した増配を織り込んだ株価の成長力を反映し,利回り格差が上下一定の範囲内に収まっているのである。このような利回り格差の形成は,債券と株式の両部門にわたってディーリング活動を行っている証券業者の**裁定取引**によって現実化される。以上のようなディーラーによる利回り平準化機能,**裁定機能**が,現実の株価を理論価格へと収斂（しゅうれん）させる役割を果たすのである。

今日では,現物市場のみならず先物取引やオプション取引などのデリバティブ市場(第9章を参照)が開設され,発展,拡大しており,ディーラーの裁定機能はますます促進されるようになっている。

▶そのほか証券関連業務

次に第1項でみた4つの基本的証券業務のほかに,これに関連し,あるいは付随・派生し,後には収益的にも重要な業務に発展するものをあげておこう。それには,①**信用取引**,②**資産管理業務**,③**証券貸借取引業務**,④**財務アドバイザリー業務**,⑤**投資顧問業務**,⑥**投資信託業務**,などがあるが,①〜④は基本的証券業務と密接不可分のため,証券業者による兼営が多い。

(1) 信用取引

信用取引とは,株式ブローカー業務と不可分に行われるもので,顧客に対して買い(売り)に必要な金銭(株券)を貸付ける融資業務である(第5章2節を参照)。この業務は,アメリカの**証拠金取引**(Margin transaction)を戦後わが国に導入したものである。アメリカでは担保として買付株券(売付代金)を差し入れさせるが,株価変動に応じて担保割れ(担保価値が融資額を下回る)の恐れ

があるため，あらかじめ「**証拠金**」〔margin（日本では「**委託保証金**」という）〕を差し入れさせる慣行が成立した。証券業者としては委託売買手数料のほか金利や貸株料が取得でき，信用リスク管理さえしっかりしておけば収益性の高い業務である。

(2) 資産管理業務（Asset management）

ブローカー業務は，具体的には顧客口座の開設，買付け証券や売却代金の保管・管理を伴うものである。そして，顧客関係が継続してくると，顧客の資産配分や投資銘柄，運用時期などの資産運用アドバイスなどの助言サービスも付随してくる。こうした口座管理，投資助言については，**手数料自由化**以後，委託手数料とは別に独立した手数料（**資産管理手数料**, Asset management fee）が徴収されるようになった。そして，資産運用のアドバイス，売買執行，口座管理などがパッケージになったサービス，「ラップ口座」〔Wrap Account (SMA: Separated Management Account ともいう)〕がアメリカでは1980年以降，急速に拡大することになった。

(3) 証券貸借取引業務（Securities lending）

この業務は，ディーリング業務と不可分に行われるもので，公社債や株券を貸借する取引およびその仲介業務である。すなわちディーラーは，顧客の要望に応じるため所有していない株式や債券を売る（これを short sell,「**空売り**」という）場合もある。その場合，顧客に引き渡すため，当該証券を調達できるまで一時的に借り受ける必要がある。

この取引では，貸借の相手に対して現金を担保に差し入れることが多い。この**現金担保付証券貸借取引**はまた，**レポ取引**（Repo Transaction）ともいわれる（第5章4節を参照）。内容的には，現金を担保に証券を借り受ける，というものだが，取引相手からみれば，証券を担保とした資金調達ともいえる。

この取引はディーラーが在庫や資金をやり繰りするために始まったが，現在はそれにとどまっていない。金利上昇期には，国債を利用して超短期の資金を取り入れ，やや長めの資金運用を行って利鞘を稼ぐことなども活発に行われている。こうなると，この取引は「資金ディーリング」あるいは「**トレジャリー」業務**などと呼ばれるようになり，コール市場などと並ぶ短期金融市場を形成することになる。

(4) 財務アドバイザリー業務（Financial advisory）

財務アドバイザリー業務とは，発行会社の経営財務上の課題，たとえば**企業**

合併・買収（Merger and Acquisition: M&A），資本の再構築などについて助言を与えるものである。これも，引受業務から派生した業務である。

財務アドバイザリー業務の規模が世界最大のアメリカをみると，次のような経過をたどって発展してきている。事業会社による大規模な証券発行は，どの国でも歴史的には鉄道債が最初であるが，アメリカでは1880年代に，過剰投資がたたって債務不履行に陥る鉄道会社が続出した。そこで鉄道債を引き受けた**投資銀行**（次節で後述）は，合併・再編を主導して鉄道会社の経営を立て直し，社債投資家の利益を守ろうとした。

このときに編み出された，鉄道会社再建のための財務助言（企業価値算定，証券交換，資本再構築を通じた経営統合のアイデア）は，企業・部門買収の資金調達（したがって新規の証券発行）を伴い，本業の引受業務とのシナジー効果が高かったのである。鉄道会社の再編時に使われた財務助言や手法は，1900年前後の第1次企業合併ブーム（USスティールの大合同など）にも応用されていく。こうして財務アドバイザリー業務が投資銀行による独立した業務として確立されていったのである。

(5) 投資顧問業務（Investment advisory）

投資顧問業務には，**投資助言業務**（Investment adviser）と**投資一任業務**（Investment discretion）がある。

投資助言業務とは，投資対象の選別や投資時期，投資手法などについて顧客にアドバイス（助言）を与える。助言業務は助言を与えるだけで，これにもとづいて実際に投資を行うのは顧客自身である。他方，投資一任業務は，単に助言するだけではなく顧客のために資産運用まで代行する業務を含む。運用成果は投資家に帰属するものの投資に関する判断は一任されるため，このように呼ばれる。こうした助言あるいは投資代行サービスに対して手数料が支払われる。

先述のように，投資顧問業務はブローカー業務から派生するが，これ以外からも派生する業務である。たとえば，欧米では古くから，遺産相続等に絡む財産処分の一環として信託会社，会計士，弁護士などが副業として営んできた。投資顧問業務は，現在では，ブローカーの派生業務あるいは会計士・弁護士等の副業から脱した，独立した業務として営まれている。

投資顧問業務は，投資に関する情報収集・解析に要する時間とコストを，投資家自ら行うよりも専門化・大規模化によって縮減が可能なことによって成立する（第7章2節を参照）。

(6) 投資信託業務（Investment Trust）

　投資一任業務のうち複数顧客の資産を合同運用し，その成果を受益者である顧客に還元するものが「投資信託業務」である。

　投資信託を組成し，運用しているのは，投資顧問業者であるが，これが独立した業務として成立しているのは，①投資に関する調査コストの縮減（→154ページ）のほかに，②取引コストの節約および③「**分散投資**」によるリスク低減が，合同運用によって期待できるからである。特に零細資金の保有者にとって，②と③のメリットは大きく，投資信託の仕組みは，零細な大衆資金を証券市場に動員する上で大きな貢献が期待できるのである（第7章2節を参照）。

　なお，欧米では投資顧問業者が，個別顧客に対し投資一任業務を行うかたわら，投資信託商品を組成し，投資信託業務を併営している場合が多い。すなわち投資信託業務は投資顧問業務の一部と考えられている。

　これに対し日本では，戦後の財閥解体，農地改革，華族制の廃止，財産税の徴収などで富裕層が極度に減少し，投資顧問業務が成り立つ土壌がなかった。ところが財閥解体により政府は大量の株式を処分する必要に迫られた。そこで大衆資金を動員して放出株を吸収すべく，**投資信託法**が戦後すぐに（1951年）整備された（第10章2節を参照）。他方，**投資顧問業法**が整備されたのは1986年である。このように日本では，投資信託を組成する業者（**投資信託委託会社**）と投資顧問業者とは別々に発足した経緯があり，別の業界と考えられてきた。

2　証券業者──証券業務の担い手

　ところで，上記の証券業務の担い手である「証券業者」のあり方は，国によってきわめて多様である。そこで次に，①証券業務自体における職能分化，②銀行業との兼業などについてみておこう。

▶職能分化とその消滅

　証券市場が最も早くから発達した英米では，証券の発行業務と流通業務の職能分化がみられた。英の**マーチャント・バンク**（Merchant bank），米の**インベストメント・バンク**（Investment bank，**投資銀行**）は前者に特化しており，後者に特化したブローカー，ディーラーとは主体的に別であった。もっとも，その分

化は法制上,強制されたものではなく,その求められる機能上の違いからくるものである。

すなわち,証券発行における仲介業者の機能は,1節でみたように,①審査や起案,②販売,③発行保証の3つであるが,このうち最上位のマーチャント・バンクや投資銀行が重視してきたのは①であった。②については,自ら販売するよりも各地のブローカーを組織して分売組織を結成し,彼らに販売を委ね,③についても引受団を結成して引受責任リスクを軽減する場合が多かった。すなわち,マーチャント・バンクや投資銀行は「**情報生産機能**」に,ブローカー・ディーラーは「**探索機能**」に特化しており,この機能分化に沿って担い手も分化したということだろう。したがって,時代とともに要求される機能に変化が生じれば,職能分化が消滅するのは当然である。

第2次大戦後の機関化の進展に伴い,新規証券の消化先としての機関投資家とりわけ年金基金と生命保険のウエイトは高まる傾向にあったが,1970年代頃から,彼らの運用が変わりはじめたのである。それまでは,信用度の低下した債券や収益性の低下した株式は売却処分するものの(これを「**ウォールストリート・ルール**」という。第7章3節を参照),それを除けば基本的姿勢は「**持ち切り**」(Buy and Hold)であったのだが,このころから積極的に株式のみならず公社債まで頻繁に売買するようになる。その背景には,金利の変動が大きくなったこと,株価成長が鈍化したこと等があげられよう。「持ち切り」政策では,安定した収益を上げられなくなったのである。

そこで,年金基金などは,折をみて保有資産を入れ替えることで投資収益率を向上させようとする。そうなると,彼らの既発債および株式売買のニーズに応じられなければ,引き受けた新規発行証券の消化も円滑に進まなくなる。他方,機関投資家とのトレーディング業務に長けた業者の中から引受業務に進出し,引受シェアを高めていく者が現れる。そして,アンダーライター自身にとっても,金利変動の大きい情勢下で,消化に時間のかかる分売組織に販売を依存することはできなくなり,条件決定後には瞬時に販売することが必要となる。

かくて投資銀行やマーチャント・バンクは,機関投資家向けのセールス・トレーダー部門を新設し,拡充していった。アンダーライターとブローカー・ディーラーの職能分化はこうして薄まっていき,両者の併営が一般化していった。

加えてアメリカでは,1983年に**一括登録制度**(Shelf registration)が導入されたことが決定的となった。証券発行において発行会社は投資家への情報開示の

ため登録届出書と目論見書の作成・交付が義務づけられている（発行開示）。しかし上場会社はすでに年次報告書などを継続的に開示している（継続開示）。そこで開示の重複を避ける目的で一括登録制度が導入された。この制度を利用すると，発行条件などのみを記載した簡易な登録届出で済むようになり，発行を決めてから販売開始までの時間が短縮され，金利・株価の変動リスクを避けることができるようになった。このため，引受業者にも瞬時に発行証券を消化できる能力が求められるようになったのである。

なお，ブローカーとディーラーの職能分化もイギリスではみられたが（ジョバーとブローカーの分離），これも1986年以降は消滅している（第5章1節，コラム㉒→264ページを参照）

▶銀行・証券の分離と兼営

(1) ユニバーサル・バンク

ドイツ，スイスをはじめ大陸ヨーロッパ諸国では，銀行が証券業務を兼営している。こうした兼営金融機関は「ユニバーサル・バンク」と呼ばれる。たとえばドイツの普通商業銀行にあたる「**信用銀行**」(kreditbank)は，長短銀行業務のほか証券業務も行っている。その歴史は19世紀後半に遡る。

ドイツ経済の重化学工業化の過程で，信用銀行は産業企業と密接な関係を結び，多額の長期貸付を行うとともに，当該企業の新規発行株式の買取引受を行って融資を株式保有に置き換え，後日，自らの支店網を通じて銀行顧客に販売し，資金を回収したのである。

他方，信用銀行は支店網を通じて顧客の証券売買を受注するほか，これを銀行内で食い合わせ，出会いがつかない場合には自己勘定で対当させ，あるいは証券取引所へ発注し，買持ち（売持ち）ポジション（証券の持ち高）を清算するのである。信用銀行は証券取引所の会員ブローカーでもあるからである。このようにドイツ信用銀行は，銀行であると同時に，証券の引受業者・分売業者・ブローカー・ディーラーでもあった。

第2次大戦後，ドイツの三大信用銀行（ドイツ，ドレスナー，コメルツ）は占領体制下で一旦，分割されるが，1957年に再合同を行って三大信用銀行は復活する。この間もユニバーサル・バンク制について変化なく，ほぼそのまま維持されて今日に至っている。

(2) 銀行・証券の分離とその修正・撤廃

ドイツのユニバーサル・バンクの対極に立つのがアメリカの銀行・証券分離体制であった。この分離体制は **1933年銀行法**（The Banking Act of 1933, 立法者の名をとって「**グラス・スティーガル法**」（Glass-Steagall Act）と呼ばれる，以下GS法と略）によって確立された。しかし1980年代後半からその修正が始まり，1999年には実質的に撤廃されて，銀行・証券の兼営に至っている。

(i) GS法の成立　　アメリカでは，証券市場の拡大とともに，20世紀初め頃から商業銀行が証券保有，証券担保貸付のほか，証券引受業務に進出する動きを見せた。なかには証券会社を設立あるいは系列化する動きが始まり，1920年代のブーム期にはそれが一般化した。ところが1929年恐慌後，証券市場を舞台に相場操縦などスキャンダルが明るみに出るなか，1933年銀行法（GS法）が成立し，商業銀行と投資銀行の兼営は禁止された。

この立法趣旨は，①**預金者保護と銀行経営の健全性確保**（証券業のリスクが銀行に波及し預金者の利益を損なう恐れがある），②**利益相反防止**（銀行業の利益と証券業の利益は対立することがある），③**優越的地位の濫用防止**（証券引受も兼営することで取引先企業に対し銀行が資金供与の上で優越的地位に立つ恐れがある），にあった。

この結果，当時最大の投資銀行であったJPモルガン商会は，投資銀行業務を廃止し，商業銀行の道を選択しJPモルガン銀行となった。切り離された投資銀行業務は，従業員の出資によるモルガン・スタンレーに継承された。

(ii) GS法の修正とGLB法の成立　　このGS法の修正が始まるのが，1980年代後半である。シティバンクやJPモルガン銀行など大手の商業銀行が子会社形式で証券業務参入を企図し，それが認められていくのである。その背景として，銀行業務よりも証券業務が拡大し，商業銀行が収益源の多様化を望んだことがあげられる。

そして1999年，「**金融近代化法**」（The Financial Modernization Act of 1999, 立法者の名をとってグラム・リーチ・ブライリー法，Gramm-Leach-Bliley Act, GLB法）が成立し，実質的にGS法は撤廃された。GLB法により，商業銀行と証券会社が同一の持株会社のもとで一体的に経営できるようになった。金融・証券市場のグローバル化が進展し，ヨーロッパのユニバーサル・バンクとの競争が激しくなる中，アメリカの銀行も競争条件を同等にしたいとの思惑があったものと考えられる。この結果，アメリカの大手金融機関は，銀行持株会社（あるいは金融持株会社）の傘下に銀行と証券会社を並置させた「**金融コングロマリット**」に

> ● コラム⑮　グラス・スティーガル法とその修正・撤廃
>
> 　この法律は，商業銀行による①証券業務の原則禁止（16条），②証券会社系列化を禁止（20条）するほか，③商業銀行と証券会社の役職員の兼任を禁止（32条），④証券会社の預金受入禁止（21条）などの規定からなる。なお16条では，リスクを伴わない証券業務，たとえば，証券売買の取次や国債など公共債の引受・ディーリングが禁止規定から除外されている。
>
> 　それ以前は，投資銀行も大口預金の受け入れ，貸付を行っており，その意味でまさに「銀行」であったが，この法律以後，もはや「銀行」ではなくなった。しかし，歴史的な由来から今日でもこの言葉が使われている。
>
> 　ところが，中央銀行であり商業銀行の監督にあたるFRB（連邦準備制度理事会）が，GS法20条で系列化を禁止されている「証券会社」の定義が「主として証券業務に従事する会社」とあることに着目して，証券業務からの収入が総収入の5％以内ならこの定義から外れる，との解釈を下した。その結果，一部の商業銀行系子会社に証券業務が解禁された（1987年）。その際，FRBは兼営に伴う弊害を防止するため，当該親銀行と証券子会社に数十項目にわたる義務を課した（この措置は，両者間にリスクが波及するのを遮断するという意味で，「ファイヤー・ウォール，Fire-wall＝防火壁」と呼ばれる）。
>
> 　その後，FRBは収入制限を徐々に緩和，ファイヤー・ウォールも大幅に緩和していく。1999年のGLB法は，GS法のうち，20条と32条を撤廃した。これにより，銀行が収入制限のない系列証券会社を保有し，しかも役職員を兼任させることができるようになった。

変化している（コラム⑮）。

3　日本の証券会社

　日本では，証券業務は「株式会社」でなければ行ってはならないとされる。他の企業形態（合名会社や合資会社）や個人営業の証券業者は認められていない〔もっとも，**金融商品仲介業者**（→161ページ）は個人営業が許されている〕。表6-1は，日米の証券業者数と外務員数をみたものである。アメリカはパートナーシップ（合名会社）や個人の証券営業も許されているために社（者）数は多いが，証券業界の大まかな規模比較はこれによって可能であろう。わが国の証券産業は，アメリカのほぼ10分の1前後である。

■表6-1　証券業界の規模（社数，外務員数）

	アメリカ［2008年末］	日本［2010年6月末］
証券会社数	4,895社（者）	302社
外務員数	66万5,000人	7万8,056人

(注)　1)　外務員とは顧客への営業行為を行いうる者を指す。ただし，この数字は現に営業行為に従事している者とは限らない。
　　　2)　以上のほか，①日本の金融商品仲介業者は574（うち法人413社と個人161人）であり，その所属外務員は1998人である。また，②アメリカの数字は一般顧客と取引する業者のみであり，このほか業者間取引にのみ専念する業者もいる。
(出所)　アメリカはSIFMA, Fact Book, 2009。日本は日本証券業協会「統計資料」等による。

▶証券業務（第1種金融商品取引業）

　現在の法律（「金融商品取引法」2007年施行）では，証券業務は「第1種金融商品取引業」と定義されている。この法律は，金融技術の発展によって，従来は有価証券や証券業の定義に入らず規制の範囲外にあった新しい商品（各種資産の証券化商品やファンド商品）やサービス（外為証拠金取引など）が出現したことに対応したものである。

　投資性の強い金融商品，サービスには横断的に同等の投資家保護規制をかぶせるべきである，との考えから，旧来の証券取引法，金融先物取引法，投資顧問業法等を統合し，証券業，金融先物取引業，投資顧問業などの縦割り型規制から，「金融商品取引業」という幅広い業概念が導入され，横断的に業規制が行われることになった（第10章を参照）。

　したがって，正確な名称は「第1種金融商品取引業」であるが，馴染みの良さから，慣例によって以下でも「証券業務」の名称を使用する。

　(1)　証券業務

　証券業務としては，内外の株式・公社債・投資信託を対象とした，①**ブローカー業務**，②**ディーラー業務**，③**引受・売出業務**，④**募集・売出取扱業務**等があげられる。①，②については株式や公社債等を原資産とする派生取引（デリバティブ）も対象に含まれる。これらの業務を開業する際には，1998年から「**登録制**」がとられており，登録要件さえ整えば，参入が原則自由となっている。

　このほか，PTSを運営する業務が証券業務の1つとして列挙されている。この業務は，電子情報処理組織を使って顧客から証券売買の注文を集め，執行させるもので，一種のブローカー業務である。ただし，そのあり方が証券取引所に類似するため，公共性が強いことから登録制ではなく「**認可制**」をとっている。

(2) 付随業務

本業に付随して行ってもよい業務のうち，実際に大きな収入源となっているものをあげると，⑤**信用取引**，⑥**証券貸借取引およびその仲介**，⑦**投資信託にかかる代行業務**，⑧**企業買収などに関する相談業務・仲介業務**などがある。なお，⑤，⑥，⑧についてはすでにみた通りである（→ 152-154 ページ）。

⑦は投資信託の販売に付随するものである。顧客への運用報告書の送付，分配金・解約金の支払い等は，本来は投資信託を組成・運用している**投資信託委託会社**が行うべきであるが，販売会社が顧客口座を開設して受益証券を預かっているため，販売にあたる証券会社が代行している。その代価として委託会社から「**信託報酬代行手数料**」を受け取る。

(3) 証券仲介業（金融商品仲介業）

他方，証券会社等を委任契約先として顧客を勧誘し，その取引の注文を当該証券会社に取り次ぐ業務がある。これを「金融商品仲介業」という。この業務は，自らは顧客口座をもたず，金銭や証券類の保管・受渡しはできないことになっているため，財務上の規制はなく，個人営業も可能となっている。

▶金融機関と証券業務

戦後の 1948 年に制定された「証券取引法」は，**65 条 1 項**で金融機関による証券業務を原則禁止した。そして，同 2 項では，例外的に営みうる証券業務として，①公共債に関する業務，②書面による取次業務などを限定列挙している。この規定は，アメリカの GS 法に準拠したものといわれている。

そして，1975 年以降の大量国債発行の開始に伴い，その円滑な消化の観点から銀行による公共債の販売，ディーリングが認められ，80 年代から始まった。その後，銀行が例外的に営みうる証券業務の範囲は拡大し，1998 年には投資信託の販売，2004 年には証券仲介業（金融商品仲介業）も可能となった。

以上は金融機関本体が行いうる証券業務であった。他方，1992 年「**金融制度改革法**」により業態別子会社による銀行・証券・信託各業務への相互参入が始まり，金融機関の証券子会社が 93 年から 95 年にかけて 19 社設立された（その後，親銀行自体の破綻，合併等により 2 社になっている）。

当初は，新規参入に伴う弊害防止の観点から，①**業務範囲の制限**（株式ブローカー業務の禁止など），②**業務隔壁規制**（ファイヤー・ウォール）の設置などの措置が採られた。このうち業務範囲の制限は段階的に撤廃，99 年 10 月には株式

■表6-2 銀行による投信販売シェア（2010年6月末）

（単位：億円）

	証券会社		銀行 （登録金融機関）		直接販売 （投信委託会社）		合計
株式投信	243,620	50.1%	239,208	49.2%	3,390	0.7%	486,218
公社債投信	84,024	99.0%	785	0.9%	27	0.1%	84,826
MMF	18,471	81.2%	4,295	18.6%	40	0.2%	23,041
合計	346,350	58.3%	244,288	41.1%	3,447	0.6%	594,085

（注） 公募投信のみ。公社債投信には MMF を除く。
（出所） 投資信託協会「統計資料」より作成。

■表6-3 三大金融グループの銀行・証券共同店舗と証券仲介業の現況

(1) メガバンクの銀行証券共同店舗

銀行	証券会社	共同店舗数
みずほ銀行	みずほインベスターズ	プラネットブース 149店（2009年11月）
三菱東京UFJ銀行	三菱UFJ証券	MUFGプラザへの出店 39店（2008年9月）
三井住友銀行	SMBCフレンド証券	6店（2009年5月）

（出所） 各社 IR 情報等より作成。

(2) 三菱UFJ証券のリテール営業に占める仲介業効果（2009年3月期）

（億円）

	預かり残高	有残口座数 （1,000件）	株式投信販売	個人向け国債	リテール外債販売
総計	22,650 (19,891)	218 (182)	279 (1,188)	870 (1,935)	2,203 (1,511)
比率	12.3% (9.8%)	16.0% (14.4%)	3.9% (7.9%)	91.8% (78.5%)	41.1% (22.6%)

（注） 預かり残高，有残口座数は2009年3月末。比率は全体に占める割合。預かり資産は国内営業部門（金融機関含む）。下段のカッコ内は2008年3月期。
（出所） 「三菱UFJ証券」決算説明資料より作成。

(3) みずほ銀行とみずほインベスターズ証券の連携効果

	2005年3月期	06年3月期	07年3月期	08年3月期	09年3月期
連携収益（100万円）	6,685	32,950	35,354	27,508	14,393
連携預かり資産残高（億円）	8,029	22,048	28,179	28,131	26,292
連携新規口座登録数（件）	11,526	10,154	11,159	8,622	12,495

（出所） みずほインベスターズ証券「2008年度決算概況および基本戦略について」より作成。

ブローカー業務も解禁された。

またファイヤー・ウォールについても共同訪問禁止，証券子会社の主幹事制限等が緩和され，02年9月に銀行証券共同店舗設置が解禁された。これとあわせて，書面での取次業務に関する解釈も緩和，05年3月には新規公開の斡旋など銀行顧客企業の証券会社への紹介業務（**市場誘導業務**）も可能になった。

09年6月には証券会社・銀行間の役職員の兼職規制が撤廃，法人顧客が拒否（opt-out）しない限り非公開情報共有も可能となった（第10章4節を参照）。

以上の結果，銀行本体による投信販売のシェアは着実に拡大し，現在では株式投信の販売シェアは5割に達している（表6-2）。また，銀行とりわけメガバンクは，グループ内の証券子会社を取次先とする証券仲介業を行っており，その取引規模は証券子会社のビジネスにとって無視すべからざる規模になっている（表6-3）。

4 証券会社の収支・財務

▶収支状況

次に，収支の面から日本の証券会社の経営をみておこう。図6-1は1992～2009年の東京証券取引所取引参加者（会員証券会社）の収支状況をみたものである。証券業は市況変動が大きいため，趨勢的な傾向をみるために6年ごとの年平均を出してみた。

これによると，純営業収益に占める構成比では，①**委託手数料の低下**，②その他手数料の上昇，③**トレーディング利益**（**売買損益**）の上昇，が確認できる。

委託手数料は1994年から段階的に自由化され，99年には全面自由化された。この結果，手数料率は大幅に低下，委託手数料は伸び悩んだ。これに代わる収益源として取り組んでいるのが投資信託の販売である。**募集手数料**のほとんどは，投資信託の販売手数料からなる。純営業収益の9％にすぎないが，投信の販売会社は，投信委託会社から残高に比例する「**代行手数料**」を受け取っており，それは「その他手数料」に含まれ，残高の累積により着実に比率を高めている。それを合わせると，手数料自由化以後，証券会社が注力する分野が投資信託の販売であったことがうかがえる。

他方，投信の代行手数料を勘案しても「その他手数料」の増え方がきわめて大きいが，それはM&Aや資本政策などの**財務アドバイザリー・フィー**が増えたためである。この間，日本企業が関わるM&A案件は急速に伸び，証券会社はその助言業務に注力した。その結果，これに関連する手数料が増えた。

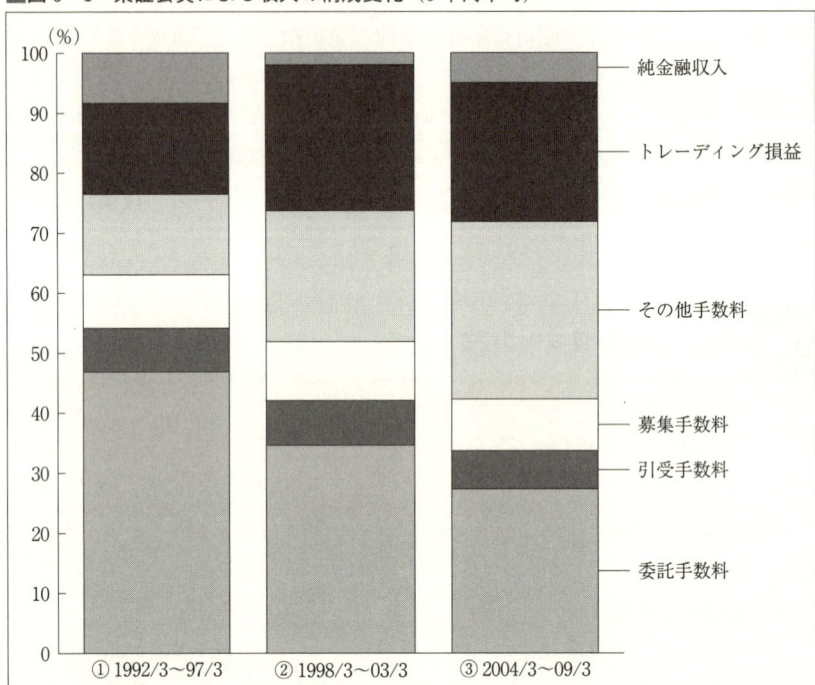

■図6-1 東証会員による収入の構成変化（6年間平均）

（凡例）
- 純金融収入
- トレーディング損益
- その他手数料
- 募集手数料
- 引受手数料
- 委託手数料

① 1992/3～97/3　② 1998/3～03/3　③ 2004/3～09/3

（注）構成は純営業収益に対する比率。純営業収益＝受入手数料合計＋トレーディング損益＋純金融収入（金融収入－金融費用）。
（出所）東京証券取引所「証券」等により作成。

▶財務状況

(1) 主要項目

次に，財務状況をみよう。表6-4は日本の証券会社全社の資産総額合計額とその主要項目である。証券会社特有の経理処理方法（**約定基準**）[2]の影響もあるが，バランスシートが両建てで大きく膨らんでいることがわかる。その最大項目は「**トレーディング勘定**」と「**有価証券担保金勘定**」である。

証券会社は，製造業と違って有形固定資産は少なく，ディーリング業務の手持ち証券，引受業務で売れ残った保有証券，投資信託や公社債など販売用の在庫が多い。その結果，負債項目としては，保有証券を担保とする借入金が多くなっている。なお，銘柄によっては，「**空売り**」状態になっているものがあり，その残高が負債側のトレーディング勘定として計上される。

また空売りをした証券は，相手に引き渡すため借りてくる必要があるが，借

■表6-4 証券会社主要勘定 (2010年3月末)

現金・預金・預託金	4.9%	短期借入金	20.8%
トレーディング商品	42.2%	トレーディング商品	27.0%
信用取引資産	1.9%	信用取引負債	1.1%
有価証券担保貸付金	44.6%	有価証券担保借入金	32.2%
その他含む流動資産計	97.8%	その他含む流動負債計	89.2%
固定資産計	2.2%	固定負債	4.4%
		資本合計	6.3%
合計	100.0%	合計	100.0%

(注) 営業休止中等を除く301社。総資産合計は107兆5200億円。
(出所) 日本証券業協会「統計資料」より作成。

入先に金銭を担保として差し入れると，資産側では「現預金」の減少およびそれと同額が「有価証券担保貸付金」へ計上される（貸借される証券そのものは計上されない）。もちろん，金融市場の動向に応じて利鞘を稼ぐ「資金ディーリング」も活発であり，そのことが両建てで「トレーディング」や「証券担保金」の勘定を増やすことにつながっている。

(2) 自己資本規制比率

このように証券会社のバランスシートは，資産・負債ともに両建てで膨らむ性格をもっているのだが，自己資本はどのような役割を果たしているのだろうか。一般に自己資本は，利益の帰属する主体（residual claim，残余請求主体ともいわれる）であるが，同時にまた減益や赤字のリスクを吸収する緩衝材でもある。

証券会社の場合には，財務の健全性を図るための指標として「自己資本比率」を一定以上に保つ義務が課せられている（**自己資本規制比率**，第10章4節を参照）。この規制の趣旨は，損失に耐えうるだけの流動的な資産の保有を確保させるためである。言い換えれば，業務の撤退，固定資産の売却などを行うことなしに損失をカバーできる程度以上の流動的資産を常に確保しておくこと，というものである。

この算出は，自己資本規制比率＝（固定化されていない自己資本÷各種リスク相当額）×100％，となっており，その比率は最低限120％を超えていることとされる。要するに，固定的な資産額を控除した残りの流動的な資産からなる自己資本が，各種のリスク相当額の120％以上に保つという意味であり，リス

---●コラム⑯　自己資本規制比率---

①**市場リスク**は，相場の変動が保有証券等の価格変動をもたらすことにより発生しうる損失リスクを指す。標準方式によれば，株式の場合，同一銘柄につき買い持ちと売り持ち（空売り）を差し引きした残高の絶対額の8%とされている。②**取引先リスク**とは取引相手の契約不履行により生じる損失リスクを指す。信用取引，デリバティブ取引等において，与信相当額にリスク・ウエイトを掛けて算出する。③**基礎的リスク**とは，事務部門の誤りなど日常的な業務の遂行上発生しうるリスクである。年間営業費用（販売管理費と金融費用）の4分の1相当額である。

監督当局はこの比率を**早期是正措置**の発動に用いており，たとえば，140%を割ると届出を義務づけ，120%を割ると，業務方法の変更や財産の供託，100%未満で業務停止命令を発動する。ちなみに2009年9月末現在，東証の取引参加者105社につき，自己資本規制比率の平均は583%，中位値465%，最大値1,905%，最小値172%である。

なお，他国においても同様な規制比率があり，アメリカでは「Net Capital Rule」，イギリスでは「Capital Adequacy」がこれに相当する。

ク相当額として，①**市場リスク**，②**取引先リスク**，③**基礎的リスク**の3つから構成されている（コラム⑯）。

▶**業態別特徴**

最後に，証券会社の経営上の特徴について簡単にみておこう。わが国には外国証券会社を含め300社強（うち東証取引参加者100社強）が営業しているが，経営上，かなり大きな特徴がみられる。前掲図6-1は，全社ベースの平均像であり，それは独立系大手証券（野村，大和），メガバンク系大手・準大手証券（日興コーディアル，三菱UFJ，みずほ系2社），中堅・中小証券の収支状況を近似的に反映しているが，これから大きく外れる業態もみられる。その例として，①ネット専業，②外資系をあげておこう。

(1)　ネット専業業者

この業態は，アメリカで1975年の手数料自由化と同時に生まれた。当初は，**ディスカウント・ブローカー**（Discount broker）と呼ばれ，顧客への投資に関する調査やアドバイスのサービスを省いて，注文の執行業務に専念し，その代わりに手数料を大幅に割り引くことで注文を獲得する，「薄利多売」のビジネスとして出発した。1990年代に入ると，インターネットの普及等に支えられて，

■表6-5 ネット専業5社合計の収支状況（2009年3月期）

(単位：100万円)

委託手数料	69,938	58.7％
その他手数料	13,549	11.4％
（うちFX手数料）	(4,299)	(3.6％)
純金融収入	29,587	24.8％
純営業収益	119,180	100.0％
販売・一般管理費	84,650	100.0％
（うちシステム関連費用）	(42,642)	(50.4％)

(注) システム関連費用とは，不動産関連費＋事務費＋減価償却費の合計。
(出所) 各社，有価証券報告書その他財務資料より作成。いずれも個別財務諸表（単体ベース）。

家庭のパソコン端末から発注できる**オンライン・ブローカー**（Online broker）へと発展する。

わが国では，手数料自由化とIT革命が重なったため，当初からインターネットを使った割引業者として発足した。わが国では信用取引を利用する短期回転売買の投機的な顧客をターゲットに薄利多売のビジネスモデルを確立している。表6-5は，ネット専業5社（SBI，松井，楽天，マネックス，カブドットコム）合計の主な収入・費目をみたものである。

これによれば，委託売買手数料および信用取引関係金融収入の2項目だけで純営業収益の83.5％を占めており，費用項目でも，システム関連費用が過半を占めている。もっとも，最近では，株式以外の外国為替を対象とした信用取引，外為証拠金取引（FX取引）の手数料も増えてきている。

(2) 外資系証券

表6-6は，前掲図6-1のうち外資系証券会社のみ取り出して，その収支状況をみたものである。これによると，**委託手数料**の比率低下が同様にみられるが，これに代わって増加しているのは「その他手数料」であり，最近では純営業収益の過半を占める。外資系の場合は，募集手数料は純営業収益の1％以下であるので，「その他手数料」の中身は日本の証券会社のような投信の代行手数料ではない。M&Aや資本政策などの財務アドバイザリー・フィーである。それは，業界全体に占める比率（すなわち当該収入の外資系のシェア）は過半を占める。他方，費用項目としては人件費比率が高く，しかも上昇傾向にある。

すなわち外資系は，投資銀行業務とりわけ財務アドバイザリー業務に特化しているわけである。

■表 6-6 外国証券（東証会員）による収入額の推移と構成変化（6 年間平均）

(単位：100 万円)

	1992/3～97/3	構成比	1998/3～2003/3	構成比	2004/3～06/3	構成比
会員数	25→21		23→21		21→19	
委託手数料	140,472	49%	170,278	29%	149,662	19%
その他手数料	59,030	21%	246,943	43%	468,246	61%
純金融収入・トレーディング損益	76,650	27%	104,044	18%	109,630	14%
純営業収益	285,539	100%	578,708	100%	773,732	100%
販売・一般管理費	264,634	100%	510,996	100%	574,562	100%
うち人件費	116,726	44.10%	252,545	49.40%	331,971	57.80%

(注) 2005 年 12 月にドイツ証券東京支店が国内法人化してから，外国証券の国内法人化が相次ぎ，東証は外国証券と国内証券の区別表示をやめている。このため，2006 年 3 月期までしか算出できない。
(出所) 図 6-1 に同じ。

・注

1) 証券取引所内のディーラーは取引情報の面で顧客より優位にあるため，一般的には「立会場」の廃止に賛成ではない。特にニューヨーク証券取引所では，「スペシャリスト」と呼ばれるマーケット・メーカーの政治力が強く，取引特権が失われることを恐れて「立会場」の廃止に反対している。
2) 証券の売買では，売買契約の締結（これを約定という）と証券や代金の受渡しは同時ではない。通常，株式売買では約定日を含め 4 日目に受渡しが行われる。以前の経理処理では受渡日に計上していた（**受渡基準**）が，業者が証券を買うと受渡し前でも価格変動リスクが発生するため，90 年代末に約定日の計上（**約定基準**）に変更された。このため，約定基準では約定時点で資産側「**トレーディング勘定**」と負債側「**約定見返勘定**」に両建てで計上される。

・参考文献

■学習のための文献
▶アメリカの証券業について
〈投資銀行の発生・発展の歴史（主として戦前）〉
ヴィンセント・P. カロッソ [1978]，「アメリカの投資銀行（上）（下）」『証券研究』55 巻，56 巻，日本証券経済研究所
〈1970 年以降の変化について〉
サムエル・L. ヘイズ [1984]，宮崎幸二訳『アメリカの投資銀行』東洋経済新報社
〈一括登録制が投資銀行に与えた影響について〉
サムエル・L. ヘイズほか [1988]，入江恭平・佐合紘一・佐賀卓雄訳『投資銀行業の変貌』

同文舘出版
〈投資銀行の経営組織，報酬制度などマネジメントについて〉
ロバート・G.エクルズほか［1991］，松井和夫ほか訳『投資銀行のビジネス戦略』日本経済
　　新聞社
〈アメリカの証券業全般にわたって検討を加えた研究書〉
佐賀卓雄［1991］，『アメリカの証券業』東洋経済新報社
〈1980年以降現在までのアメリカ証券業の変遷について〉
遠藤幸彦［1999］，『ウォール街のダイナミズム』野村総合研究所
▶イギリスの証券業について
　小林譲治［1981］，「英国の証券業」『証券研究』63巻，日本証券経済研究所
▶日本の証券業について
　首藤恵［1987］，『日本の証券業』東洋経済新報社
　二上季代司［1990］，『日本の証券会社経営』東洋経済新報社

第7章　金融資産の累積と機関投資家

1　金融資産の累積とその背景

▶金融資産の累積

　はじめに，戦後日本における国富全体の増加をみてみよう。図7-1は，**実物資産**〔＝有形資産＝在庫＋固定資産（住宅その他の建造物，機械など。1980年以降はソフトウエアなど無形固定資産を含む）＋有形非生産資産（土地，森林など）〕と**金融資産**の推移を示したものである。バブル期（1980年代後半）までの目覚しい伸びが明らかであるが，このうち，金融資産が実物資産の何倍あるかを示したものが，ゴールドスミス（R. A. Goldsmith）の**金融連関比率**（financial interrelations ratio）である（図7-2）。実物資産においては有形非生産資産（そのほとんどを土地が占める）のウエイトが高いため，土地を含むグラフと含まないグラフの2種類を示した。土地価格は，（とりわけバブル期において）銀行融資や株価などの金融資産との連動性が高かったため，地価の高騰期には金融資産も増加し，そのため土地を除く有形資産に対する金融資産の比率は急騰することになる。

　いずれにせよ，金融連関比率，つまり実物資産に対する金融資産の比率は長期的な上昇を続けている。経済の発展に伴ってそのストックである国富が増大するのは当然であるが，実物資産の増加以上のスピードで金融資産が蓄積されていくのはなぜだろうか。その理由を考えてみよう。

■図7-1 戦後日本の国富の推移

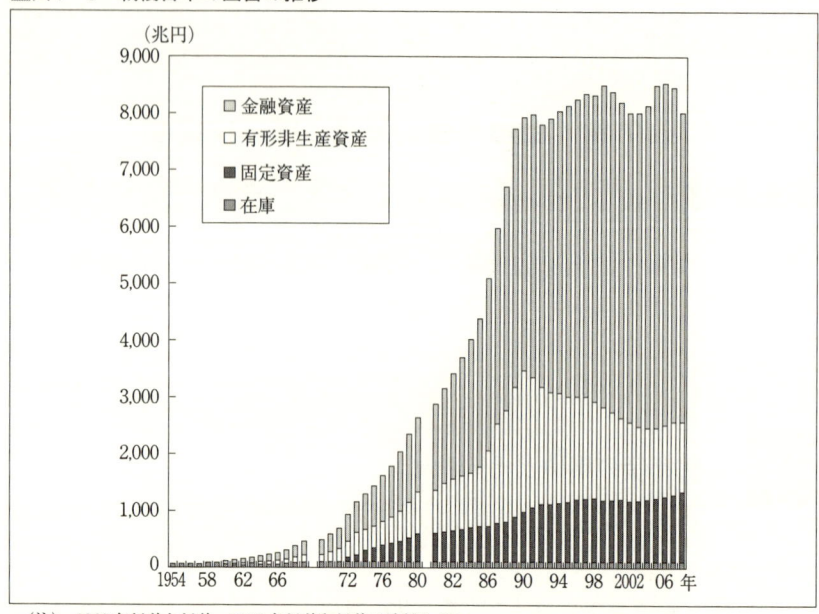

(注) 1969年以前と以後, 1980年以前と以後は連続しない。
(出所) 内閣府経済社会総合研究所「国民経済計算」より作成。

■図7-2 戦後日本の金融連関比率

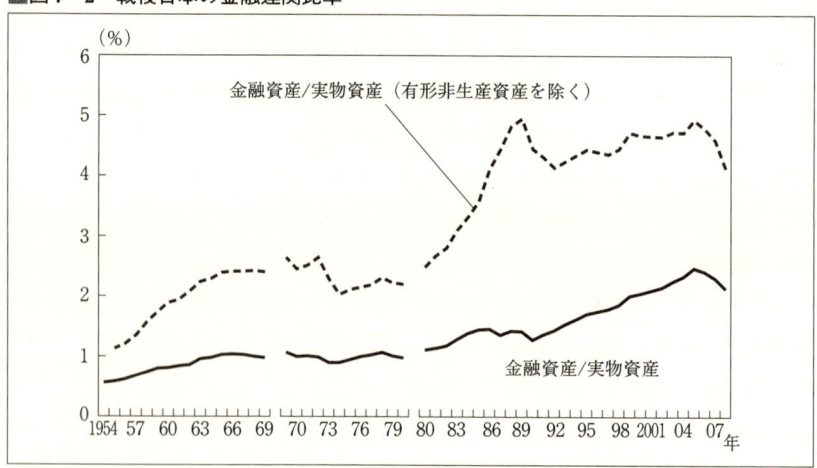

(出所) 図7-1に同じ。

第7章　金融資産の累積と機関投資家　173

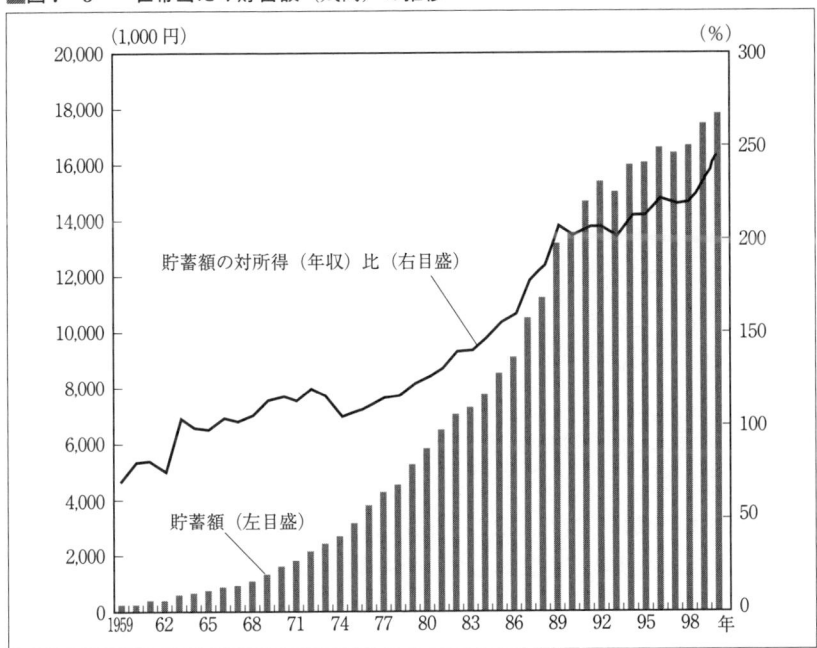

■図7-3　一世帯当たり貯蓄額（残高）の推移

（注）　貯蓄額は各年末。
（出所）　総務省統計局「貯蓄動向調査」より作成。

▶金融資産累積の背景

　第1にあげられるのは金融仲介の発生であり，その出発点にあるのは家計の貯蓄である。家計にとって金融機関への貯蓄は，まずは盗難や火災から金銭を保護するためであり，次に消費の先送り（節約）にすぎない。しかし，月給制が定着し，給与をとりあえず貯金し必要な額を引き出すようになれば，家計にとっては安全や節約にすぎないものが，金融機関にとっては投資資金源の獲得となる。金融機関が支店を増やし，貯蓄を掬（すく）い取るように集めることで，1つひとつは小さな家計の節約が巨大な金融資産へと転換されるのである。

　さらに，1917年のロシア革命，1930年代の大恐慌，1950年代からの冷戦の激化と続いた資本主義内外の危機を背景に，第2次大戦後の先進国はいずれも修正資本主義，福祉国家に変貌する。完全雇用政策は高度成長とあいまって勤労者所得を上昇させた。所得が増加すると貯蓄残高の絶対額が増加するだけでなく，所得に対する貯蓄の比率も上昇し（図7-3），普通預金等の通貨性の預

貯金の比率が低下し，定期預金，生命保険，有価証券等の比率が上昇していく。年金制度が設けられると，それも，家計の意図しないところでの**金融資産の蓄積**を促進することになる。

　企業の貯蓄も**金融連関比率**を高めることになる。企業Ａが内部留保から設備投資を行う場合は金融資産が取り崩され実物資産が増加することになる。しかし事業の拡大による利益が期待できず余剰資金を銀行に預金し，それが別の企業Ｂの設備投資に融資されたとしよう。すると企業Ｂで実物資産が増えることになるが，実物資産１の増加に対して企業Ａの預金１，銀行の融資１の増加が生じることになる。家計部門の場合と同様，資金余剰主体と不足主体が存在し，それを金融機関が仲介することによって，金融連関比率が上昇するのである。

　金融機関による仲介は拡張ないし重層化することがある。たとえば，個人が所得の一部を銀行に預金し，その銀行が他行の発行する**金融債**を購入し，その銀行が企業の**社債**に投資し，その企業が社債発行で調達した資金で機械設備を購入すれば，１の実物資産に対して，金融資産は預金，金融債，社債と三重に計算されることになる。これは，企業は長期・巨額の資金を必要とする一方で，家計部門は短期・少額の資金しか提供できず，そこに隔たりがあるほど介在する金融機関の数が増えるからである。金融市場が分断され，あるいは金融機関に対する**業態分離規制**が実施されれば，仲介は小刻みに繰り返され本源的な資金提供者と調達者を仲介する機関の数と種類はさらに増えることになる。

　金融資産蓄積の第２の理由は経済のサービス化であり，それは①財政支出の拡大，②経済構造の高度化（第３次産業の比率の上昇），③消費者信用の拡大によって生じる。戦後の先進国は恐慌の再発を防ぐために，財政支出を通じて景気を下支えしてきたが，その結果，社会保障，公務サービス，教育科学振興など実物資産を形成しない支出が増えていく。そしてそのうち租税収入でまかなえない部分は**国債**の発行に依存せざるをえない。経済における政府の役割が大きくなるにつれて，金融資産の比率が増加していくのである。

　また，経済構造全体が高度化し，重化学工業からサービス産業にそのウエイトが変化したことも実物資産の比率を低下させることにつながった。情報通信，専門的な各種サービス，運輸，保険などの比率が高まると，そうしたサービスを購入する企業側は，資金調達によって直接・間接に金融資産を増大させる一方で，機械設備など実物資産を増加させずにサービスを消費することになる。

さらに戦後には、耐久消費財の割賦販売、**クレジットカードローン**などの消費者向け融資が、企業にとっては将来需要の先取りを可能とし、銀行にとっては企業の銀行離れを補うものとして拡大してきた。そして、そもそも消費は実物資産を形成しないため、これも、金融資産だけを増大させることにつながったのである。

金融連関比率上昇の第3の理由として、株価の上昇をあげることができる。1950年代末に世界的に利回り革命と呼ばれる現象が起きた（利回り革命については第3章2節参照）。配当の伸びに比べて株価が大きく上昇したために、配当利回りが金利以下に下落したのである。アメリカでは自己金融化が進むなか、増資なき利益の拡大が実現したためであり、日本では銀行借入による自己資本比率の低下によって1株当たり利益が増加したからであった。いずれにせよ、株価の上昇は企業利益に対する期待の反映であり、企業の保有する実物資産の多寡と直接の関係をもたない。これも（時価総額換算の株式を含む）金融資産の相対的に高い伸びの重要な要因となってきたのである。

第4の、比較的新しい要因として、融資債権の**証券化**による新たな金融資産の創出があげられる。1980年代以降、先進国の銀行では、金利リスクの上昇、所要自己資本比率の増大などにより、融資債権をそのまま抱えずにそれを売却する動きが広まった。また、事業会社の側でも、自らの資産のリストラクチャリングや銀行のリスク負担能力の低下を背景に、保有資産からのキャッシュフローを担保とする証券を発行して資金を調達することが増えている（従来のデット・ファイナンスに対してアセット・ファイナンスとも呼ばれる）。多くの場合、そうした債権は、大手投資銀行によって買い取られ証券化された後、機関投資家に販売される。大数の法則（→192ページ）を利用しやすいことから、こうした証券化の対象となる債権は、個人向けの住宅ローンやクレジットカードローンから始まったが、企業向けシンジケートローンや、買収ファンド向けのレバレッジドローンなどへと広がっている。また、金融工学の発展にも後押しされ、1回の証券化で組成された証券から、異なるリスク・リターンの組合せをもつ多種の証券を生み出すことも可能となり、こうした動きも金融資産の種類と額を拡大させている（具体的な証券化商品については本章2節の「証券化」で述べる→192ページ）。

▶金融資産累積の影響

　こうした**金融資産の蓄積**というストック面での変化は，資金循環というフローにも，したがって金融政策のあり方にも大きな影響を及ぼすことになる〔以下は，「新しい金融論」（川合［1981a］所収）による〕。

　金融市場が十分に発達しておらず，商業信用が企業金融の中心であった時代は，手形の振出→裏書（うらがき）による流通→銀行による割引→中央銀行による再割引が資金循環の全体を決定づけていたために，物価をコントロールする中央銀行の仕事も，手形の再割引の条件（公定歩合）の操作で足りていた。そこから金融資産の蓄積が一段階進むと，銀行は事後的な手形割引から，事前的直接的な銀行貸付（当座貸越・証書貸付）を行うようになる。そこでは銀行は，商業信用の肩代わりのレベルを超えて資本の提供も行うようになるわけであるが，資金循環はやはり銀行を介して行われ，したがって金融政策の手段も，まだ銀行の流動性のコントロールを中心としていた。

　ところが，現代のように金融資産の蓄積が進むと，企業の資金調達は銀行借入にとどまらず，株式や社債の発行が可能であるばかりか，余裕資金で保有していた証券を売却したり，さらには保有する実物資産からのキャッシュフローを裏づけとする証券を発行したりすることによっても可能となっている。また銀行の側も，国債等の証券を保有しており，企業への融資は，証券投資とのリスク・リターンの比較にもとづくことになる。

　こうなると，企業の資金調達とは，多種多様に累積した金融資産の市場の中に新たな1つの企業債務という資産を加えることであり，資金の調達者にとっても提供者にとっても保有する金融資産の入替えにすぎなくなる。となると，各種金融資産の間の交換比率，つまり金融市場における価格（利回り）は，単に資金提供者へのリターン（＝調達者のコスト）を表すだけでなく，企業・投資家から成る社会全体の資源配分を決定するシグナルとして機能することにもなる。

　そうなれば**金融政策**も従来のように銀行だけを対象にしていたのでは目的を達成できなくなり，金融市場全体を対象とする必要が生まれる。といって，金融資産価格を直接管理することは資源配分そのものの管理を意味するため，資本主義の原則のもとでは行いえない。そこで**中央銀行**は，自らの直接の操作対象は翌日物コールレートに限定する一方で，貨幣市場の金利（価格）が他の各種金融資産の価格にスムーズに波及し，それによって物価の安定を図るという

間接的な方法をとっているのである。そのためには，金融資産がその信用の性格（商業信用であるか資本信用であるかなど）や発行体（政府であるか企業であるかなど）によって分断されていてはかえって不都合である。そこで，その分断の除去つまり金融市場の平坦化（自由化）が，中央銀行の立場からも強く推進されねばならなくなる。そしてそうした自由化・規制緩和が，ますます金融資産を増加させてきたのである。

　他方，こうした金融資産の運用は，必ずしも預金の受入れを必要としないため，銀行以外の金融仲介機関が行うことも可能である。それが**機関投資家**である。また，たとえば老後の生活のためといった長期の資金を預かる年金基金は，短期の預金を資金源とする銀行より資産運用に適しているということもできる。金融資産累積がもたらしたもう1つの大きな変化は，こうした機関投資家の成長であり，それは金融資産の最大の需要者となることでその供給を促してもきたのである。

　機関投資家の運用資金も，その源泉は家計部門である。家計も，貯蓄が蓄積されてくると，元本保証があるもののリターン（利息）の限定されている預金だけでなく，元本割れのリスクはあるものの，より大きなリターンを期待できる各種金融商品への投資を行うようになる。しかし，個人が自分の知識にもとづき，また日常の生活の中でそうした運用を行うことには限界がある。そこで，専門家である機関投資家に運用を委託することになるのである。投資信託がその代表である。

　また，政府も，国民の貯蓄の促進や生活の安定を図り，同時に企業の長期資金の調達を容易にすべく，公的年金の創設・拡充や税制上の優遇などを通して年金保険・生命保険を育成してきた。保険という制度を機能させるためには多くの加入者が必要であるため，自然と規模の経済が働き，民間業者であってもこれらは巨大な機関投資家となる。またその資金の受託は長期に及ぶため，金融資産の運用期間も非常に長くなる。

　現代の証券市場において中心的な役割を担うこうした機関投資家について，次にみていこう。

2 機関投資家の成長

▶投資信託

投資信託（投信）とは，①不特定多数の投資家から資金を集めて1つの資金プール（ファンド）をつくり，②それを運用会社（投資信託委託会社）が運用し，③発生した運用損益を投資額に応じて投資家に分配する，という仕組みをもつ金融商品である。

投信は，個人投資家に以下のようなメリットがある。第1に少額で分散投資ができる点である。個人は証券投資にまわせる金額が少ないため投資銘柄数が限られ，分散投資を行うことが難しい。投信では集められた資金が1つのファンドとなり，投資家は投資額に応じた持分を所有することになるため，分散投資のメリットを享受することができる。第2に証券投資を専門家に一任できる点である。一般の個人は，証券投資に関する専門的知識に欠け，その習得に時間をかけることも困難である。また個人で投資顧問業者を利用するには多額の費用を要する。その点，投信は，投資額に対してわずかな運用手数料で専門家に運用を任せることができる。第3に投信は，後述の生命保険などと異なり，その時価が基準価格として毎日公表されており，透明性の高い金融商品だといえるであろう。

図7-4は，日本の投信（公募・契約型）の残高の推移を示したものである。1980年代末まで増大してきたが，その後は，バブル崩壊に伴う株価の低迷により**株式投信**の残高が大きく減少している。株式投信は，2000年代に入り再び拡大しているが，これは国内における超低金利を背景に，高利回りの外国債券で運用されている投信への投資が増えているためである（日本では，外国債に投資する投信は「株式投信」に分類される）。

しかしながら今日においても，家計部門の金融資産に占める投信の割合は3.4％にすぎず，アメリカの11.8％に比べると非常に小さい（2010年6月末時点。日本銀行「資金循環の日米比較」）。投信残高も，日本が61兆円（公募・契約型），アメリカは11兆ドル（約935兆円，ミューチュアルファンド）とその差は大きい。

日本の投信のあり方についてはかねてよりさまざまな批判があったが，バブ

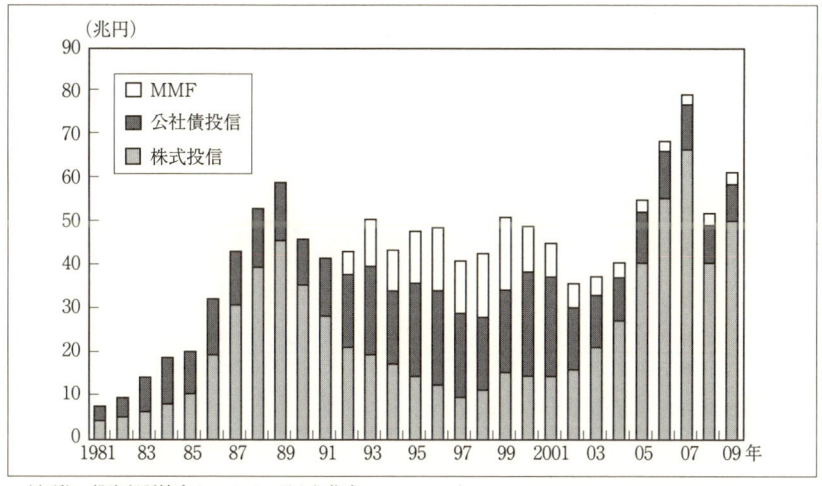

■図7-4 投信（公募・契約型）の残高

（出所）投資信託協会ホームページより作成。

ル崩壊後，抜本的な改革が実施された。①**投信委託会社**の新規参入・競争の解禁（1990年外資系，93年銀行系の解禁，98年免許制から認可制に移行など），②投信販売機関の拡大（93年投信委託による直接販売，98年銀行による販売，05年郵便局による販売の解禁など），③**私募投信**（99年），**会社型投信**（2000年），**不動産投信**（J-REIT）（01年）の導入などである。

このうち③にあげた私募投信とは，通常の投信と異なり機関投資家にのみ販売される投信のことであり（法律上は個人でも50人未満であれば可），情報開示を大幅に省略できるほか，機関投資家に向けてオーダーメイド型の運用を行うことが可能となる。たとえば，運用方針や信託期間，分配金やその回数などを自由に設計することができる。実際には変額年金保険の運用手段として組成・販売されることが多く，現在では，従来の公募投信の約半分の規模にまで成長している。

会社型投信（投資法人）とは，法人格をもつ投資法人を設立し，投資家はそれが発行する証券を保有するという形の投資信託である。実際の運用は投資法人により委託された運用会社が行い，投資法人の収益はすべて投資家にパススルーされるため，投資法人はペーパーカンパニーに近い。アメリカのミューチュアルファンドは，日本の投資法人と同じく会社型である。これらに対して，従来の日本の投信は契約型と呼ばれるもので，投信委託会社が運用を担当し，

■図7-5 私募投信の残高

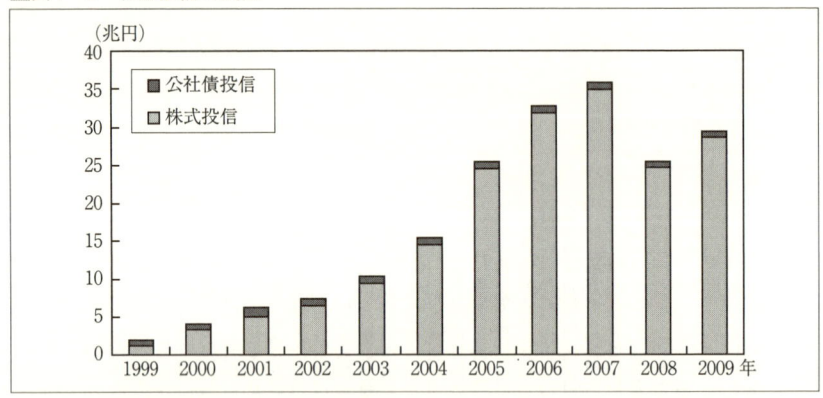

(出所) 投資信託協会ホームページより作成。

■図7-6 会社型投信の残高

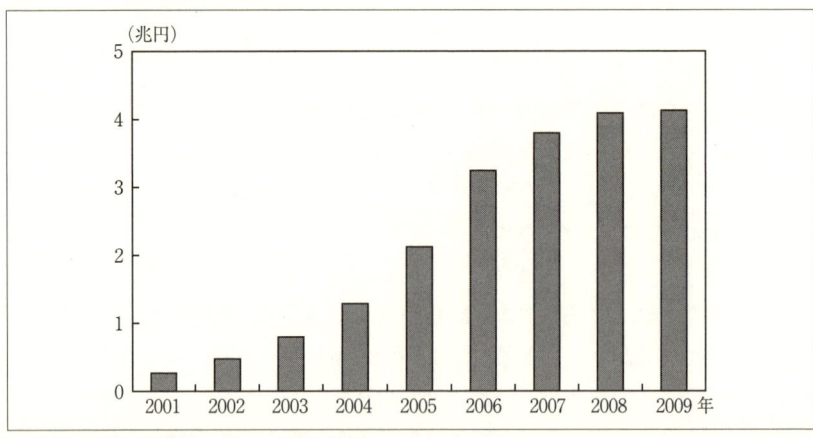

(出所) 投資信託協会ホームページより作成。

信託銀行が投資資産の保管を行うという契約が結ばれ,投資家はその受益証券を保有するという形となっている。

　日本の会社型投信は99%以上が不動産投信(J-REIT)である。通常の投資信託は証券投資信託であって財産の50%以上は有価証券に投資しなければならないのに対して,不動産投信は主に不動産に投資する投資信託である。

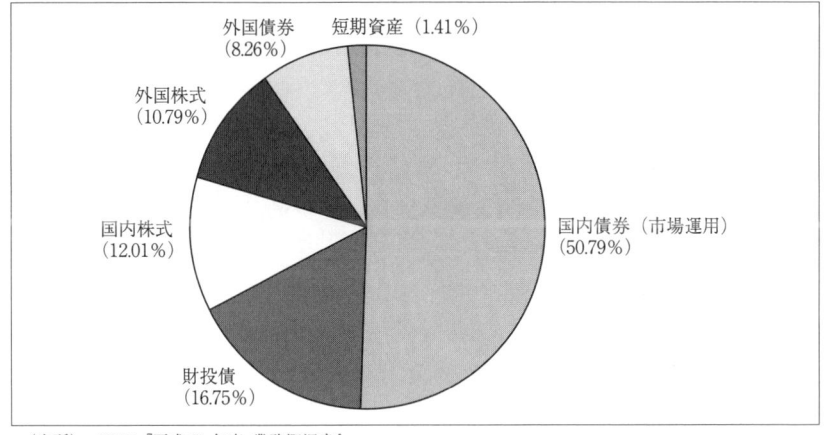

■図7-7 公的年金（GPIF）の資産構成（2009年度末）

- 短期資産（1.41%）
- 外国債券（8.26%）
- 外国株式（10.79%）
- 国内株式（12.01%）
- 財投債（16.75%）
- 国内債券（市場運用）（50.79%）

（出所）　GPIF『平成21年度　業務概況書』。

▶年　　　金

　年金は，主に老後の所得保障を目的に，一定の年齢に達した者に定期的に金銭を給付する制度である。日本では戦前の軍人恩給から始まり，公務員，一般企業へと広がっていったが，それらは人材確保を目的とする福利厚生の一環であった。しかし1959年には国民年金法が制定され国民皆年金が実現した。現在では，20歳以上60歳未満の者すべてが加入し，**国民年金**（いわゆる1階部分）を基礎として，会社員・公務員等には所得に比例した給付を行う厚生年金や共済年金等（2階部分）があり（以上が公的年金），さらに，任意加入の年金として**国民年金基金**，**厚生年金基金**等（3階部分）がある。

　年金は，加入者から保険料を受け取りそれを給付金に回すだけでなく，資産の純増を図るべく証券市場等において積極的な運用を行っている。それが機関投資家としての年金である。具体的には，公的年金（国民年金と厚生年金）については**年金積立金管理運用独立行政法人**（GPIF）が，厚生年金基金等については**企業年金連合会**（以前の厚生年金基金連合会が2005年に改組）がそれにあたる。ただし，年金積立金の運用に関しては，長らく厳しい規制が課されてきた。

　公的年金については，従来，全額が旧大蔵省の資金運用部に預託（満期7年）され，財政投融資に組み入れられていた。1986年度からその一部を年金福祉事業団が借り入れて自主運用することが認められ，その後，2001年に年金資金運用基金が設立され，公的年金の積立金は全額，基金によって運用されるこ

■図7-8 企業年金の運用委託先

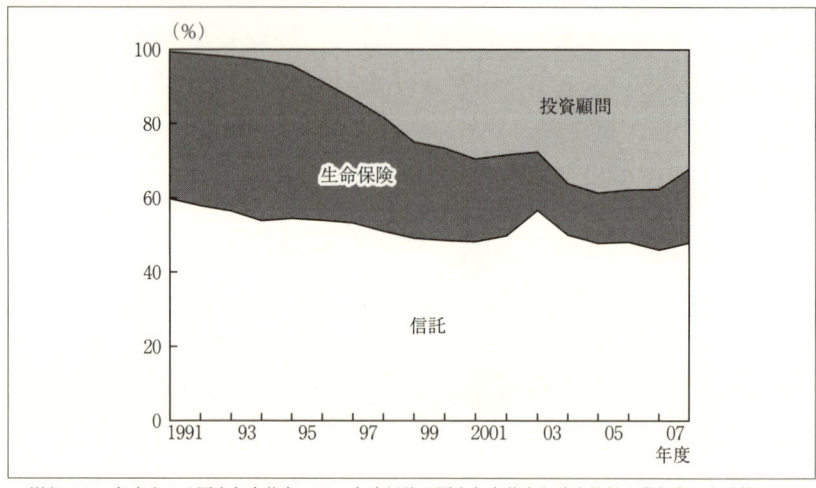

投資顧問
生命保険
信託

(注) 2003年度までは厚生年金基金，2004年度以降は厚生年金基金と確定給付企業年金の合計値。
(出所) 企業年金連合会『企業年金資産運用実態調査結果の概要』より作成。

■図7-9 企業年金の資産構成

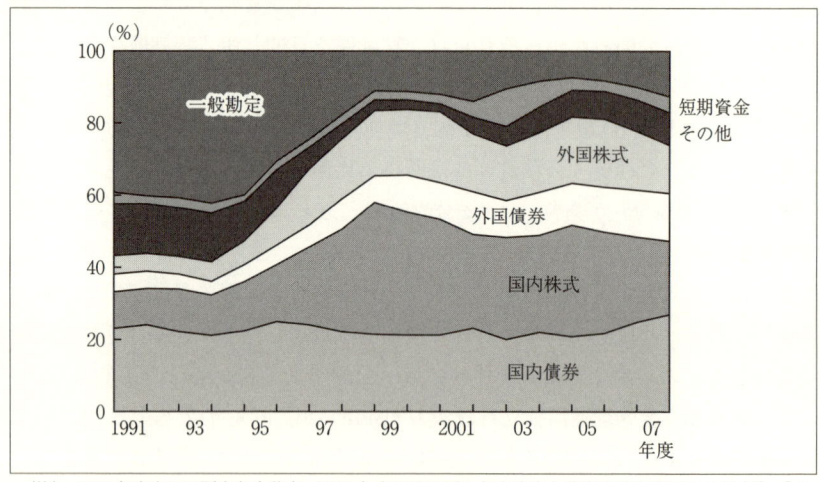

一般勘定
外国株式
外国債券
国内株式
国内債券
短期資金
その他

(注) 2003年度までは厚生年金基金，2004年度以降は厚生年金基金と確定給付企業年金の合計値。「その他」は，オルタナティブ投資，転換社債，貸付金等。
(出所) 企業年金連合会『企業年金資産運用実態調査結果の概要』より作成。

とになった。それは06年設立のGPIFに引き継がれて現在に至っている。自主運用といっても，運用機関が資産運用に関する専門性を十分に備えているわけではないため，一部の自家運用部分を除くほとんどは，外部の金融機関に委託されている。09年度末時点の運用資産は122兆8000億円，そのうち自家運用は財投債の20兆6000億円と短期資産の1兆7000億円のみで，その他の株式・債券での運用は計28社の信託銀行と投資顧問に委託されている。

企業年金（厚生年金基金等）の運用残高は2008年度末時点で57兆円（厚生年金基金16兆円，確定給付企業年金33兆円，適格退職年金8兆円）である。その委託先は長らく生命保険会社と信託銀行に限定されていたが，1990年に投資顧問会社への委託が解禁され，以降その比率が拡大している。反対に生命保険がシェアを低下させているが，それは投資顧問との運用受託競争が激しくなったことに加え，バブル崩壊後の運用環境の悪化に伴い一般勘定の予定利率を引き下げざるをえなかったためである。また企業年金の投資対象については，長い間，いわゆる「**5:3:3:2規制**」が課されてきた。それは，年金資産の安全性を確保するため，資産構成においては，国債・地方債を50％以上，株式は30％以下，外貨建て証券は30％以下，不動産は20％以下に維持しなければならないというものである。しかしこの規制も1997年に撤廃された（コラム⑰参照）。

その結果，企業年金の資産運用は，かつては生命保険や信託銀行を通じた確定利回り商品（生保一般勘定，国内債券）中心であったものの，近年では投資顧問を通じた国内株式・外国株式のウエイトが急速に高まっている。

▶生 命 保 険

生命保険会社は，契約者に対して死亡時に保険金を支払う**生命保険**を提供する機関であると同時に，払い込まれた保険料を運用する巨大な機関投資家でもある。しかしながら以下に述べるような仕組みから，投資信託などとは異なる確定利回り商品の提供者であり，またその株式投資においては**政策投資**の性格が強く，日本の生命保険会社は，機関投資家としては特異な存在であったといえるかもしれない。

保険料と保険金の関係は，基本的に，予定死亡率（予想される死亡確率），予定利率（予想される運用利回り），予定事業費率（生命保険会社の予想される事業経費率）の3つによって決定される。それは，保険契約が締結される時点で確定されるため，その後20年を超える契約の期間，生命保険会社は確定利回りの

─── ●コラム⑰　プルーデントマン・ルール（Prudent Man Rule）───

　1974年，アメリカにおいて企業年金受給者の権利を守るための法律，従業員退職所得保障法（ERISA: Employee Retirement Income Security Act of 1974）が制定され，その404条において年金運用を委託された者（受託者）の義務が明記された。それは，①加入者の利益のために行動しなければならない（顧客忠実義務），②思慮深い人間が行使するであろう程度の注意を払わなければならない（プルーデントマン・ルール），③分散投資しないことが望ましい場合を除いて，分散投資しなければならない，④顧客との間で事前に定めた運用規定を遵守しなければならない，の4つである。このうちプルーデントマン・ルールは，抽象的で無意味なようであるが，その後，年金受託者だけでなく他人のために資金運用する者すべてが遵守すべきルールとなる。すなわち，ERISA法が制定されるまで，アメリカでも年金の運用はリスクの小さい確定利回り商品への投資が基本とされていた。しかし折からのインフレでその価値は目減りしていく。そこでプルーデントマン・ルールは，投機的な投資であっても，それが年金資産全体の中に組み合わされれば，顧客の利益にかなう慎重な投資といえる場合があり，逆に，国債等確定利回り商品のみに投資することが常に慎重な投資といえるわけではないことを明示したのである。日本においても，本文で紹介した「5:3:3:2」規制のような，経済環境や年金資産の状況を考慮しない固定的な運用ルールは，より柔軟であると同時により厳しいプルーデントマン・ルールにとって替わられたのである。

負債を抱えるのと同じとなる。したがって，ALM（資産と負債の総合的管理）の観点からすれば，会社の資産は超長期の確定利回りを得られるものであるべきとなる。

　実際の資産構成をみてみると，日本の生命保険会社は，戦後長らく，資産の多くを貸付にあて，有価証券についてはほとんどを株式投資が占めていた。ただし，貸付は大企業の設備投資向け融資にほぼ限られており，また，株式投資の主たる目的はリターンの追求にあったわけではなかった。そもそも生命保険会社はキャピタル・ゲインを配当に当てることが認められていなかった（コラム⑱参照）。ところが，モノ言わぬ安定株主として株式を保有することによって，保険会社は，当該株式発行企業の団体保険の引受に参加し，またその会社向けの融資を行うことができた。これが，生命保険会社の**政策投資**である（政策投資については第8章3節参照）。そしてこの株式投資は，戦後の株価の持続的な上昇により，結果的に生命保険会社に巨額の含み益をもたらすことになったので

■図7-10 生保の保有契約数

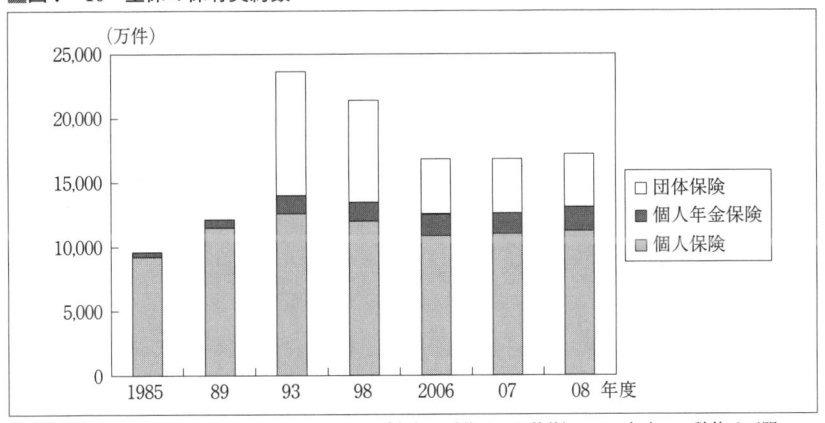

（注）団体保険は，名寄せ被保険者数（共同引受契約の重複分の調整後）。1989年までの数値は不明。
（出所）生命保険協会『生命保険の動向（2009年版）』。

■図7-11 生命保険会社の資産構成

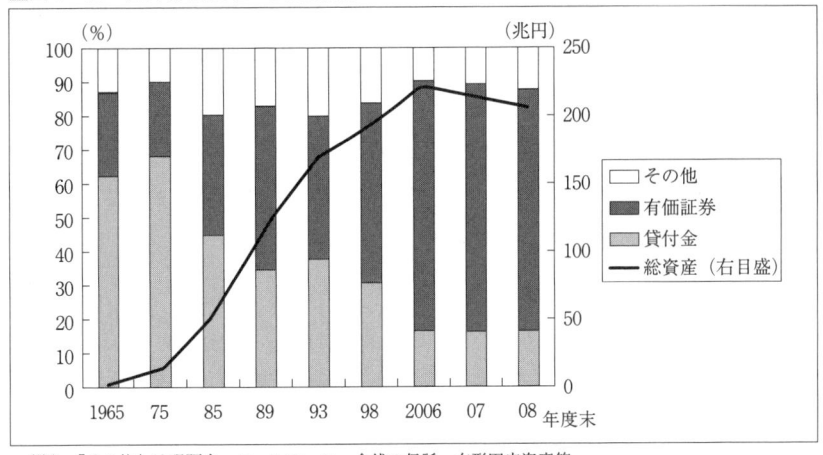

（注）「その他」は現預金，コールローン，金銭の信託，有形固定資産等。
（出所）生命保険会『生命保険の動向（2009年版）』ほかより作成。

ある。

　そして1980年代に入ると，生命保険各社は，この含み益をリスク・バッファーとして用いることで高いインカム・ゲインの獲得をめざすようになった。それによって高い予定利率（＝安い保険料）や高い配当を謳い文句とする保険商品を大量に販売できるからである。具体的には，為替リスクは大きいものの

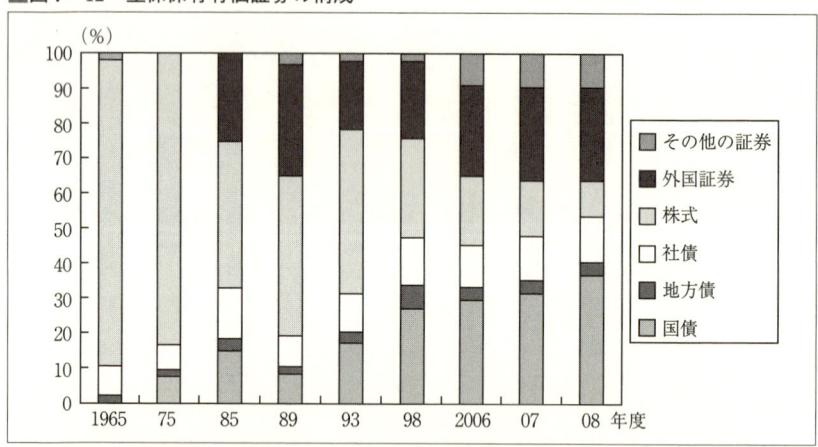

■図7-12　生保保有有価証券の構成

（出所）　生命保険協会『生命保険の動向（2009年版）』ほかより作成。

　高金利が得られる外国債券などに積極的に投資する一方で，高利回り商品として一時払養老保険などが販売された。為替相場が逆に動いて損失が出た場合には，保有株式の含み益と相殺することが可能であった。

　しかしながら90年代に入りバブルが崩壊すると状況は一変する。株価の下落で含み益を失うと同時に低金利の長期化により逆鞘が発生し，破綻する保険会社も現れた。新規契約に関しては予定利率の引下げが可能であるが，既存の契約については過去の高利率時のものが長期にわたって残るため（2003年に保険業法が改正され既存の契約の予定利率についても引下げが可能となったが，10年9月時点で，実施した保険会社は存在しない），運用利回りの低下によって生保各社は巨額の利差損を抱えることになったのである。

　生保の既存契約数の推移をみてみよう。90年代半ばから団体保険が急減し，個人保険も減少している。株価の下落により生保各社は保有株式を売却せざるをえず，となると株式を売却された会社の側としては団体保険に加入する目的は半減する。また，予定利率の引下げが繰り返され金融商品としての保険の魅力が低下すると同時に家計所得も伸び悩んだことから，個人も保険の見直しを進めたからである。ただ個人年金保険のみが，公的年金への不安と高齢化社会の到来を背景に増加している。

　生保各社の資産をみると，①かつての中心であった貸付が大幅に減少し，かわって有価証券が増加していること，②有価証券については株式に代わって国

─── ● コラム⑱　生命保険会社の三利源とインカム配当原則 ───

　予定死亡率・予定利率・予定事業費率と実際の死亡率等との差が，それぞれ死差益・利差益・費差益（三利源と呼ぶ）である。予想が正確なら三利源はいずれもゼロとなり，生命保険会社に利益はない。しかしそれでは会社を安定・継続して経営することはできないため，予定率の設定は控えめになされるのが普通であり，その結果利益が生まれる。しかし，それは予定率が慎重に設定されたために保険料が割高となったことの裏返しであるため，その一部は契約者に配当されることになる。三利源の中で経済状況により大きく変動するのは（予定）利率である。生命保険会社が機関投資家として高い運用リターンを上げれば，利率は上昇し，配当金を引き上げることが可能となる。しかしながら，積極的にキャピタル・ゲインを追求するとなるとそのリスクも大きいことから，旧保険業法（86条）と大蔵省の通達により，配当に回せるのはインカム・ゲインに限られ（「インカム配当原則」という），キャピタル・ゲインは準備金に積み立てることが義務づけられていた。1995年の保険業法改正によって，旧86条準備金は価格変動準備金に改められ，インカム配当原則は廃止された。

債が増えていることがわかる。これは，大企業の設備投資が低迷し資金ニーズが伸び悩んでいる一方で，財政赤字が増大しているというマクロ的な資金循環の変化をそのまま反映しているといえよう。株式投資の減少はすでに述べたように，株価の下落による含み損の拡大により，政策投資の余裕がなくなったためである。

▶投資顧問業

　投資顧問業とは，報酬を得て，顧客投資家に対して証券投資に関するアドバイスを提供し，あるいは顧客に代わって運用そのものを行うことである。前者を**投資助言業務**，後者を**投資一任業務**という。助言業務においては投資の最終判断は投資家が行うのに対して，一任業務では投資判断や売買の発注など投資に必要なすべてが投資顧問業者に委ねられている。助言業務だけを行う場合，個人でも内閣総理大臣の登録を受ければ開業可能であるが，一任業務を行えるのは登録を受けた株式会社に限られる。

　投資家に代わって投資判断のすべてを行う点で，一任業務は投資信託と同じである。実際アメリカでは，**投資信託**の運用も投資顧問業者の業務である。日本では本書第6章で説明された経緯・理由により投信の運用は**投資信託委託会**

社,投資顧問業は投資顧問業者と区別されていたが,現在では兼営が可能である。しかし,投信が投資家から集めた資金を合同運用するパッケージ型の商品であり,既存の商品の中から投資家が自らの投資目的に合致するものを選ぶ形をとるのに対して,一任業務は顧客のニーズに合わせたオーダーメイド型の運用を行う。たとえば運用期間の途中で顧客の意向によって運用方針を変更するといったことも可能なのである。ただし,現在では投資顧問業における運用競争の進展に伴い,株式のアクティブ運用や債券のパッシブ運用など,自らの得意分野に特化した投資顧問会社も多い。その分,一任業務もパッケージ型に近くなっており,年金など運用を委託する側も複数の投資顧問に分散して委託するのが一般的である。

　日本の投資顧問契約額の推移をみたものが図 7-13 である。1990 年代初めの時点では,まだ一任契約よりも助言契約の比率が大きかったが,次第に一任契約による運用額が大きくなっていったこと,そしてその中心が国内の公私の年金資金の受託であったことがわかる。合同運用中心の生保・信託銀行から,各年金資産のニーズに沿った個別運用を行える投資顧問会社への移行が進んだのである。

▶ヘッジファンド

　ヘッジファンド (Hedge Fund) は,法律において厳密に定義されたものではないが,通常,次のような特徴をもつ投資ファンドまたはそれを運用する投資顧問業者のことを指す。①**私募**ファンドであること,②**空売り**やデリバティブ取引を積極的に行うこと,③運用者が残高ベースの手数料に加えてパフォーマンスベースの報酬(一般的にはリターンの 20%)を受け取ること,④インデックスに対する相対的なリターンではなく絶対リターンを目標とすること,⑤投資対象は証券のみならず商品先物,通貨など幅広いが,高い流動性を備えた金融商品に限定されていること,である。

　私募ファンドとは,公募ファンド(不特定多数に販売されるファンド)でないこと,つまり投資家が 50 人未満(日本の場合)か適格機関投資家にのみ販売されるファンドのことである〔なお日本では前述のように私募投資信託という概念が存在するが,アメリカでは投資信託(ミューチュアルファンド)は公募に限定されているため,私募ファンドはミューチュアルファンドの範疇に入らない〕。

　私募ファンドは,公募投信に課されるディスクロージャー規制(当局への有

■図7-13 投資顧問契約

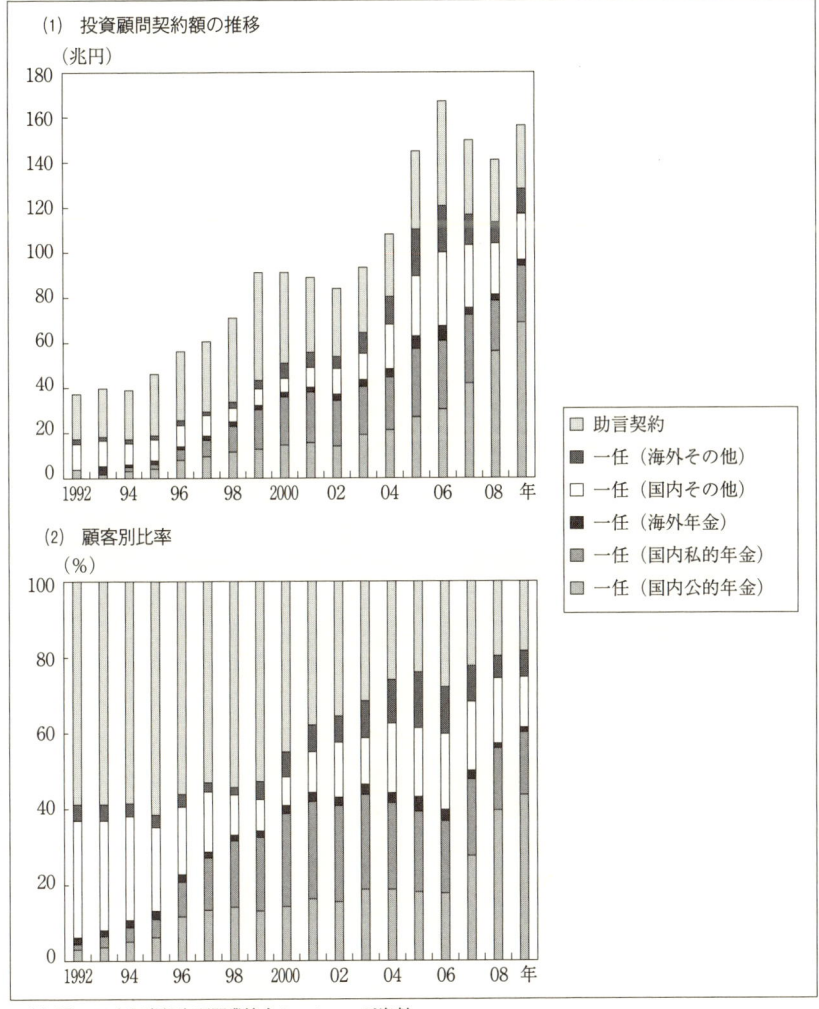

(1) 投資顧問契約額の推移
(兆円)

(2) 顧客別比率
(%)

凡例：
- 助言契約
- 一任（海外その他）
- 一任（国内その他）
- 一任（海外年金）
- 一任（国内私的年金）
- 一任（国内公的年金）

(出所) 日本証券投資顧問業協会ホームページ資料。

価証券届出書・報告書の提出，顧客への目論見書の交付）が適用されない。また，アメリカにおいては，ヘッジファンドの運用のみを行う投資顧問業者は，長らく投資顧問として SEC に登録する必要もなかった（2010年7月成立の金融規制改革法により登録が義務づけられた）。不特定多数から資金を集めているわけではなく，投資家が，運用者をよく知っているはずの少数の人間か，投資のプロで

■図7-14 ヘッジファンドの運用額

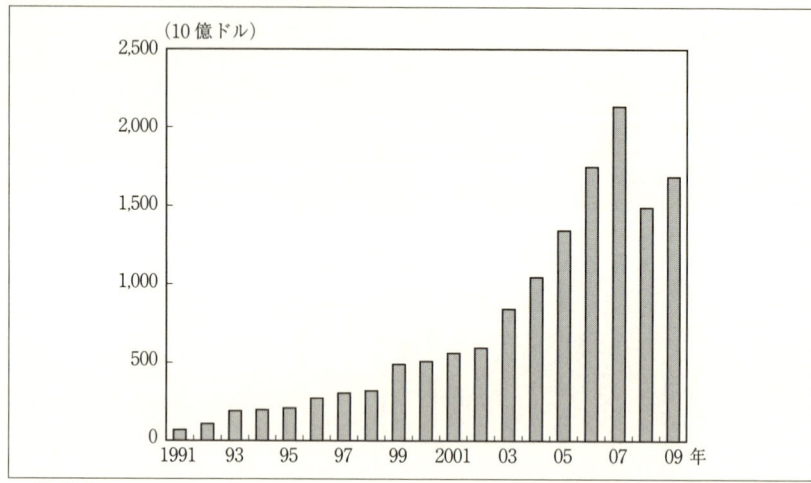

(出所) IFSL (International Financial Services, London) ホームページより作成。

■図7-15 ヘッジファンドの顧客層

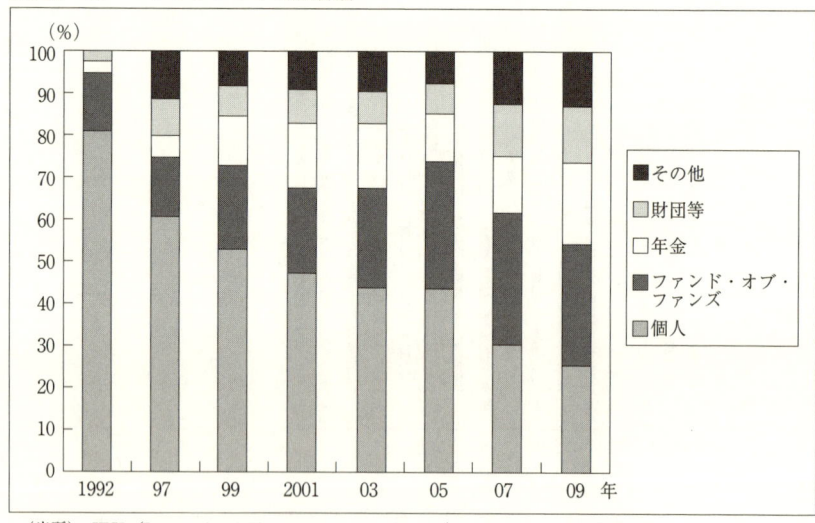

(出所) IFSL (International Financial Services, London) ホームページより作成。

ある機関投資家に限定されているからである。同様の理由で，公募ファンドに課されている空売り，デリバティブ，レバレッジに関する規制も課されておらず，ミューチュアルファンドに禁止されているパフォーマンス報酬を受け取る

ことも許されている。デリバティブ等の積極的な利用やリターンに合わせた報酬の増減を認めるとリスクの高い運用になりやすいが，私募ファンドであることから，それも投資家の自己責任の範囲内とみなされているのである。

　また，投信，生命保険会社，年金，一般の投資顧問など伝統的な機関投資家は，インデックスを基準にした運用を行っている。たとえば株式市場での**アクティブ運用**を行う投信は，株式市場のインデックス（日本であればTOPIXなど）を上回ることを目標とする。そのためインデックスがマイナスであるときには投信のパフォーマンスがマイナスであっても，インデックスを上回っている限り，その投信は高く評価される。それはデリバティブや空売りの利用を制限されている以上，当然である。この点，ヘッジファンドは，そうした規制がないため下げ相場の中でも利益を上げることが可能である。そしてそれを自らの比較優位ともしているのである。

　このように，インデックスを評価基準とする伝統的な機関投資家と異なるリスク・リターン特性をもつファンドを「オールタナティブ」と呼ぶことがある。ヘッジファンドのほかに，**プライベート・エクイティ・ファンド**，**ベンチャーキャピタル**，**企業再生ファンド**，**不動産投信**などがそれにあたる。それらのパフォーマンスは，株式市場や債券市場との連動性が低いため，投資家は，伝統的な機関投資家による運用のほかに，こうしたファンドを組み入れることで自らのポートフォリオのリスク分散をより大きくできる。このことが，近年，機関投資家によるオールタナティブ投資が増加している最大の要因である。

　オールタナティブの中で，ヘッジファンドは流動性の高い金融商品の売買に特化しているという特徴をもつ。たとえば，プライベート・エクイティは，上場会社を買収，非公開化し，企業をリストラクチャリングした上で，再上場ないしは第三者への転売を行うファンドであるが，それには数年単位の時間を要する。したがって投資家に対しても一定の投資期間（解約禁止期間）を要求することになる。上場前の成長途上にある企業に投資するベンチャーキャピタル，破綻した（あるいは経営危機に直面した）企業の発行証券を安く買って企業の再建をめざす企業再生ファンドなども同様である。それらに対して，ヘッジファンドは上場商品や外為など市場流動性の高い対象に投資を限定しており，さまざまな市場の歪みをついた裁定取引などを得意とする。空売りやデリバティブを用いるのはそのためであり，また換金の機会の多い投資であるため，顧客への解約禁止期間も比較的短い。

▶証券化

　証券化とは，①安定的な収益が期待できる資本資産を保有する企業・金融機関が，それを SPV（Special Purpose Vehicle, 特別目的事業体）に売却し，② SPV が，当該資本資産からの収益を受け取る権利を化体した証券を発行する，という一連のプロセスを指す（資本資産については第3章2節参照）。住宅ローンの証券化を例に簡単にみてみよう。

　住宅ローンを提供するのは銀行や住宅ローン専門会社であるが，住宅ローンは長期にわたるため，そうしたローン供給機関は信用リスク（借り手が返済できなくなるリスク）や金利リスクを抱えることになる。住宅ローンは通常固定金利であるが，銀行等はその資金繰りを短期の預金や金融市場での借入れに頼るほかなくその金利が上昇すると逆鞘になってしまうのである。ローン実施後短期間に転売できれば，収益はローン提供に伴う手数料収入に縮小するが，元本＋手数料を確実に回収できる。こうした資金調達を通常の借入れや社債の発行などと比べると，後者の場合，会社の信用力に見合った金利を支払うことになるが，前者の場合，その資産が生むキャッシュフローがより大きくより安全であるなら，より低いコストで資金を調達する（＝高い価格でローン債権を転売する）ことが可能となる。

　投資家の側から証券化商品をみると，①小口の資金から，②固定金利での長期運用が可能であるほか，③多数の住宅ローンを束ねることで大数の法則が働き，デフォルト率（債務不履行の発生率）の予想精度が高い（と考えられる）という特長をもつ。たとえばクレジットカードの過去の返済履歴などから，今後5年間に債務不履行となる確率が5％と予想される個人向け住宅ローンを考えてみよう。確率が正確であったとしても，与信者は，5％の確率で元本（と得られるはずの金利）を失う。ところが，同様の住宅ローンを1000本集めることができれば，債務不履行を起こす者を事前に特定することはできないものの，950人が返済し50人は返済できなくなるはずであり，リターンの予測の正確性を向上させることができるのである。さらに，④個人の住宅ローンの返済を裏づけにしているため，先述のオールタナティブ投資と同じく，リスク・リターンの性格が，景気動向との相関関係が強い株式や社債などと異なり，併せてポートフォリオに組み込むことでリスク分散を大きくすることができる。

　サブプライムローンを原資産とする証券化商品の価格下落を発端に世界的な金融危機が起こったため，証券化は本来的に金融の不安定化要因であるといっ

た議論も現れたが，正確とはいえない。マクロ経済的にみると，証券化によってより多くの投資家の資金を住宅ローンにあてることができ，それによって住宅ローンの金利コストを抑制できるのである。

証券化商品は投資対象の一種であり，本章第1節で述べたように，金融資産の蓄積を推し進める一因であるが，同時に，証券化の過程あるいはSPVは，多数の資本資産を集めそれを裏づけにした新たな金融商品を作り出すという意味で，投資信託などの機関投資家と共通の性格をもっている。証券化を，機関投資家を扱う本節に含めたのはそのためである。

証券化商品の中心は，**不動産向けローン担保証券**（MBS: Mortgage-Backed Security）であり，そのうち住宅ローンを担保とするものを**RMBS**（Residential Mortgage-Backed Security），ホテル，オフィスビル，ショッピングモールなど商業用不動産ローンを裏づけとするものを**CMBS**（Commercial Mortgage-Backed Security）と呼ぶ。その他の資本資産を担保とするものが**資産担保証券**（ABS: Asset-Backed Security）で，アメリカではクレジットカードローン，自動車ローン，奨学金ローンなどが証券化されている。もちろんMBSもABSの一種であるが，規模が非常に大きいため，通常，ABSといえばMBS以外のABSを指す。

このように証券化は，企業債務とは異なる金融資産を対象に拡大したが，やがて企業債務そのものも証券化されるようになる。企業向け融資債権を担保とする証券化商品を**CLO**（Collateralized Loan Obligation），社債を担保とするものを**CBO**（Collateralized Bond Obligation），両者をあわせて**CDO**（Collateralized Debt Obligation）という。また，証券化商品を集めて2段階目の証券化を行うことも多いが，それもCDOに含まれる。

証券化商品の発行額の推移をみてみよう。日米の市場規模を比較すると，およそ100倍の差があるが，両国とも，サブプライムローン危機の影響を受けて2007年以降発行額は減少している。特にアメリカでは，公的MBS（政府機関が債務保証したMBS）以外の発行は非常に困難な状況となっている。

3　機関化の影響

以上みてきた機関投資家の成長は，証券市場にどのような影響を与えている

■図 7-16　証券化商品の発行額（日本）

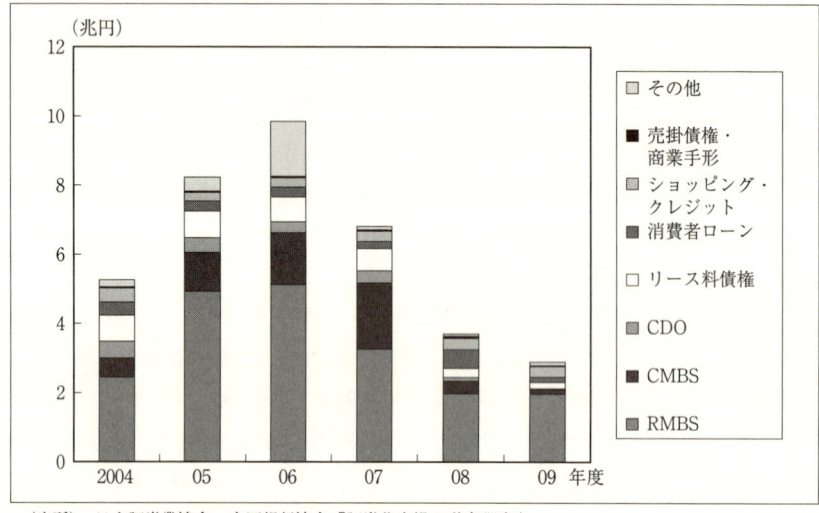

（出所）　日本証券業協会・全国銀行協会「証券化市場の動向調査」。

■図 7-17　証券化商品の発行額（アメリカ）

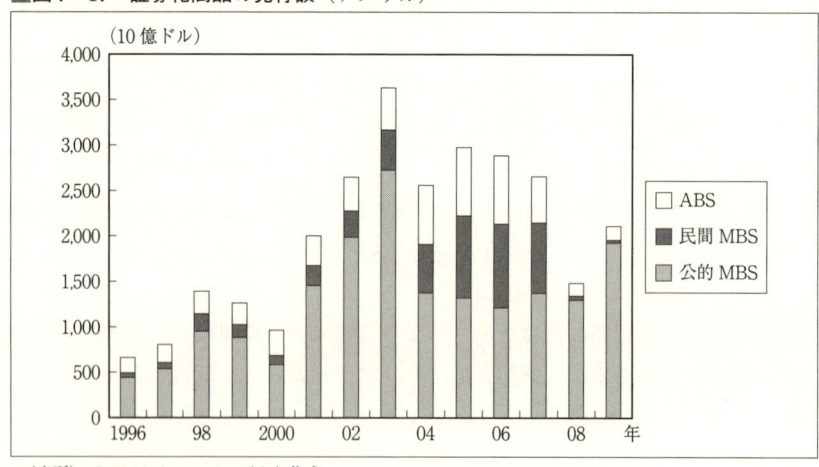

（出所）　SIFMA ホームページより作成。

のか，論点を整理してみよう。

　第1には，**金融市場の均質化**である。第6章で述べられているように（→151ページ），証券会社のディーラー業務は，短期金融市場と証券市場，株式市場と債券市場等の間で裁定取引を行うことで金融市場全体の利回りの平準化機能

を果たしてきた。期間に沿った利回り曲線（イールド・カーブ→152ページ），格付け別のスプレッド（→148ページ），配当利回りと債券利回りの格差，業績（予想）に応じた株価格差などの形成である。機関投資家はそれをより大規模に行う主体となる。証券会社があくまで対顧客業務を基本とし，本源的資金をほとんどもたないのに対し，機関投資家は受託した資金の運用益を求めて，より能動的に裁定取引に向かう。それは金融市場の均質化を一層推し進めることになる。

　第2に，**コーポレート・ガバナンスへの影響**である。重化学工業化とともに株式会社は巨大化し，株主数も増大するが，それによって「所有と経営の分離」が進行する（第8章1節参照）。ところが，機関化の進展により，モノ言わぬ多数の個人投資家の比率が低下し，少数の大口機関投資家の比率が上昇すると，会社側も議決権を背景にしたその発言力を無視できなくなる。また，機関投資家の側も，投資先の業績が思わしくない場合，その株式を売却するのが従来の原則であるが（いわゆる「ウォールストリート・ルール」），持株比率が大きくなると，自らの売り注文自身で株価が大きく値下がりしてしまい（この変動を**マーケット・インパクト**という），時価よりも相当低い価格でないと全株を売却できないようになる。そこで，銘柄を入れ替えるのではなく，発言権，議決権を行使することによって，株式を保有する会社の収益改善を求めるようになったのである。これが，1980年代のアメリカでコーポレート・ガバナンス論が台頭した大きな要因の1つである。企業は株主の利益をより重視するようになり，さらに最終投資家の機関投資家に対する評価（たとえば年金の投資顧問に対する評価）が短期化するにつれ，機関投資家も企業により短期の業績向上（たとえば四半期ごとの利益の増加）を求めるようになっている。

　第3に，**証券業への影響**である。第2章で述べたように，機関投資家の台頭は，株式の委託売買手数料の自由化をもたらし，証券会社のブローカー業務収益を大幅に縮小させることになった。同時にブローカー業務のあり方も大きく変えることになる。個人投資家の小口注文であれば，証券取引所にそのまま回送することができるが，株数の大きな機関投資家の注文をそのまま取引所に回送すると，対当する注文がなくマーケット・インパクトが発生する。買い注文であればすべてを約定する前に株価が上昇し思わぬ高値で買うことになってしまうのである。そこで機関投資家は証券会社に，取引所に回送する前に対当する注文を探してくるよう求める。あるいはとりあえず証券会社自身が自分の勘

定で対当する注文を出すよう求める〔この場合，証券会社は抱えたポジション（証券の持ち高）を，後にマーケット・インパクトを避けるべく少しずつ取引所に発注して解消する〕。証券会社は事前に売り買い揃えた注文を取引所に回送して売買を成立させるのである。こうした**大口取引（ブロックトレーディング）**を処理する能力が機関投資家を顧客とする証券会社には求められるようになるのである。そして，こうしたブロックトレーディング能力を向上させた証券会社が，引受業務に進出するケースもみられるようになる（第6章2節参照）。

第4に，**証券取引システムへの影響**である。証券取引所における株式売買の方法は，多数の小口（個人）投資家による売買を想定して設計されてきた。それゆえ，機関化の進展はさまざまな軋轢を引き起こさざるをえず，証券取引システムの革新を促してきた。これについてはすでに第2章で述べられているため，ここでは簡単に要約すると，その1つは，委託手数料の引下げ・自由化であり，2つ目にはマーケット・インパクトを避けるための証券会社内における事実上の付け合せの広がりであり，3つ目には近年のアルゴリズム取引に対応するための売買の超高速化である。また，1970年代のアメリカから始まったデリバティブ商品の上場も，機関投資家のヘッジニーズの高まりがもたらしたものといえよう。

・参考文献

■引用・参考文献

川合一郎［1981a］『川合一郎著作集 第6巻』有斐閣
河村賢治・西山寛・村岡佳紀［2006］，『投資顧問業の法務と実務』金融財政事情研究会
住友信託銀行年金信託部［2004］，『企業年金の法務と実務』金融財政事情研究会
出口治明［2009］，『生命保険入門（新版）』岩波書店
山中宏［1986］，『生命保険金融発展史（増補版）』有斐閣
野村アセットマネジメント［2008］，『投資信託の法務と実務（第4版）』金融財政事情研究会

■学習のための文献
▶金融資産の蓄積について
　川合一郎［1981b］，「資本と信用」第3編（『川合一郎著作集 第2巻』有斐閣，所収）
▶機関投資家について
　宇野淳・日本証券投資顧問業協会・投資信託協会編［2010］，『アセットマネジメントの世界』東洋経済新報社
▶業界団体等のホームページでの解説

投資信託協会　http://www.toushin.or.jp/
年金積立金管理運用独立行政法人（GPIF）　http://www.gpif.go.jp/
企業年金連合会　http://www.pfa.or.jp/
生命保険協会　http://www.seiho.or.jp/
生命保険文化センター　http://www.jili.or.jp/
日本証券投資顧問業協会　http://jsiaa.mediagalaxy.ne.jp/
▶証券化について
日本証券経済研究所編［2009］,『図説 アメリカの証券市場 2009年版』日本証券経済研究所, 第9章

第8章 株式所有構造の変化と企業買収

1 株式市場と所有構造

　株式には，議決権があるため，誰がどのような目的で株式を所有しているのかによって，その会社のあり方は大きく変化する。たとえば，特定の大株主が圧倒的な株式をもっている会社と，特定の大株主が存在せず，株式が広く分散している会社を比較すると，両者には次のような違いがある。

　特定の大株主が存在する場合，この株主は，自ら経営を行うか，あるいは自分の意思通りに動く代理人を経営者として，経営に関与するだろう。なぜならば，大株主は会社経営に対して大きなリスクを負担するとともに，会社経営から得られるリターンも相対的に大きいからである。このような状態は，**株主支配**といわれる。

　他方，特定の大株主が存在せず，株式が広く分散している場合，個々の株主の保有株数は少なくなり，持株比率も相対的に低下する。そこでは，個々の株主のもつ支配権も小さなものにならざるをえない。したがって，株主は，積極的に経営者を監視することや，経営改善を促すことにコストをかけても，その結果得られるリターンの方が小さくなり，何もしない方が有利な状況が発生する。これは**合理的無関心**といわれる（第1章参照）。株主の中で合理的無関心が強くなると，株主の支配権は相対的に低下せざるをえなくなる。その結果，経営者の裁量が強まり，会社支配は，事実上経営者に委ねられることになる。このような状態は，**経営者支配**といわれる。

一般的に，個人の創業者が自ら出資して，会社を設立し，大企業に育て上げる過程では，株主支配の状態が継続する。創業者が大株主であり，さらに経営者となっているからである。しかし，株式会社は広く資本を集中するところに特徴がある。具体的には，株式を上場して，不特定多数の投資家から資金調達を行うことで，株主は分散化する。また，創業者が世代交代する過程で，その株式も分散化する場合もある。その結果，株主支配が薄れ，経営者支配の傾向が強まっていくと考えられる。

　このような傾向をアメリカ企業全般において最初に確認したのが，アドルフ・バーリ（1895～1971）とガーディナー・ミーンズ（1896～1988）であり，彼らは当時のアメリカの上位200社を調査し，経営者支配が進んでいることをデータで解明し，その結果を共著『近代株式会社と私的所有』（1932年）で発表した。彼らの調査によると，1900年には400万人であったアメリカの株主は，1929年には1800万人に増加し，その結果，会社数では全体の44％，資産規模では58％の会社が経営者支配にあり，個人株主の完全な所有権が維持されている会社は，それぞれ6％と4％にすぎないことを明らかにした。この事実は，**所有と経営の分離**として，バーリ＝ミーンズの名前とともに記憶されることとなった。

　しかし，アメリカでは，1950年代から機関投資家による株式保有の比率が増大した。機関投資家とは，生命保険，年金基金，投資信託，財団，投資ファンドなどであり，個人の資金を集めて，株式投資等によって運用する機関である。これらの機関投資家は，1950年代の株価上昇を追い風にして，株式投資を拡大した。これは**機関化現象**といわれる（第7章参照）。また，これらの機関投資家は，巨額の投資を行うとともに，相互に運用のパフォーマンスを競っているため，経営者に対する監視を強め，時には経営改善を要求することとなった。つまり，経営者支配とは異なり，株主支配の側面をもっていた。

　さらに，1980年代のアメリカでは，投資ファンドが低コストの借入れによって資金調達を行い，優良企業を買収する動きが活発化した。これは，**レバレッジド・バイアウト（LBO）**[1]といわれ，M&Aブームの中で注目された。このようなM&Aでは，会社支配権が証券市場で売買され，それによって被買収企業の株式所有構造は一変する。つまり，株式所有構造は，時期によって大きく変化し，企業のあり方にも大きな影響を与えることになる。

2 財閥解体と持合いの発端

　戦前の日本を代表する大企業の多くは，**財閥**の傘下にあった。特に，三井，三菱，住友，安田は代表的な財閥であるが，その他にも鴻池，渋沢，浅野，古河，大倉，川崎，藤田なども有力財閥であり，さらに地方財閥も存在していた。これらの財閥は，財閥一族（本家）が財閥本社のオーナーとなり，この本社が持株会社となって，傘下の企業を所有＝支配する形態をとっていた（表8-1参照）。したがって，財閥では，本家の一族が財閥傘下企業を実質的に所有＝支配していた側面が強かった（コラム⑲参照）。

　1945年の敗戦後，日本は連合国軍最高司令官総司令部（GHQ）の占領政策のもとに置かれた。この占領政策には，経済民主化が掲げられ，その1つが**財閥解体**（1945〜52年）であった。この財閥解体では，まず持株会社整理委員会が設立されるとともに，三井，三菱，住友，安田などが次々に財閥として指定され，解体の対象とされた。その上で，指定された財閥本社の所有する株式は，持株会社整理委員会に委譲された。これら株式は，GHQの指示により，市場

■表8-1　主な財閥系企業

財閥名	三井財閥	三菱財閥	住友財閥
財閥本社	三井合名	三菱合資	住友合資
金融	三井銀行，三井信託，三井生命，大正海上火災	三菱銀行，三菱信託，明治生命，東京海上，明治火災，三菱海上	住友銀行，住友信託，住友生命，住友海上火災
鉱山・重工業	三井鉱山，北海道炭鉱汽船，日本製鋼，玉造船，芝浦製作所	三菱鉱業，九州炭鉱汽船，三菱重工業，三菱電機	住友鉱業，住友電気工業，住友機械工業，住友アルミニューム精錬，住友金属，共同電力
商業・運輸	三井物産，東神倉庫，物産船舶部	三菱商事，三菱倉庫，日本郵船	住友通信工業，住友倉庫
製紙	王子製紙	三菱製紙	
化学，窯業	電気化学，三池窒素，東洋高圧，小野田セメント	日本窒素，磐城セメント	住友化学工業，住友化機工業，日本板硝子
食料品	日本製粉，台湾製糖	日新製糖，明治製糖	
不動産	三井不動産	三菱地所	住友土地工務

―― ● コラム⑲　戦前の財閥 ――――――――――

　もともと「財閥」という言葉は，明治期に「大富豪」を指す言葉として用いられたようであり，現在も確立した定義があるとはいえないが，安岡重明は「家族または同族によって出資された親会社（持株会社）が中核となり，大規模な子会社は，それぞれの産業部門で寡占的な地位を占める」（安岡［1990］）と定義している。この定義は，寡占的大企業を多数支配していた面を重視し，三井，三菱，住友など，戦前巨大な経済力を有し，戦後の財閥解体後，企業グループ（企業集団）を形成した財閥を対象としている。これらの財閥には共通点も多いが，それぞれ特徴をもっていた。三井は，江戸元禄時代からの豪商であり，幕府の御用商人であった。京都の呉服商（その後の三越）を皮切りに，両替商（現在の金融業）に進出し，財をなした。明治維新後は，維新政府と結びついて「政商」として巨大な利益を獲得した。特に，米，生糸，茶，海産物等の国内販売・輸出事業は，後の三井物産となり，金融業では三井銀行を創立，さらに官営の三池炭鉱を払い下げられ，鉱山事業も展開した。その後，製糸・紡績事業，地所部門を整理・統合，さらに財閥本部機構（三井合名会社）を整備し，財閥としての地位を確立した。また，三菱は，土佐藩出身の岩崎弥太郎が，明治維新後手掛けた海運業を起点とし，政府の保護を得て事業を拡大し，三井に匹敵する政商の地位を得る。その後，海運業は日本郵船に引き継ぎ，造船，炭鉱，銀行などを展開，丸の内一帯の地所も入手した。さらに，三菱合資会社を設立し，同社の下に多角的な事業展開が進められ，財閥となったが，金融部門の規模は，三井や住友に比べると小さかった。住友は，江戸時代の京都での薬屋兼出版業者が起点であり，その後大阪に進出し，銅精錬加工，銅貿易，銅山業，両替商などを手広く展開し，別子銅山（愛媛県）の経営によって財をなした。明治維新後は，別子銅山の近代化を進めるとともに，大阪で倉庫業や金融業を展開し，政府の保護によって政商としての地位を確立した。その後，銀行業，倉庫業，銅加工業，金属業など多角的な事業を展開し，財閥となったが，その規模は，三井，三菱に比べると劣勢であり，両社よりも遅れて，持株会社（住友合資会社）を改組・設立した。

に放出されることになったが，一度に放出しても，それを消化できるだけの需要がなかったため，証券処理調整協議会（SCLC）が設けられ，放出時期，数量，価格を調整しつつ，1948～51年にかけて放出された。このとき，放出株の消化を促すため，**証券民主化運動**が展開された。この運動は，日本の民主化のためには，旧財閥保有株が一般大衆に保有されるべきであるというGHQの主張のもとに展開されたものであり，結果的に個人の持株比率を高めることと

なった。
　ところが，このような旧財閥保有株が個人に消化されたことは，企業買収にとって好条件を提供することとなった。つまり，市場では旧財閥系の優良企業の株式が浮動株のまま放置されることとなった。さらに，当時，個人株主の資金力は乏しかったため，売却ニーズも強かった。したがって，買収側にとっては，大量の株式を買い集めるのに適した状況が生じていた。
　このような状況を背景として，1952年，陽和不動産に対する買収が発生した。旧三菱財閥の本社（三菱合資）は，財閥解体によって解散させられ，その保有株は持株会社整理委員会に譲渡されたが，同社地所部が管理していた不動産は2つの受け皿会社に譲渡された。このうちの1つが，陽和不動産である。このため同社は，当時東京丸の内一帯に広がる，旧三菱財閥傘下の大企業の本社の土地や建物などを保有しており，その土地面積は2万6014坪（約8万6000㎡），簿価14万6665円であったが，その資産価値は500億円といわれた。しかし，1952年初の陽和不動産の株価は，323円，発行済株式数は約72万株，時価総額は2億3256万円にすぎなかった。この状態に目を付けたのが，藤綱久二郎である。彼は，知己の資産家らとともに，同社株式の買収を進め，その20％以上に相当する15～16万株を買収した。その間に，同社株価は上昇し，同年9月3日には1600円に達した。この事態に対して，三菱系企業は善後策を検討し，陽和不動産株を藤綱側から買い戻す方針を示し，それを藤綱側に提案した。しかし，交渉は難航し，藤綱側は売却には容易に応じなかった。再三の交渉の末，15万株余りを1株1600円で三菱側に売却することで合意が成立し，これによって藤綱側は巨額の利益を得た。また，この買取りの資金約2億5000万円は，三菱銀行が三菱系11社に対して融資し，その資金で三菱各社が買い取った。この買収事例は，三菱系のみならず，解体後の旧財閥系企業に大きな衝撃を与えた。さらに，このような買収事例は，三井不動産や大正海上火災でも発生したため，大企業は企業買収防衛策を講じる必要性を痛感することになった。その結果，旧財閥系企業は，旧財閥系としての関係を基本として，株式を相互に持ち合うことで，買収を予防的に回避するようになった。これによって，**株式の持合い（相互保有）**が進むとともに，旧財閥系企業は，**企業グループ（企業集団）**を結成することになる（表8-2）。なかでも，三井，三菱，住友，芙蓉，三和，一勧は，六大企業集団とされ，それぞれのグループ企業は，社長会を組織し（表8-3），緊密な関係をもつようになった。

■表 8-2 三菱系（金曜会）の株式持合い比率（1987年度）

所有者 被所有者	発行株 式総数	三菱 銀行	三菱信 託銀行	明治 生命	東京海 上火災	三菱 商事	キリン ビール	三菱レ イヨン	三菱 製紙	三菱 化成	三菱瓦 斯化学
	百万株										
三菱銀行	2,373.6	×	1.93	5.92	4.53	1.80	*0.95	*0.25	*0.23	*0.16	*0.37
三菱信託銀行	1,064.9	3.12	×	5.43	1.97	3.14	1.02	*0.27	*0.33	*0.13	0.91
日本信託銀行	168.0	5.00	—	1.93	2.02	—	—	*0.59	*0.14	—	—
東京海上火災	1,385.7	4.90	3.99	4.55	×	2.36	*0.54	*0.01	*0.08	*0.15	*0.06
三菱商事	1,532.0	4.77	4.81	5.47	5.95	×	—	*0.02	*0.43	*0.24	*0.08
キリンビール	903.3	4.46	5.40	4.56	0.98	—	×	*0.11	*0.14	—	*0.13
三菱レイヨン	551.6	4.88	6.16	6.57	1.24	*0.51	*0.32	×	—	*0.29	*0.43
三菱製紙	254.3	4.77	8.09	6.63	3.94	3.09	*0.46	—	×	—	2.34
三菱化成	1,317.1	4.35	5.56	7.56	2.41	*0.20	*0.14	*0.25	—	×	*0.06
三菱瓦斯化学	449.0	4.27	7.99	4.48	1.93	*0.61	*0.45	*0.50	1.16	—	×
三菱油化	413.9	4.33	3.37	4.53	4.95	3.03	*0.12	*0.63	—	5.15	—
三菱樹脂	192.5	3.46	4.08	2.47	0.71	0.78	—	—	—	46.90	*0.51
三菱石油	300.1	4.99	5.41	2.79	5.02	19.98	*0.28	*0.04	*0.02	*0.54	*0.33
旭硝子	1,133.9	4.80	5.63	6.28	4.87	1.29	0.98	*0.15	*0.02	*0.07	0.49
三菱鉱業セメント	403.5	4.96	6.70	9.09	1.91	1.75	*0.57	*0.49	*0.47	1.46	*0.31
三菱製鋼	144.0	4.99	4.25	5.91	3.13	3.87	—	*0.34	—	*0.80	—
三菱金属	603.0	3.86	8.65	5.54	0.98	—	*0.03	—	—	—	*0.08
三菱電線工業	168.2	4.07	5.38	3.40	2.98	0.96	—	—	—	—	—
三菱化工機	79.1	4.99	5.75	5.73	2.53	5.64	—	—	—	0.63	*0.36
三菱電機	2,023.2	3.18	5.57	4.05	1.21	0.98	*0.04	*0.04	*0.01	—	*0.08
三菱重工業	3,074.7	3.94	6.17	3.25	2.27	1.73	*0.19	*0.09	*0.10	*0.05	*0.09
ニコン	362.2	4.83	7.64	5.31	2.86	2.01	*0.21	—	*0.26	—	*0.26
三菱地所	1,265.4	4.21	7.09	4.22	3.63	*0.67	*0.23	*0.11	*0.04	*0.04	*0.03
日本郵船	1,069.8	3.96	4.83	4.38	5.04	1.02	*0.48	—	*0.07	—	*0.11
三菱倉庫	157.5	4.97	8.97	7.77	6.24	1.65	2.23	—	*0.40	—	*0.42
平均持株	21,391.7	3.74	5.02	4.99	2.90	1.96	0.40	0.14	0.15	1.05	0.23

（注） 1） 原則として大株主上位20位以内の株式持合い。＊印は21位以下（ただし三菱銀行，三菱商事いた。
　　　 2） 日本信託銀行は0.03%，三菱樹脂は0.03%，三菱石油は0.01%，三菱製鋼は0.03%「金曜
　　　 3） 日本信託銀行は「金曜会」ではないが集計に加えた。三菱電線工業は，'87年4月から加盟。
　　　 4） 同系金融機関の融資比率その他とも計には明治生命，東京海上火災，日本信託銀行の融資額を
　　　 5） 「—」は，該当なしまたは数値不明を示す。
（出所）『企業系列総覧（1987年版）』東洋経済新報社，24-25ページ．

さらに，買収防衛策としての株式の持合いは，高度経済成長期において，対外資本自由化が進展した際にも強化された。戦後日本は，外国人や外国企業による日本企業の株式取得を規制し，国内産業の保護・育成を図ってきたが，日本の経済成長に伴い，日本に対して諸外国から資本自由化，つまり新興成長国であった日本への投資の要求が強まっていった。特に，アメリカからの自由化要求は強く，1967年から73年にかけて，自由化しても打撃の少ない分野から

第8章 株式所有構造の変化と企業買収　205

(単位：%)

三菱油化	旭硝子	三菱鉱セ	三菱金属	三菱電線	三菱化工機	三菱電機	三菱重工業	ニコン	三菱地所	日本郵船	三菱倉庫	合計(その他を含む)
*0.05	1.49	*0.34	*0.04	*0.05	*0.01	*1.50	3.16	*0.23	*1.08	*1.04	*0.30	25.67
*0.00	2.38	0.93	*0.10	*0.14	*0.06	1.75	3.02	*0.52	1.87	1.23	*0.38	28.98
—	—	—	—	—	*0.23	1.07	1.29	*0.39	—	—	*0.23	14.36
—	1.75	—	—	—	*0.00	*0.41	1.89	*0.22	0.94	1.15	*0.23	23.31
*0.10	*1.13	*0.53	—	*0.01	*0.04	*1.45	3.19	*0.26	*0.85	*1.74	*0.58	31.75
—	*0.80	*0.11	—	—	*0.07	*0.17	*0.61	*0.11	*0.45	*0.34	*0.24	18.77
*0.18	*0.66	*0.43	—	—	—	—	1.79	*0.24	*0.58	—	—	25.52
—	—	*0.64	—	—	—	—	1.62	*0.52	*0.46	*0.45	*0.53	33.65
—	*0.34	*0.95	*0.04	*0.06	*0.02	*0.20	—	—	*0.49	—	*0.05	22.75
—	2.15	*0.28	—	—	*0.01	*0.50	0.98	*0.37	—	*0.45	*0.11	26.55
×	5.37	1.86	*0.19	*0.02	*0.01	—	*0.61	—	*0.12	—	—	34.36
—	—	*0.26	—	—	—	—	0.71	—	—	—	—	59.93
—	*0.27	*0.65	*0.03	*0.01	*0.01	*0.31	2.02	*0.06	*0.68	2.01	*0.02	45.63
—	×	*0.18	—	*0.00	*0.02	*0.19	1.06	*0.19	1.95	*0.10	*0.23	28.60
*0.44	1.27	×	*0.52	—	—	—	2.13	*0.26	2.21	—	*0.22	35.02
—	1.43	1.06	—	—	—	1.38	6.94	*0.76	—	*0.50	*0.19	35.92
*0.05	—	*0.51	×	1.36	—	*0.26	—	—	—	—	—	21.37
—	—	—	33.04	×	—	1.18	0.80	—	—	—	*0.25	52.10
—	1.11	*0.47	—	—	×	—	5.65	—	0.84	—	*0.15	35.77
—	*0.09	*0.03	*0.04	*0.07	—	×	1.56	—	*0.52	—	*0.10	17.65
*0.00	*0.39	*0.08	*0.02	*0.04	*0.01	0.97	×	*0.05	*0.76	*0.39	*0.03	20.76
—	1.50	*0.08	—	—	*0.03	*0.22	1.33	×	*0.70	*0.08	*0.30	27.73
*0.00	1.74	*0.44	—	—	*0.00	*0.66	1.20	*0.09	×	*0.31	*0.34	25.06
—	*0.16	*0.16	—	—	*0.03	—	5.09	—	*0.16	×	*0.15	25.70
—	1.92	—	—	*0.32	*0.12	*0.73	—	1.24	3.93	—	×	41.08
0.03	0.99	0.35	0.32	0.07	0.02	0.68	2.78	0.16	0.85	0.55	0.20	27.80

は11位以下）の数値．未上場の三菱建設，三菱モンサント，三菱アルミニウム，三菱自動車は集計から除

会」加盟会社の株式を所有している．

含む．

段階的に自由化することになった。しかし，当時は，証券不況によって株価が[3]下落していたこともあり，自由化によって外資に乗っ取られるという日本企業の危機感は強く，日本企業同士の持合いが進展した。ここで，持合いの相手先となるのは，発行会社にとって友好的な企業であり，その会社に対してかなり大量の株式を長期・安定的に保有してもらい，その見返りとして，相手先企業の株式も長期・安定的に保有することになった。したがって，このような持合

■表8-3 三菱系・住友系・三井系の社長会メンバー企業（1959年頃）

産業別	三井系・五日会	三菱系・金曜会	住友系・白水会
銀行	三井銀行 三井信託	三菱銀行 三菱信託	住友銀行 住友信託
保険	三井生命 大正海上	（明治生命） （東京海上）	住友生命 住友海上
商社	三井物産 （東洋棉花） （東京食品） （ゼネラル物産）	三菱商事	住友商事
農林業	（三井農林）		
鉱業	三井鉱山 （北海道炭礦）	三菱鉱業	住友石炭
建設業	（三井建設） （三機工業）		
食料品		（麒麟麦酒）	
繊維	東洋レーヨン	三菱レイヨン	
紙・パルプ		三菱製紙	
化学	三井化学 東洋高圧 （三池合成） （三井石油化学）	三菱化成 三菱油化	住友化学
石油		三菱石油	
窯業		旭硝子 三菱セメント	日本板硝子
鉄鋼	（日本製鋼所）	三菱製鋼 三菱鋼材	住友金属工業
非鉄金属	三井金属	三菱金属	住友金属鉱山 住友電工
電気機械		三菱電機	日本電気
輸送用機器	三井造船 （昭和飛行機）	三菱造船 三菱日本重工業 新三菱重工業	
機械	（三井精機）		住友機械
不動産業	三井不動産	三菱地所	住友不動産
海運業	三井船舶	三菱海運 （日本郵船）	
倉庫業	三井倉庫	三菱倉庫	住友倉庫

(注) 1) 三菱系の（ ）内は，金曜会のメンバーではないが，別置の社長懇談会のメンバーである企業。
   2) 三井系の（ ）内は，五日会のメンバーではないが，月曜会のメンバーである企業。
   3) 三井系の五日会は二木会の前身であるが，その実態は明らかでない。
(原資料) 経済調査協会『年報系列の研究（1960年版）』10ページ。
(出所) 橋本寿朗・武田晴人編［1992］，『日本経済の発展と企業集団』東京大学出版会，260ページ。

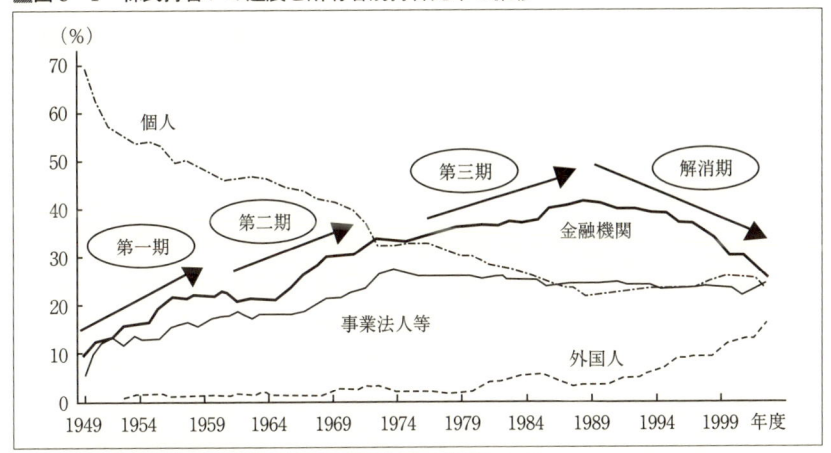

第8章 株式所有構造の変化と企業買収　207

■図8-1　株式持合いの進展と所有者別持株比率の推移

(注) 1985年度以降は単位数ベース、2001年度からは単元数ベース。
「金融機関」は投資信託、年金信託を除く（1978年度以前は、年金信託を含む）。
(原資料) 株式分布状況調査。
(出所) 伊藤正晴 [2004]、「株式の持ち合い構造と銀行保有株に関する実証と考察」『大和レビュー』第13号、86ページ。

い関係を形成することは、**安定株主工作**といわれた。実際、いったん持合い関係が形成されれば、それぞれの保有株式は、その後の株価のいかんにかかわらず安定的に保有され、売却されないことが前提となった。系列の証券会社が企業間の持合いを仲介することも多く、持合い株式を証券会社が保管することで相手方企業の同意がなければ、持合い株式を売却できないような取決めも多かった。

このように戦後持合いが進展したことは、戦後日本の株式保有の顕著な特徴となった（図8-1）。さらに、後述するように、株式の持合いは、単なる買収防衛ではなく、日本型経済システムを特徴づける重要な構成要素となった。

3　持合いの目的

戦後日本で拡大していった株式の持合いは、買収防衛策として採用されたが、その後は、さまざまな目的をもって展開される。

まず、企業買収防衛を目的とする持合いがあげられる。前述のように、持合いの発端は、敵対的な企業買収に対する防衛策であった。特に、このパターン

は，旧財閥系企業で多くみられ，前述のように企業グループを形成するきっかけとなった。しかし，このような持合いは，旧財閥系企業だけでなく，さまざまな企業でもみられ，後述するように，最近でも買収防衛策として採用する企業もある。

次に，商取引関係の維持を目的とした持合いがあげられる。日本では，原材料や部品メーカーと組立・加工メーカーとの間で，長期・継続的な関係が形成されることが多く，この関係は**系列関係**と呼ばれ，日本経済の特徴とされた[4]。また，大手総合商社は海外市場を積極的に開拓していたため，メーカーは大手商社と緊密な関係を結ぶと，輸出拡大が容易であった。そこで，メーカーと商社の間では，長期・継続的な系列関係が形成された。このように商取引にもとづく長期・継続的な企業間関係は，日本企業のさまざまな場面でみられた。その際，このような長期・継続的な関係は，強固であったが，詳細な契約書を取り交わして形成されるものではなかった。そこで，採用されたのが，株式の持合いである。ここでは，株式は企業間関係の維持を契約する役割を担った。つまり，この契約を履行しない場合，株式を放出することが，相手先への圧力となった。いわば，株式の持合いは，一種の人質交換の性格をもっていた。

第3に，**メインバンク関係**の維持を目的とした持合いがあげられる。日本では，銀行と企業との間で，長期・継続的な関係が形成されることが多く，この関係はメインバンク関係と呼ばれ，これも日本経済の特徴とされた。特に，メインバンク関係のもとでは，銀行は，単に大口の融資を取引先企業に安定的に提供するだけでなく，取引先企業が経営危機に瀕した際にも，救済資金の提供や経営者派遣など，経営再建のための支援を行った。つまり，取引先企業に対して保険機能を提供しており，取引先企業にとって，有力な大手銀行とメインバンク関係をもつことは，対外的な信用力を向上させる効果があった。逆に，銀行側は，融資額以上に取引先企業のリスクを負担することになるので，それに見合った便益を要求することになる。したがって，相対交渉で融資金利を決定する際にも，銀行側の交渉力が強かった。また，外国為替や資金決済など種々の金融取引においても，メインバンクがこれらを引き受け，手数料収入を得ることが多かった。さらに，メインバンクが取引先のさまざまな情報を入手できたことは，双方にとってメリットとされている[5]。

なお，企業買収防衛・商取引関係ないしメインバンク関係維持を目的とする株式投資は，必ずしも投資収益獲得を目的とするものではないため，これを**政**

策投資と呼び，投資収益獲得を目的とする純投資とは区別されている。

　第4に，保有株式の含み資産形成を前提とした持合いがあげられる。現在は，時価会計が導入されたため，会計上の含み資産は解消したが，それ以前の会計規則では，保有株式について含み資産が存在した。**含み資産**とは，含み益をもつ資産を指しており，**含み益**とは，企業が保有する資産について，会計上の簿価と時価の差を意味していた。つまり，保有株式の簿価は，原価法ないし低価法が採用されていたので，たとえば，1株100円で購入した株式は，原価法では100円と帳簿上計上された。その後，この株価が200円に値上がりしても帳簿上は100円のままである。したがって，これを時価で売却すれば，100円の利益が発生する可能性があり（これを「含み益」という），含み益をもつ資産が含み資産とされた。したがって，含み益とは会計上の**評価益**であり，株価が上昇すればするほど，含み益は拡大するので，保有株式の含み資産としての価値も大きくなった。もっとも多額の含み益をもつ株式を保有していても，持合い株式は売却しないので，その利益は実現しない。しかし，含み資産としての価値の大きな株式は，企業経営にとって利用価値があった。たとえば，借入れする際の担保としては，資産価値が大きい方が借入れしやすくなる。また，含み資産のある株式を証券取引所でクロス取引すれば，売却せずに，含み益だけを帳簿上計上できたので，決算対策の際にこれを役立てることができた。つまり，赤字決算に陥りそうなとき，含み益を実現することで，利益をかさ上げし，赤字決算に陥るのを回避できた（このような目的のクロス取引を「益出しクロス」という）。したがって，1980年代後半，バブル経済によって株価が急騰していた時期には，取引関係がない企業間でも，相互の含み資産を拡大する目的で株式の持合いが行われた。なお，この時期の持合い拡大を牽引したのは，銀行であった。つまり，1988年に合意された国際決済銀行による自己資本比率規制（いわゆるBIS規制）では，銀行の自己資本算定の際，保有株式の含み益を算入することが認められたため，銀行には含み益を増大させるメリットが生じた。また，1985年には銀行の自己資本拡充のために時価発行による増資が認められ，株式公募発行が活発に行われた。そのため，銀行は積極的に事業会社の株式を保有し，逆に事業会社は銀行の新株を引き受けたのである。

　第5に，新株式発行後の需給関係を調節する目的の持合いも指摘できる。バブル経済が拡大し，株価が急騰していた時期に，企業は大量のエクイティ・ファイナンス（株式発行や転換社債発行など）によって資金調達を行った。当時，

エクイティ・ファイナンスを実施する銘柄には，買い注文が集まり，株価は値上がりする傾向が強かった。しかし，大量の株式発行は供給過剰を引き起こし，需給関係を悪化させ，株価下落を招く危険性を含んでいた。そこで，持合いの相手先は，新規発行の株式を買い付け，需給関係の悪化を防ぎ，相手先の株価下落を防いだ。これが需給関係を調節するための持合いである。ただし，この場合，需給関係を調節することが当面の目的であったが，バブル経済のもとでは，保有株式はすぐに値上がりしたため，結果的には含み資産を増大させることとなった。したがって，需給関係を調整する目的は，含み資産を形成する目的とほぼ一致していたと考えられる。

以上が持合いの主な目的であるが，個別の持合い関係は単一の目的だけに特化しておらず，むしろ複合的な目的をもつ場合が多かった。つまり，企業買収防衛としての目的とともに，商取引関係を維持する目的が加わり，さらに株価上昇期には，含み資産形成という目的も加わって，持合いが強化されるような事態が多々みられた。

4　持合いの影響

株式の持合いは，日本経済の特徴の1つであり，日本の証券市場や企業のあり方に大きな影響を与えた。

まず，持合いによって，日本では敵対的企業買収が相対的に少なく，証券市場は企業支配権市場としての役割を喪失したことが指摘できる。敵対的企業買収には，企業経営者を監視する仕組みとしての役割がある（第1章参照）。つまり，企業経営者の経営努力や能力が欠如していたために，非効率な経営が行われ，企業業績が悪化した場合，早期に株式を売却して損失を抑えようとする。これは，ウォール・ストリート・ルールと呼ばれ，運用上の基本的なルールとされてきた。このため，株価は下落し，本来の企業価値に比して割安な状況が生じる。この状況に目を付けた買収者は，当該企業の株式を買い占め，企業支配権を獲得し，経営者を一新し，本来の企業価値を実現するべく，効率的な経営のために努力する。また，敵対的買収に至らなくても，経営者は敵対的買収の脅威を感じ，早期に経営改善に着手せざるをえなくなる。これが証券市場を通じた経営監視である。つまり，株主が企業経営に対して不満をもっている場

合，その株式は市場で売却され，企業経営の改善は，敵対的買収を含む，市場からのプレッシャーに委ねられる。しかし，日本の証券市場では，持合いによって敵対的買収が回避されていたので，経営者は買収の脅威にさらされることはなかった。また，持合い関係の中では，相互に安定株主となっており，大株主として経営に参加する権利を有していたが，相手先企業の経営に積極的に関与すると，逆に自社の経営に対しても相手先から干渉される恐れがあるため，積極的に経営改善を求めることを避ける傾向が生じた。つまり，持合いによって，本来は「モノ言う株主」であるはずの大株主が，「モノ言わぬ」株主となり，株主としての権利行使が相殺された。さらに，本来経営者は，自社の利益を最大化するためには，持合いの相手先の会社ないし経営者に「モノ言う」べきであるにもかかわらず，「モノ言わぬ」態度でいることは，会社の利益よりも，経営者個人としての利益を優先することでもある。したがって，日本の証券市場では，経営監視機能は発揮されず，株主の監視機能は弱体化したため，株主によるコーポレート・ガバナンスの不在が生じ，逆に経営者の裁量が拡大した。

　ただし，このような事態に対する評価は，おおよそ２つに分かれている。１つには，敵対的買収が回避され，経営者の裁量が拡大したことは，日本企業の経営者の視点を長期化させ，日本経済の長期的な発展に寄与したという見方である。企業経営の長期・安定化は，従業員の雇用の安定化につながったため，企業固有の文化やスキルが形成され，会社に対する従業員の忠誠心も育まれた。このような一時的な株価の騰落に左右されない長期・安定的な日本的経営が，海外から高く評価されたこともあった。他方，経営者が大きな裁量権をもつことは，企業経営に対するチェック機能が働かず，過大な投資や経営改善の遅れ，さらには企業不祥事の温床となったという見方もある。特に，1980年代後半のバブル経済期の過剰投資や過剰融資，バブル経済崩壊後の経営改善の遅れや銀行の不良債権処理の遅れは，経営者に対するチェック機能の欠如が露呈したものとされる。

　次に，持合いによって，株式発行による資金調達コストが低下したことがあげられる。つまり，前述のように，持合い関係が形成されれば，相互に株主としての権利を行使しなくなる傾向が生じる。これは，経営参加に限らず，配当についてもあてはまる。持合いの相手先に対して，より多額の配当を要求することは，自社に対しても同様の要求を突きつけられることになる。たとえば，

持合い関係にあるＡ社とＢ社の発行済株式数は，それぞれ1億株，配当金額もそれぞれ1株5円とし，両者の持株比率もそれぞれ20％（2000万株）とする。ここで，もしＡ社がＢ社に対して，1円の増配を要求し，それが受け入れられた場合，Ａ社は2000万円（1円×2000万株）の増配を得たことになる。しかし，これによってＢ社もＡ社に対して同じく1円の増配を要求し，それをＡ社が受け入れた場合，Ａ社の支払うべき配当総額は1億円（1円×1億株）増加し，差し引き8000万円の支払い増となる。また，同じ事態はＢ社にも当てはまる。つまり，両社は相手先に増配を要求せず，現状の配当を維持した方がよいという判断が成り立つ。さらに，お互いに支払うべき配当を低く抑えた方が，支払総額を低く抑えることができる。そこで，持合い関係にある企業は，配当を抑制しあうことになる。企業経営者にとって，配当は，株式発行によって資金を調達したことのコストと認識される。したがって，配当が低く抑えられることは，資金コストが低いと同時に，投資家からみれば，配当利回りが低いことを意味する。

　ただし，これに対する見方もおおよそ2つに分かれる。まず，資金コストが低いことは，企業の成長を助け，長期的な発展に寄与したという見方である。また，この見方からすれば，配当は少なかったが，企業成長によって株価が上昇し，株主は値上がり益を享受できたとみることができる。他方，株式の資金コストが低いことは，株式発行に拍車をかけ，これをチェックする機能を低下させたという見方もできる。バブル経済のもとで，過剰な株式発行が行われ，その資金が必ずしも長期的な投資に向かわず，短期的な利益を目的とした資産運用に向かったことは，そのチェック機能の低下を表すものといえる。

　第3に，持合いによって高株価が形成されたことが指摘されている。つまり，この見方によれば，持合い株式は売却されないので，その分が供給不足となり，そのため株価が上がりやすい条件が形成されるというのである。しかし，これには反論もあり，持合いと株価は無関係とする見方もある。特に，ファイナンス理論では，持合いと株価上昇の関係を理論的に示しにくく，むしろ中立とする見方が有力である。ただし，持合いによる高株価形成を主張する論者は，ここで持合い株主による買付け（いわゆる「法人買い」）を重視す。持合いの株主が，持合い関係にある相手先の株式を買い付け，浮動株を吸収することで，株価上昇を促し，さらに大手証券会社も推奨銘柄への投資を呼びかけ，需要を喚起する役割を果たした。つまり，持合いによる供給制限の中で，法人買いと

証券会社営業が一体化して，高株価が形成され，1980年代のバブル経済に至るまで，高水準の株価が形成されていったとみている。つまり，持合いが株価上昇を引き起こしたのではなく，持合い関係の中での事業会社，金融機関および証券会社の行動が株価上昇を引き起こしたと考えられる。

以上のような影響が指摘されており，その影響については，肯定的な評価と否定的な評価にわかれるものがあるが，おおむね肯定的な評価は，1980年代後半のバブル経済までに当てはまり，否定的な評価はバブル経済期，あるいはその崩壊以降に当てはまるものといえる。実際，1990年代に入り，バブル経済の崩壊とともに持合い解消の動きが出てくる。

5 持合い関係の解消

日本における株式の持合いは，1990年代に入って，バブル経済が崩壊する過程で，解消される動きが強まってくる。業態別の持合い関係では，銀行と事業会社の間での持合いが顕著に低下し，事業会社間の持合いも低下した（表8-4）。また，株式保有全体に占める持合い比率も顕著に低下した（図8-2）。

このように持合い関係が解消されるようになる大きな背景として，バブル崩壊による株価下落があげられる。1980年代後半以降急上昇した株価は，1989年12月末には，日経平均で3万8915円の史上最高値を記録したが，翌年から下落に転じ，1992年には2万円を割り込み，1万4309円に低下，その後一進一退するものの2001年には1万円をも割り込み，9505円にまで下落した。このような長期にわたる株価下落と低迷によって，持合い株式には多額の含み損が発生することとなった。**含み損**とは，含み益とは反対に，時価が簿価を下回り，その差額がマイナス（損失）になることを指し，会計上の**評価損**である。つまり，200円で買い付けた株式は，原価法では簿価200円であるが，これが100円に下落した場合，下落部分の100円が含み損となる。しかし，この損失は，あくまでも計算上の損失であり，100円で売却しなければ，実現しない。したがって，かつてのように株価が長期的に右肩上がりの展開を示すと予想すれば，株価の回復を待って，そのまま保有し続け，やがて含み損が解消されるのを待つことも可能であった。実際，バブル崩壊後多くの企業はそのような選択をとった。しかし，事態はそれを許さなかった。つまり，制度面では，金融

■表 8-4　業態別持合い比率（金額ベース）

(単位：%)

保有主体 被保有側	銀行				事業会社				その他			
	銀行	事業会社	その他	合計	銀行	事業会社	その他	合計	銀行	事業会社	その他	合計
1991	0.60	10.40	0.28	11.28	8.19	6.01	0.36	14.57	0.54	1.25	0.03	1.82
92	0.52	9.88	0.34	10.74	8.33	5.75	0.37	14.45	0.56	1.21	0.03	1.80
93	0.48	9.69	0.35	10.52	7.93	3.38	0.28	11.59	0.53	1.13	0.04	1.70
94	0.50	9.83	0.33	10.66	7.81	3.47	0.26	11.54	0.52	1.16	0.04	1.72
95	0.48	10.16	0.40	11.04	7.80	3.67	0.28	11.75	0.50	1.23	0.04	1.78
96	0.26	10.88	0.32	11.46	5.87	3.80	0.26	9.94	0.41	1.28	0.04	1.73
97	0.15	10.57	0.35	11.06	4.92	3.53	0.32	8.77	0.32	1.27	0.04	1.64
98	0.05	9.07	0.26	9.39	4.45	3.16	0.25	7.86	0.34	1.23	0.04	1.60
99	0.04	7.02	0.21	7.27	3.03	1.45	0.10	4.59	0.24	0.54	0.01	0.79
2000	0.05	7.24	0.28	7.56	2.72	1.64	0.18	4.54	0.22	0.68	0.05	0.94
01	0.11	6.28	0.24	6.63	1.63	1.57	0.18	3.38	0.15	0.64	0.01	0.81
02	0.12	4.09	0.20	4.42	0.94	1.64	0.18	2.76	0.10	0.73	0.01	0.84
03	0.24	3.27	0.14	3.64	1.72	1.80	0.27	3.79	0.12	0.97	0.04	1.13
04	0.26	3.08	0.10	3.44	1.23	2.02	0.25	3.50	0.09	0.94	0.03	1.06
05	0.12	2.81	0.11	3.05	1.36	2.94	0.27	4.57	0.10	0.98	0.06	1.13
06	0.10	3.02	0.11	3.23	1.08	2.97	0.24	4.30	0.08	1.03	0.04	1.15
07	0.06	3.21	0.07	3.34	1.12	3.21	0.22	4.55	0.04	1.07	0.03	1.15
08	0.04	3.16	0.04	3.24	0.85	2.95	0.18	3.99	0.04	0.88	0.03	0.94

(注)　市場全体に対する比率。その他は証券，保険，その他金融の合計。2004 年度，05 年度はライブドアを除いている。
(原資料)　大株主データ，保有株明細データ等から大和総研資本市場調査部推計。
(出所)　伊藤正晴 [2010]，「解消に向かうのか，日本企業の株式持ち合い——株式持ち合い構造の推計 (2009 年版)」『DIR Market Bulletin』Vol. 23, 186 ページ。

機関の自己資本比率規制が金融機関保有株式の売却を促し，また時価会計の採用が事業会社の保有株式の売却を促した。また，経済面では，系列関係やメインバンク関係の弱体化も株式の持合い関係解消に作用した。さらに，株価の面では，長期的に株価が上昇するという通念が，90 年代半ばには消失し，むしろ右肩下がりの展開を前提とせざるをえなくなった。

まず，金融機関の自己資本比率規制（BIS 規制）は，前述のように1988 年以降段階的に導入され，1993 年 3 月期から本格的に導入された。さらに，自己資本の算定の際，株式の含み益も参入することができたことは，80 年代の株価上昇局面では，日本の金融機関にとって有利に作用した。しかし，90 年代に入って，株価が下落すると，逆に不利になった。当時，金融機関に対し，保有上場有価証券には，低価法による簿価計上が義務づけられていた[14]。したがって，株価が下落して，簿価を下回った場合，含み損が計上され，その分当期純利益は減少するとともに，自己資本比率算定上の自己資本部分も減少し，自己資本比率は悪化した。実際，90 年代に入って，金融機関保有株式に多額の含

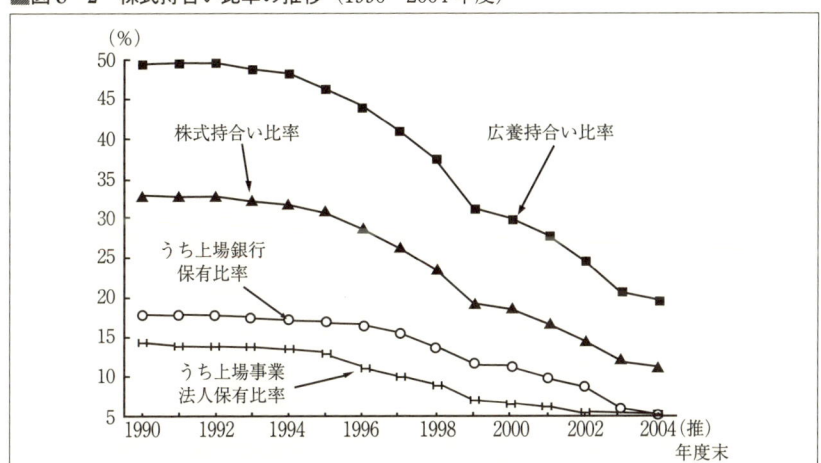

■図8-2 株式持合い比率の推移(1990～2004年度)

(注) 1) 持合い比率は上場企業による上場企業保有株式金額の時価総額に対する比率。ただし、子会社、関連会社株式は上場企業株式保有額、時価総額の双方より除外している。
2) 広義持合い比率＝株式持合い比率＋生命保険、損害保険会社保有比率。
3) 2004年度は推定値。
(原資料) 大株主データ(東洋経済新聞社)、各社有価証券報告書、および株式分布状況調査(全国証券取引所)より野村證券金融経済研究所作成。
(出所) 西山賢吾[2005]、「日本の株式保有の変遷と株主還元」『財界観測』第68巻第2号、4月、7ページ。

み損が発生し、その額は、大手銀行だけでも、2002年3月に1.3兆円、2003年3月には6兆円に達した。このような巨額の含み損は、金融機関の決算に大きな打撃となるとともに、BIS規制の自己資本比率維持にも大きな障害となったため、保有株式の売却を促す要因となった[15]。つまり、売却時期を先延ばしにするほど、株価が下落し、含み損が拡大したからである。

次に、**時価会計**が採用されたことは、株式の含み損を抱える企業に大きな影響を与えた。時価会計とは、会計上の簿価を時価によって算定する手法であり、時価変動によって、簿価も変動する。日本で本格的に時価会計が導入されたのは、2001年度からである。アメリカでは、1994年から時価会計が導入され、1998年に、国際会計基準委員会(IASC)[16]もアメリカ基準に準じた金融商品の会計指針を公表した。そこで、日本でも、1999年1月に企業会計審議会は、従来の原価法による会計基準では金融商品の価値が正確に財務諸表に反映されないとして、金融商品に時価会計を導入する会計基準を公表し、時価会計の導入を決定した。この基準では、2001年度から持合い株式に時価評価が適用さ

れることとなり，その時価が著しく下落したときは，原則として減損処理が強制されることとなった。**減損処理**とは，保有資産の価値が著しく下落し，投資額が回収できる見込みがなくなった場合，その下落分を当期の損失として，損益計算書に計上する処理を指す[17]。これによって，保有株式の株価下落は，そのまま利益を圧迫し，場合によっては，これによって赤字決算を余儀なくされる場合も発生した。さらに，2000年度からは，会計処理の変更により，含み益のある株式をクロス取引して，利益計上する手法も認められなくなり，減損処理で発生した損失を株式の含み益で補塡することはできなくなった。つまり，それまでの会計処理は，含み益は実現できるが，含み損は隠し続けることができた。しかし，会計制度の変更によって，それができなくなった。したがって，含み益を利益として計上するためには，当該株式を売却するしかなくなった。このような一連の会計制度の変更は，持合い株式の売却を促し，持合い関係の解消につながっていった。

　第3に，90年代に入って日本経済のあり方が変化し，系列関係やメインバンク関係が見直されたことも持合い関係を解消する背景となった。特に，メインバンク関係については，90年代後半の金融危機が大きな影響をもたらした。バブル経済崩壊後，長期的な不況の中で，金融機関の抱える不良債権問題が深刻化し，97年秋には，北海道拓殖銀行が破綻し，続いて98年には日本長期信用銀行と日本債券信用銀行が相次いで破綻する事態となった。この過程で，銀行株は大幅に下落し，銀行株を保有していた事業会社はこれを売却せざるをえなくなった。さらに，金融機関の弱体化は，事業会社が享受していたメインバンク関係の利点も喪失させた。つまり，銀行経営自体が危機に瀕する中で，事業会社に対して保険機能を提供する余裕はなくなった。さらに，90年代に社債発行の規制が緩和・撤廃されるとともに，海外での資金調達も拡大したため，事業会社は資金調達手段を拡大させ，メインバンクに依存する必要性も低下した。これらの要因によって，メインバンク関係は弱体化ないし崩壊し，銀行と事業会社間の株式持合いも低下した。

6　持合い関係低下による変化

　1990年代のバブル経済崩壊以降，長期的に株式の持合いは低下しているが，

第8章 株式所有構造の変化と企業買収　217

依然として解消されておらず，近年部分的に拡大する動きもみられる。しかし，バブル経済期以前に比べると，その比率が大きく低下したことは事実である。その結果，株式保有において，以下の変化がみられる。

　まず，外国人投資家および国内機関投資家の持株比率が上昇し，純投資を目的とする株主が増加したことが指摘できる。特に，外国人投資家の持株比率の上昇は顕著であり，東京証券取引所上場株式についてみると，1990年4.2%から，1997年11.7%，2007年28.0%へと上昇した。これは，外国人投資家が，持合い解消によって売却された株式の主な受け皿になり，その売買動向で株価が大きく左右されるようになったことを意味する。なお，外国人投資家とは，非居住者の投資家を指し，投資信託や年金基金などの機関投資家，ヘッジファンドなどの投資ファンドが有力な外国人投資家であり，さまざまな投資手法を駆使して，高い投資収益率を実現しようとする。また，一部ではあるが，増配要求など，積極的に株主提案を行うだけでなく，時には経営者交代などを要求するケースや敵対的企業買収を仕掛けるケースもある[18]。このように，持合い関係の安定株主から純投資の株主へと保有主体が変化したことは，コーポレート・ガバナンスのあり方にも変化をもたらした。その結果，経営効率化や株主還元重視などの要求が高まった。

　次に，**自社株買い（自己株式の取得）** が増加したことである。もともと日本では，自社株買いは，原則的に禁止されていたが，バブル崩壊後の株価下落の過程で，産業界や証券界から自社株買いの規制緩和を求める要望が高まり，1994年の商法改正により自社株買いの規制が緩和され，従業員へ譲渡する場合，利益によって償却を行う場合など，定時株主総会決議により自社株買いを行うことが認められた。利益による償却とは，自社株買いの財源を会社の資本ではなく，利益に限定し，買い取った株式を発行済株式から控除することである。自社株買いの規制緩和は，その後も段階的に進められた[19]。自社株買いの目的は，低迷する相場環境の中での株価対策，持合い崩れの株式の受け皿，株主への余剰金の還元，敵対的買収防衛など，さまざまな意図が含まれていたと考えられる。ただし，自社株買いと株価の関係については，無関係という考え方もあるが，現実には自社株買いを好感して株価が上昇する場合も多かった。また，自社株買いは株主への余剰金の還元であり，配当と同じ効果をもつとともに，1株当たり利益やROE（株主資本利益率）が上昇することが期待された。1994年の規制緩和以降，自社株買いは頻繁に実施され，2008年度では，全上場企業

●コラム⑳　株式公開買付（TOB）

　株式公開買付とは，「不特定かつ多数の者に対し，公告により株券等の買付け等の申込み又は売付け等の申込みの勧誘を行い，取引所有価証券市場外で株券の買付けを行うこと」と定義され，日本では1971年に導入され，1990年に大幅改正された。なお，公開買付は，英語のtakeover-bidを略してTOBといわれるが，アメリカではtender-offerといわれることが多い。具体的には，証券取引所取引以外の方法で，大量の株式を購入しようとする場合，新聞に公告を掲載し，不特定多数の株主に売却を呼びかけて，株式を買い集める。その際，公告には，対象株券，買付価格，買付期間（20営業日以上60営業日以内），買付予定株数（上限および下限）などを提示し，指定された証券会社が買付窓口となる。この方法は，買付者が短時間に，同一価格で株式を買い集めるメリットがあるが，不特定多数から市場外取引等で大量に購入する場合は，これが原則義務づけられており，水面下での大量の株式取得は禁じられている。つまり，公開買付が強制される目的として，①経営権の変更が生じる可能性についての情報開示，②株主平等原則により全株主に同一条件で売却機会を提供，③全株主に支配権プレミアムの獲得機会を提供，などがあげられる（支配権プレミアムは，第3章参照）。

　なお，応募株数が買付予定株数の下限に満たなかった場合は，キャンセルが認められている。ただし，TOB期間中は，応募株主に不利益になるような条件変更（買付価格の引下げ，買付予定株数の減少，買付期間の短縮，買付予定株数の下限の引上げ，公開買付の撤回条件の変更など）および別途買付（公開買付以外の方法での買付け）は禁じられている。また，公開買付の結果，公開買付者の株券取得割合が3分の2以上となる場合は，買付上限の設定は認められず，全部買付義務が課される。

　TOBが強制されるのは，①市場外取引で10名超から60日間に買付けを行い，その所有割合が5%を超える場合，②買付対象者数にかかわらず，60日間に市場外取引で買い付け，所有割合が3分の1を超える場合（3分の1ルール），③市場内の特定売買（たとえば，ToSTNeT取引）によって買い付け，所有割合が3分の1を超える場合，④3カ月以内に5%超の市場外取引とその他市場内取引等を併用して，合計10%超の株式取得を行い，所有割合が3分の1を超える場合，⑤ある株券についてTOBが行われている場合において，所有割合が3分の1を超える株主が，そのTOB期間中に5%超の株券の買付けを行う場合，である。また，ここでの所有割合には，当該個人ないし法人だけでなく，資本関係のある法人など，ToST-NeT取引によって行われたことを踏まえて導入された。④の規定は，村上ファンドが阪神電鉄株式取得の際，市場内外の取引を併用したことを踏まえて導入された。⑤の規定は，ライブドアによるニッポン放送株式取得の際，すでにフジテレビはニッポン放送の子会社化を目的として同社株式のTOBを実施していたが，ライブド

> アは，ToSTNeT 取引によってニッポン放送株式を取得し，この TOB 期間中に市場取引によって大幅な買増しを行った。しかし，フジテレビは別途買付の禁止ルールによって，これに対抗できなかった。これは，買付者間の平等を阻害するものとして論議され，この規定が導入された。

の 51.9% が実施している。また，自社株買いは，通常，市場取引または公開買付（TOB）によって行われる（コラム⑳参照）。

　第 3 に，アクティビストの活動が活発化し，敵対的買収さえも発生したことがあげられる。アクティビストとは，投資先企業の経営陣に積極的に提言し，企業価値向上をめざす投資家を指し，投資ファンドを組成している。具体的には経営陣と個別に対話・交渉するだけでなく，株主提案権を行使して増配などを要求するほか，会社提案を否決するため委任状勧誘を行う場合もある。さらには，敵対的買収を仕掛ける場合もあり，必ずしも買収そのものには成功しなかったが，有名企業を対象とした敵対的買収の事例が発生し，世間の注目を浴びた[20]。さらに，このような敵対的買収の事例は，新興企業にもみられるようになっただけでなく，伝統的な大企業による敵対的買収が発生し注目された。なお，これらの敵対的買収に際しては，TOB が使われるケースもあったが，これをあえて回避して時間外取引などによって水面下で株式を取得する場合，あるいは**株式大量保有報告書**（コラム㉑参照）の提出を回避しつつ，株式を買い集める場合などがあり，買収のルールやあり方をめぐって論議が高まった。また，新株予約権発行の適否も問題となった。そこで，次節では，近年の主な敵対的買収事例の中で，最も注目されたライブドアによるニッポン放送買収（2005年）を取り上げ，解説する。

7　ライブドアによるニッポン放送買収

　近年の敵対的買収事例の中でも，ライブドアによるニッポン放送買収（1995 年 2〜4 月）は，最も注目されたものの 1 つであるだけでなく，種々の争点を含んでおり，有益な事例となるので，この事例を取り上げて解説する。

　この事例では，新興 IT 企業として有名なライブドアが，フジテレビなどの親会社であるニッポン放送の発行済株式数の 35% を，TOB ではなく，東京証

● コラム㉑　大量保有報告制度

　大量保有報告制度は，5％ルールともいわれ，会社支配権に影響を与えるような株券の大量保有の状況について，保有者側に情報開示を義務づける制度である。1990年のTOB制度の大幅改正の際に導入された。これは，株券等の大量保有および処分の情報は，会社支配権の変動や経営に影響を及ぼすだけでなく，今後の需給関係にも影響を及ぼす可能性があるため，重要な投資情報であるという考えにもとづいており，市場の公正性と透明性を高め，投資家保護を図るという見地から導入された。また，この制度はTOBルール（コラム㉠参照）とも関連している。なお，大量保有報告制度によって，敵対的な企業買収の対象となった経営者は，早期に株式保有の移動状況を把握し，買収防衛策を導入しやすくなるという効果もある。

　この報告書の提出を義務づけられるのは，上場株券や新株予約権などを5％以上保有する者であり，その際，共同保有者を加算して保有比率を計算する。共同保有者とは，株券の取得や処分，議決権行使などを共同して行うことを合意したものであり，仮にA: 4％，B: 3％の保有であっても，それぞれ7％の保有者として報告義務を課される。

　報告書の記載内容は，提出者の概要（名称，所在地，事業内容など），保有目的（純投資，政策投資，支配権目的など），保有株券等の内訳，最近60日間における取得および処分の状況，株券等に関する重要な契約（担保契約や売り戻し契約など），取得資金に関する事項（自己資金，借入金など）である。

　提出時期は，5％超を保有した日の翌日から起算して5日以内となっているが，機関投資家の特例措置がある。つまり，機関投資家は頻繁に売買するため，その都度報告書の提出を求めることは過大な事務負担を強いることになるためである。特例措置の対象となる機関投資家とは，証券会社，銀行，信託銀行，保険会社，投資信託委託業者，投資顧問業者などであり，これら特例機関投資家は，「対象会社の事業活動を支配することを保有目的としない場合」において，3カ月ごとの月末に基準日を設定し，その基準日の翌月15日までに提出することが認められていた。しかし，この特例制度のため，ライブドアによるニッポン放送買収劇の過程などで，村上ファンドの保有状況は明らかにされず，制度面の不備が指摘された。そこで，この制度が見直され，2006年施行の金融商品取引法では，毎月2回の基準日を設定し，その5日後に提出することに変更され，さらに「当該株券等の発行者の事業活動に重大な変更を加え，または重大な影響を及ぼす行為」を行うことを目的とする場合は，特例措置の対象とされないことになった。具体的には，特例機関投資家が，会社に対して重要提案を行う場合，その5日前までに報告書を提出することと定められた。

券取引所の立会外取引（ToSTNeT）によって取得した。その直後，同社社長の堀江貴史は，ニッポン放送が属するフジ・サンケイグループに対し，提携を申し入れ，IT企業とメディア企業の提携として世間から注目を浴びることとなった。なお，ニッポン放送は，フジテレビ株式の22.5％，ポニーキャニオン株式の56％などを保有し，グループの持株会社的な存在であったが，同社の1株当たり純資産5370円に比べ，当時の株価は4900円程度であり，株価が純資産価値を下回り，割安な状態になっていた。この買収に対し，ニッポン放送側の経営陣は，拒否する姿勢を示し，同一グループのフジテレビに対して新株予約権の発行を決議した。この新株予約権を行使すれば，フジテレビはニッポン放送の株式（および議決権）の過半数を獲得すると同時に，ライブドアの持株比率を大幅に引き下げることができるというものであった。そこで，ライブドアは，東京地裁に対してこの新株予約権の発行差止めの仮処分を求め，逆にニッポン放送はライブドアの買収は，ニッポン放送の企業価値を毀損するものであり，むしろフジテレビによる買収によって企業価値は高まると主張したが，地裁の決定はライブドアの申し立てを認め，新株予約権の発行を差し止める決定を下した。その後，ニッポン放送とフジテレビ側は，ソフトバンク・インベストメント（SBI）と提携し，ニッポン放送保有のフジテレビ株式をSBIに5年間貸与することを発表した。これによって，ライブドアが狙っていた重要資産がSBIに移転されることになり，買収の目的達成が困難になり，最終的にフジテレビがライブドアから，ニッポン放送株全株をその平均取得価格を上回る価格で買い取ることで和解した。この場合のSBIは，被買収側に救済策を提供する第三者であり，一般にホワイト・ナイト（白馬の騎士）[21]と呼ばれる。また，被買収側の重要資産を社外に移転する防衛策はクラウン・ジュエルないし焦土作戦[22]などといわれる。

　なお，この事例では，さまざまな論点があげられるが，ⓐTOBによらずToSTNeTによる株式大量取得，ⓑ新株予約権の発行差止めの争いは，特に注目される。

　ⓐについては，東京証券取引所のToSTNeTが利用されたことが問題視された。ToSTNeTとは，同取引所の運営する取引システムであるが，通常の立会取引とは異なり，大口取引などを円滑に行うため，通常の取引時間と異なる時間帯で取引が行われる。また，予め相対で売買交渉した上で，この取引を利用することも可能であり，機能的には市場外の取引に近い性格をもつ。したが

って、この買収がTOB規制を意図的に回避し、規制逃れを試みたことが論議された。TOBによって買付けを行う場合、相手方はより高い買付価格で対抗TOBを提示する可能性があり、その場合さらに高い買付価格を再提示せねばならならなくなる。この買収では、それを回避するために、TOBを回避したと批判された。しかし、当時の規制では、ToSTNeTでの取引は市場内での取引とされていたため、これは違法とされなかった。また、この直後には、村上ファンドが阪神電鉄株式を買収した際、市場外と市場内の取引を併用して、同社株式38%を買い付け、結果的にTOB規制を回避したことで、論議を呼んだ。さらに、この事例では、村上ファンドが投資顧問業者として登録されていたため、大量保有報告制度の特例措置があり、最長3カ月半の報告遅延が認められていた。同ファンドは、これによって大量保有の事実を公表することなく、買収を進めることが可能となり、被買収側の防衛策発動を回避したとされる。このように買付けをめぐるルールが問題となり、その後TOB規制や大量保有報告制度の改正につながった。

　ⓑについては、従来の裁判所の判例では、このような会社支配権の争いによって、新株予約権が発行された場合、**主要目的**ルールが適用されていた。このルールは、経営支配権の維持・確保を主要目的とした新株予約権の発行は、不公正な発行として差止め請求が認められるべきであるというものであり、ここでもこのルールが適用された[23]。さらに、ここでは、支配権争いの帰趨は、原則として株主が決めるべきものであるという考え方を裁判所が提示したことも注目された。その後、スティール・パートナーズによるブルドックソースに対する敵対的買収（2007年）では、スティールがブルドックソースの全株式を対象としたTOBを開始したことに対抗して、ブルドックソースは差別的な内容の新株予約権を無償割当したが、最高裁はこれを適法と認めた。この事例の特徴は、第1にTOB開始後に新株予約権の無償割当が実施された（後述するような事前警告型でない）こと、第2に新株予約権の権利行使によって買収者以外の株主には新株を交付する反面、買収者には現金対価（TOB価格相当額）を支払うこと、第3に新株予約権の無償割当は株主総会の特別決議で可決されたこと、などである。最高裁は、ここでも支配権の帰趨が企業価値を毀損するかどうかは、株主が判断するべきこととし、株主総会特別決議を重視した判断を下した。

　このように会社支配権の争いが生じた場合、その帰趨は「株主が決定すべき」という考え方がかなり定着している[24]。しかし、ここにはいくつかの問題が

ある。まず，株主総会で決定する局面では，持合いの相手先など，政策投資の株主が含まれている場合，純投資の株主と同列に考えてよいかどうか疑問である。次に，TOBによって決定する局面では，株主に対する強圧性が存在する場合があり，被買収企業の株主は売却を急ぐことになる。つまり，強圧性とは，TOBが成立すると，これに応じなかった株主は，売却の機会を失う恐れがあるので，売却を急がざるをえないような事態に追い込まれることである。この場合，株主は否応なく，買収側に支配権を委ねる決定を下すことになる。さらに，株主の判断だけでなく，株主以外の利害関係者の利害も重視すべきという考え方，また株主の判断よりも，経営者の判断の方が信頼できるという考え方もある。つまり，株主が適切な判断を下すためには，種々の前提条件が必要である。

8 敵対的買収防衛策

　このように敵対的買収の事例が発生したことから，日本企業の間で，敵対的買収に対する警戒感が強まり，事前予防的に敵対的買収防衛策（これを平時導入型という）を導入する動きが強まった。そこで，現在，日本企業が採用した，または採用を検討している敵対的買収防衛策をみておこう。

　①株価向上を図り，割安な株価水準にとどまることを防ぐことが，買収を回避する最も正当な手段である。そのためには，経営の効率化を図り，業績を向上させることはいうまでもない。ただし，業績の向上が株価上昇につながるとは限らない。そこで，近年，企業側は投資家への情報提供に注力しており，任意の情報開示に取り組んでいる。このような活動は，**IR 活動**（Investor Relations）といわれ，投資家との関係を緊密にすることを目的とし，企業活動に対する周知性を高めることで，株価向上をめざしていると考えられる。

　②株主還元を行うことで，過剰な手元流動性（現金資産）を保有しないことも重要な買収防衛策である。つまり，過剰に現金資産をもつことは，資産の効率性を低下させ，株価上昇の重しとなるだけでなく，買収者にとってターゲットとされる可能性がある。特に，清算価値を実現することを目的とする買収者にとって，現金資産は資産価値としての確実性が高く，清算価値を測定しやすいという利点がある。自社株買いは，過剰な現金資産を株主に還元する意味を

もつ。

　③株式持合いを復活させる動きが指摘される。前述のように，株式の持合いを進めることは，経営者にとって安定株主を増やす効果があり，戦後の日本企業がこれを採用してきたことで，敵対的買収を防衛してきた。その意味で，持合いの復活は，従来のあり方に戻ることを意味しているが，現在持合い復活といわれる事例は，一部の産業や企業に限られており，その持株比率もそれほど大きいとはいえない場合が多い。また，持合いを復活させることで，株価下落を招いている事例もあり，買収防衛策としての効果には，疑問が残る。

　④個人株主作りを買収防衛策とする場合もある。小口の個人株主が敵対的買収者になる可能性はほとんどないため，投資単位の引下げや株主優待を行って，個人株主数を増やし，その持株比率を高め，長期保有を促すことで，防衛策とする。しかし，敵対的買収者が現れて，時価より高値でTOBを発表した場合，個人株主が売却しないという保証はなく，防衛策としての効果には疑問が残る。

　⑤種類株式の導入があげられる。現在の会社法では，多様な種類株式が認められており（第1章参照），たとえば議決権のない優先株を発行して資金調達を行えば，これが買収のターゲットになることはない。さらに，「黄金株」と称される拒否権付き株式を導入し，これを友好的な株主に交付しておくと，敵対的買収者が現れたとき，黄金株主が敵対的買収者の株主提案を拒否するので，敵対的買収者は経営に関与できなくなる。ただし，この黄金株は，強力な防衛策であるため，実際の導入については，論議が重ねられ，現時点では，特殊な事例を除いて，導入例はみられない。[25]

　⑥自社株買いは，前述のように余剰資金の還元という意味をもつとともに，買収防衛策の側面をもつのは，自社株買いによって，株価が上昇する事例が比較的多いこと，さらに市場での買付けを行えば，浮動株を吸収できるため，安定株主の持株比率を相対的に高める効果があることが考えられる。

　⑦非上場（非公開）化は，究極的な買収防衛策である。敵対的買収の対象となるのは，上場企業を中心とした公開企業であり，自ら非上場（非公開）を選択すれば，敵対的買収の対象となることはなくなる。非上場（非公開）化に際し，経営陣が採用する手法は，TOBであり，経営陣が自ら会社を買収することになるため，これは経営陣による買収，つまりMBO（マネジメント・バイアウト）と呼ばれる。経営陣が自社の上場廃止を選択することになる。ただし，日本では買収資金を投資ファンド等が提供する事例が多く，投資ファンドと経営

陣が歩調を合わせた，友好的企業買収という側面もみられる。

⑧事前警告型防衛策の導入があげられる。事前警告型防衛策とは，当該企業を買収しようとする買収者に対して，ⓐ買収後の事業計画などの情報提供，ⓑ当該企業の取締役会が買収者の提案を検討し，必要に応じて代替案を株主に提示するための期間の確保などを要求し，もし買収者がこの手続きを実行せずに買収を進めた場合，差別的な内容の新株予約権の無償割当を行い，対抗策を講じることを予め公表するものである。具体的な例で示すと，当該企業の株式の20％を取得した買収者が，上記ⓐⓑの手続きを無視した場合，当該企業は買収者以外の株主だけが行使できるという条件付きの新株予約権を，全株主に対して無償で割り当てる。その際，この新株予約権の権利内容は，持株1株に対して新株1株を無償で購入できる権利とする。これによって，株主は新株1株を取得することになり，持株は2倍に増加する。しかし，買収者はこの権利を行使できないと定められている（差別的な内容）ため，持株数はそのままである。当該企業の発行済株式数が100万株，買収者の持株が20万株の場合，80万株を保有する株主の持株は160万株に増えるが，買収者の持株は20万株のままである。その結果，買収者の持株比率は，20％から11.1％に低下し，買収しにくくなる。さらに，当該企業の株価は，株数の増加分（1.8倍）だけ下落し，当初の株価の56％に低下するため，買収者は44％の損失を被ることになる。なお，防衛策導入・公表時には，新株予約権の無償割当は行わず，買収者が上記手続きを実行しなかった場合のみ，無償割当を行う可能性があることを事前通告するものとしており，これが事前警告型と称される理由である。また，アメリカでは，この防衛策は多くの上場企業で採用されており，株主に権利（ライツ）を付与することから，ライツ・プランと呼ばれ，その通称は，ポイズン・ピル（毒薬条項）[26]である。2009年7月末時点で，これを導入している上場企業は567社であり，これは全上場企業の15％に相当する。なお，一部上場企業では428社で，一部上場企業の24.6％である[27]。

これらが，主に日本で採用されている，平時導入型の防衛策である[28]。ただし，ここで重要なことは，これらの防衛策が過度に導入されると，敵対的買収が過度に回避され，かえって企業経営に悪影響を及ぼしかねないことである。つまり，敵対的買収には，①不効率な経営を行っている経営者を買収によって強制的に交代させ，経営改善を進め，企業価値を高めるとともに，②敵対的買収の脅威が経営者を規律づけ，常に経営改善を促す効果もある。特に，株式所有が

分散化している場合，ほとんどの株主は経営者を監視する動機をもたず，合理的無関心の状態にある。そこでは，敵対的買収の可能性は，経営者を規律づける重要な手段であり，これを過剰に抑制するべきではない。しかし，その反面，グリーンメーラーのような敵対的買収者は，企業価値を毀損させる可能性が高い。なぜならば，彼らが会社側に高値で買い取らせることで得た利益は，不適切な会社利益の流出であると考えられる。これは，被買収企業が買い取った場合でも，そのグループ企業や持合い先などが買い取った場合でも事情は同じであり，買い取った企業の資産が喪失し，その株主の利益を損ねたことになる。そこで，このように株主権を濫用する敵対的買収は排除される必要がある。したがって，現在，さまざまな機関や研究者・実務家によって，適切な防衛策のあり方が検討され，論議されている。ただし，ここで重要なことは，買収防衛策の技術的な適否だけでなく，敵対的買収を含む，コーポレート・ガバナンスのあり方，さらには企業価値を向上させる制度設計である。[29]

・注

1) レバレッジド・バイアウト（Leveraged Buyout）とは，借入金を使った企業買収であり，買収後，被買収企業のキャッシュフローによってその借入金を返済する。
2) 藤綱久二郎のプロフィールについては，次のような記述がある。1894（明治27）年愛知県生まれで，1929〜30年頃，東京株式取引所（現在の東京証券取引所）の守衛をしながら，株式の買占めを研究した。1951年，日本皮革の買占めを手掛け，結局それを被買収側に買い戻させて，2500万円の巨利を得た。その後，陽和不動産，秩父セメント，養命酒などの買占めを手掛け，いずれも会社側に高値で売り付けた（生形要 [1969]，『相場師』日本経済新聞社，171-174ページ，参照）。また，陽和不動産の買収については，その後同社と合併した三菱地所の社史に経緯が記述されている。同書の記述では，この事態の決着には次のような経緯があった。三菱側も買収側と徹底的に闘うという強硬派と，買戻しにて即時解決を図ろうとする現実派に分かれたが，結果的に即時買戻しで解決することに決定した。その際，買収側にも，株価を吊り上げて高値で売り戻して，利鞘稼ぎを狙う一派と，会社乗っ取りを策し，経営権奪取を狙う一派とがあり，両者が分裂し，三菱側は利鞘稼ぎの一派の切り崩しに成功した。さらに，同書はこの買収劇が契機となって，三菱グループ各社の結束が強まったと強調している（三菱地所株式会社社史編纂室編 [1993]，『丸の内百年のあゆみ 三菱地所社史（上巻）』542-544ページ，参照）。なお，この事例では，買収側の中に，高値で売り戻して，利鞘を稼ごうとする一派があったとしている。アメリカでは，このように高値での買戻しを要求する行為を「グリーンメール」（green-mail），そのような買収者を「グリーンメーラー」（green-mailer）と呼んでいる。これは，脅迫状（black-mail）とドル紙幣の緑（green）とを掛け合わせた造語といわれ

ている。
3) 当時の証券不況（恐慌）では，1961年の金利引締めに端を発した株価下落が長期化し，1965年には，山一証券の経営危機にまで発展した。この危機に対して，日銀は特別融資で対応し，同社は経営破綻を免れた。
4) このような系列関係は，日米構造協議において，日本市場の閉鎖性を象徴する，非関税障壁と非難された。また，海外からの安い部品や原材料をあえて購入せず，割高であっても国内メーカーから購入するのは，不合理な経営判断であるという見方も強かった。しかし，長期・継続的な関係が維持されることを前提として，部品・素材メーカーは，加工・組立メーカーの製品に即した素材・部品開発を行い，そのための設備投資も行うことができるという利点もあった。逆に，加工・組立メーカーは，割高であっても，自社製品に適合した部品や素材を手に入れることができた。つまり，系列関係によって，部品・素材メーカーは安定的な販売先を確保でき，加工・組立メーカーは，自社にとってよりよい品質の素材・部品を安定的に確保できたため，両者は相互にメリットがあった。
5) この情報をもとに，メインバンクは取引先を監視していたという見方もある。また，メインバンクは，この情報を長期的に蓄積・分析しており，これをメインバンクの情報生産機能とする見方もある。このような見方は，情報の経済学を基礎とするものであり，メインバンクは，情報生産機能を引き受けることで，債務者と債権者間の情報の非対称性を解消ないし緩和していたとしている。
6) 原価法とは，当該資産の取得原価（購入したときの価格）を簿価として採用する方式である。原価法では，時価会計と異なり，含み益も含み損も計上されない。
7) 低価法とは，当該資産の取得原価と時価を比較し，そのいずれか低い方を簿価として採用する方式である。低価法では，時価会計とは異なり，含み益は計上されず，含み損だけが計上される。
8) クロス取引とは，ある有価証券の保有者が，同一銘柄の有価証券を同一時間（または短時間の内）に売却し，買い戻すことであり，その目的は含み益を実現することであった。つまり，簿価100円で時価200円の株式を200円で売却し，すぐに200円で購入することになり，会計上は簿価と時価の差額の100円を利益として計上できた。この場合，新たに取得した株式の簿価は200円となり，結果的に簿価が上昇することになる。ただし，現在では，金融商品会計基準の適用により，クロス取引は売買として認められなくなった。したがって，クロス取引による決算対策は行われていない。
9) 自己資本比率とは，貸借対照表上の総資本に対する自己資本の比率であり，（自己資本）÷（総資産）によって求められる。一般的に，事業会社では，自己資本比率が高いことは，負債が少ないことを意味し，経営の健全性が高いとされる。金融機関の場合，総資産は貸出や保有有価証券であり，自己資本には，資本金などが含まれ，この比率が高いことが金融機関経営の安定性を示すものとされた。1988年に導入されたBIS規制では，国際業務を行う金融機関に対して，自己資本比率を8％以上とすることが求められた（国際業務を行わず，国内業務に特化した金融機関に対しては，従来からの国内基準である4％が適用された）。ただし，BIS規制では，自己資本の算定の際，自国の裁量によって，有価証券の含み益の45％を自己資本に加えることも認められ，日本の金融機関はこれを採用した。なお，BIS規制が公表された当時，日本の金融機関の自己資本比率は相対的に低

かったため，80年代後半に金融機関は相次いで株式発行を行い，自己資本の充実を急いだ。

10) 当時，このような資産運用は，「財テク」と呼ばれた。これは，「財務テクノロジー」の略であり，流行語になった。

11) たとえば，小林孝雄「株式のファンダメンタル・バリュー」(西村清彦・三輪芳郎編 [1990]，『日本の株価・地価』東京大学出版会，所収)は，完全な資本市場という仮定のもとで，株式持合いは，株価に影響を与えないと主張している。

12) たとえば，奥村 [2005]，120-122ページ，参照。

13) 推奨銘柄とは，証券会社が選定した特定の銘柄を指すものである。1990年代まで，証券会社はこれら推奨銘柄を一定期間重点的に販売する営業活動を展開した。この推奨銘柄の選定に際しては，証券会社の調査部門が成長予測(これを「シナリオ」と呼んだ)を発表し，株価上昇の合理性を説明していたが，証券会社と当該銘柄の発行会社の取引関係が重視されていたとされる。また，当時の証券会社は，営業員に厳しい販売目標を課しており，これはノルマ営業といわれた。したがって，推奨銘柄はノルマ営業によって集中的に販売され，これも株価上昇を促したといわれている。

14) ただし，1998年3月期決算からは，自己資本比率算定に際し，保有有価証券の評価法の変更が認められ，原価法を採用することが認められた。その結果，大手銀行の大半は保有していた上場有価証券の評価方法を低価法から原価法に変更した。しかし，このような会計手法の変更では，含み損は解消しなかった。

15) 金融機関の場合，保有株式の売却先として，銀行等保有株式取得機構が設けられ，また日本銀行が銀行保有株の買取りを行ったことも売却を促す要因となった。前者は，2001年の経済対策閣僚会議において，銀行保有株の売却の受け皿として提案され，2002年に2兆円の予算措置を得て発足した。後者は，2002年に日銀が公表した方針にもとづくものであり，2004年9月末まで，3兆円を限度に買取りが行われた。

16) 1973年ロンドンを拠点として，各国の会計士団体の合意によって設立され，国際会計基準(ISA)を作成してきたが，2001年4月から基準設定機関としての機能は，国際会計基準審議会(IASB)に承継された。

17) 日本公認会計士協会の定めた金融商品会計基準の実務指針では，「著しい下落」に該当するのは，以下の通りである。①当該有価証券の下落幅が50％程度以上の場合，これに該当する。②同じく30％以上50％未満の場合，各企業が定める合理的な基準に従って判断する。③同じく30％未満の場合，これに該当しない。

18) 敵対的買収とは，被買収側の経営陣が買収の拒否を公表しているにもかかわらず，買収者が経営権取得を目的に大量の株式を買い集めることを指す。逆に，被買収側の経営陣が同意ないし賛成している場合は，友好的買収とされる。また，世間で「乗っ取り」という場合，敵対的買収を意味しており，その際の株式の大量取得を「買占め」というようである。

19) 1997年には，定款に定めを置くことで，取締役会決議にもとづいて，利益により株式を消却することができるものとされ，1998年の消却特例法改正で，(配当可能利益だけでなく)資本準備金を財源とする株式の消却が認められた。2001年には，取得した自己株式の保有(いわゆる金庫株)が認められた。これにより，配当可能利益の範囲内であれば

定時株主総会の決議によって行えるようになった。2003年には，定款に定めを置くことで，取締役会決議にもとづく自己の株式の取得が解禁となった。

20) 戦後，持合い関係が形成・強化される過程でも，敵対的買収が全く発生しなかったわけではない。事例は少ないが，有名な事例としては，三光汽船によるジャパンライン株式の買収（1971〜73年），日本現代企業による豊田自動織機の買収（1986〜87年），などがある。ただし，いずれも会社側が買い戻すことで決着している。持合い関係のもとでは，会社支配権を得るための株式数を買収することは難しく，これらの買収は，当初から高値買い戻しを目的とする，日本版グリーンメーラーであったという（奥村宏［1990］，『企業買収』岩波書店，110ページ，参照）。

21) ホワイト・ナイトは，文字通り白馬の騎士を意味し，悪漢に狙われたお姫様（被買収企業）を白馬に乗った騎士が救済するイメージから名づけられたと思われる。ホワイト・ナイトの提供する防衛策としては，このほかに対抗TOB（敵対的買収者より高い買収価格によるTOB）がある。

22) クラウン・ジュエルとは，王冠につけられた宝石を指し，被買収企業の重要資産，つまり買収側のターゲットを意味する。また，焦土作戦とは，戦争の際，重要な資産が敵側の手に落ちることを防ぐため，それを焼き払ってしまう作戦を指す。いずれも買収側のターゲットを社外に移転することで，相手の買収目的を喪失させる防衛策である。

23) アメリカでは，買収防衛策の妥当性を判断する際の基準として，ユノカル基準が用いられる。これは，1985年のユノカル判決にもとづくものであり，買収防衛策の妥当性は企業価値に対する脅威がどの程度かをもとに判断するというものである。他方，アメリカでは，防衛策発動の妥当性を判断する際の基準として，レブロン基準が用いられている。これは，1986年のレブロン判決にもとづくものであり，買収提案を受けている会社は，株主が最高値で株式を売却する権利を奪ってはならないとするものであり，たとえば友好的買収者と敵対的買収者がTOBを開始した場合でも，敵対的買収者を対象とした防衛策を講じ，これを退けてはならないというものである。

24) 伊藤靖史・大杉謙一・田中亘・松井秀征［2009］，『会社法』有斐閣，407ページ（田中亘執筆），参照。

25) 黄金株の導入については，経済産業省と法務省はこれを認める方針を示したが，東京証券取引所は，当初これを拒否した。しかし，2005年12月，導入の際，事前相談を行うとともに，株主総会決議で無効にできるなどの条件付きでこれを認めた。ただし，これを導入している日本企業は，国際石油開発帝石のみであり，同社の筆頭株主は日本政府であり，黄金株主は経済産業大臣である。

26) このようなライツ・プランをポイズン・ピルと呼ぶのは，この毒薬（防衛策）をもつ企業を飲む（買収する）と苦しむことになることが理由であると思われるが，次のような説明もある。ポイズン・ピルは，飲み込んで時間が経ってから毒がまわるようなピルをイメージしており，弊害のある敵対的買収（疾病）に備えて，薬（ピル）を日頃から飲んでおき，買収者がその会社を飲み込む（買収する）と，毒がまわることを比喩している（武井ほか編［2004］，55ページ，参照）。

27) 藤本周・茂木美樹・谷野耕司・佐々木真吾［2009］，「敵対的買収防衛策の導入状況」『商事法務』1877号，9月25日，12ページ，による。なお，この調査では，2008年8月

～2009年7月の1年間に新規導入した企業は，21社（この期間中に継続導入した企業は152社）である。これら新規導入・継続した企業の防衛策の特徴として，ほとんどの会社が株主総会決議で導入を決定（85.6％）するとともに，防衛策の発動を決定するための第三者委員会を設置（88.4％）していることがあげられる。

28) このほかにも，ゴールデン・パラシュート（敵対的買収された経営者は，巨額の退職金を得て退職する仕組み）やティン・パラシュート（同様に従業員が有利な退職金を得て退職できる仕組み），定款変更による役員の期差選任条項（役員の改選を1年ごとに半数ずつしか改選できない規則）導入やスーパーマジョリティ条項（株主総会での重要事項の可決要件を高めておく規則）導入をなどがあるが，日本での事例はほとんど見当たらない。

29) たとえば，経済産業省の研究会である企業価値研究会は，2005（平成17）年には「企業価値報告書」，2008（平成20）年には「近時の諸環境を踏まえた買収防衛策の在り方」を公表し，合理的な買収防衛策のあり方について整理・検討している。

・参 考 文 献

■学習のための文献
安岡重明［1990］，『財閥の経営史』社会評論社
奥村宏［2005］，『法人資本主義の構造』岩波書店
奥村宏［1990］，『企業買収』岩波書店
岡部光明［2002］，『株式持合と日本型経済システム』慶応義塾大学出版会
神田秀樹編［2001］，『株式持ち合い解消の理論と実務』財経詳報社
武井一浩・太田洋・中山龍太郎編［2004］，『企業買収防衛戦略』商事法務

第9章　デリバティブ

1　先　　物

▶先物とは

　日本では旧証券取引法（現金融商品取引法）によって，現物決済を伴わない先物取引が禁じられてきた。このため日本株の先物指数である日経平均225先物は，国内の取引所ではなく，シンガポール金融取引所（SIMEX）で最初に上場され，1986年に取引が開始された。株式の先物取引は，世界的には，**差金取引**であり，現物株の決済は伴っていなかった。しかし当時の証券取引法は，現物株の決済を伴わない先物を禁じていた。こうした証券取引法の背景には，**証券取引再開三原則**があった。この三原則とは，戦後の1949年5月に証券取引所が再開されるとき，GHQによって出されたもので，「先物取引禁止」，「取引の時間順位の記録」，「証券取引の市場（取引所）集中主義」といった三原則であった。すなわち日本の証券市場では，戦後長くGHQの指示によって，差金取引としての先物取引は禁止されてきた。

　しかし日本でも1987年以降，大阪証券取引所（以下，大証）で**株先50**（主要な50銘柄からなる先物指数）が開始された。とはいえ，株先50では，現物株の受渡しが伴っており，差金取引としての先物取引ではなかった。その後，旧証券取引法が改正され，大証で日経平均225先物が上場され，本格的な先物（差金）取引が開始された。世界的に証券市場では，機関化とグローバル化の流れが強まり，機関投資家からリスク・ヘッジの要望が強まったことが背景にある。

1987年には，いわゆるブラック・マンデーが発生し，株価暴落に対するリスク管理の必要性が高まった。

　先物取引とは，将来時点での商品（金融商品を含む）売買の取引価格と取引量を，現時点で決めて行う取引を指す。たとえば，原油1バーレルを1年後に50ドルで買うことを現時点で決めたとする。原油購入者にとっては，先物買いとなる。仮に1年後，原油1バーレルが現物市場で60ドルであれば，先物買いによって1バーレル当たり10ドル安く購入できたことになる。こうした取引が先物取引の原型である。ただし先物取引は取引所での取引を指し，取引所外での取引は**先渡し取引**と呼ばれ，両者は区別される。

　先物取引の起源は，（世界最初とされている）わが国江戸時代の大坂・堂島における米取引といわれる。わが国では元禄時代（17世紀後半），幕藩体制の安定により，農業を中心に産業が発展した。大坂は各藩が年貢米を取引し，換金する大商業都市であった。享保の改革（18世紀半ば）のころ，**堂島の米市場**は全国の米取引の中心地であった。こうした背景において，堂島で米の先物取引が開始された。

　米作と米価格は天候によって大きく左右される。天候不順によって，秋に米価格の上昇が見込まれる場合，初夏の時点で，購入者は先物買いによって比較的低い価格で米を購入できる。逆に，天候が順調で豊作となり，秋に米価格の低下が見込まれる場合，売り手は先物売りによって比較的高い価格で米を販売できる。このように先物取引は本来，価格を安定させ，価格変動を緩和する機能を有している。

　取引をするためには，一カ所に集合して取引することが便利となる。取引参加者が集合して売買する場所が，堂島の米会所，さらには取引所となった。取引所で取引される場合，取引商品の売買単位や受渡し期日などの取引条件を標準化することとなる。取引される銘柄によって，売買単位が異なったり，受渡し期日が違うと，取引参加者には不便である。そこで取引所などが，取引商品ごとに売買単位や受渡し期日等を標準化（もしくは規格化）する。

　取引商品の**標準化**（もしくは規格化）によって，取引の利便性が高まり，大量の需要と供給がもたらされ，流動性が高まる。一般に，株式先物市場では株価指数（日経平均先物等）が取引されるため，現物市場（日経平均採用銘柄だけでも225銘柄）に比べ銘柄数が少なく，その分先物市場での流動性は高くなる。

　先物取引では，反対売買によって，受渡し（満期）期日前に取引を終わる

(手仕舞う)ことができる。すなわち，いったん先物買いを入れても，受渡し(満期)期日前に，先物売りによって，取引を終えることができる。たとえば，6月上旬に雨不足によって米価格(10月)の上昇が見込まれ，いったん先物買いを入れたとする。しかし6月下旬に大雨が降り米価格の低下が見込まれたため，先物を売り，取引を終える場合などがある。こうした反対売買による取引終了も，先物取引の流動性があって可能となる。

▶先物取引の仕組み

　先物取引では，取引額全額を現金で用意する必要はない。**証拠金取引**と呼ばれ，取引金額の一定比率を現金や有価証券で担保として差し出すことで取引が可能となる。100の先物買いをするとき，たとえば10の現金か有価証券を担保として差し出すこととなる。

　証拠金取引は，手持ち現金の制約から解放し，流動性を高める効果をもっている。また取引で損失を出した参加者が決済できなくなるリスクを，証拠金は軽減していることとなる。しかし，反面においては，現金の裏づけがなくても取引が可能となるため，投機的な性格をもつことは否めない。

　先物価格が変動することにより，必要な証拠金の金額も変動する。また担保が有価証券である場合，その有価証券の価格もまた変動する。このため，先物価格や担保の有価証券価格も毎日計算され，修正される。これを値洗いと呼ぶ。値洗いの結果，担保が不足する(担保割れ)場合，追加で証拠金を差し出す必要がある。これを追い証と呼ぶ。

　先物取引では，証拠金によって取引できる。このため，反対売買によって，取引を終えるときも，売買の差額を決済することでよい。10の証拠金によって，100の先物を買い建てたとする。その後，105で先物を売ったならば，取引相手から5を受け取ることで決済される。これを差金決済と呼ぶ。

　先物取引では，通常，**限月取引**となる。先物取引は将来時点での取引価格を現時点で取引するため，将来時点を特定する必要がある。大阪証券取引所で取引される日経225先物の場合，2010年4月30日時点では，2010年6月限，同9月限，同12月限，2011年3月限，同6月限と5つの限月取引がなされている。2010年6月限であれば，取引最終日が6月に設定され，この満期日まで反対売買がなければ，特別清算指数(SQ値，Special Quotation，満期日の決済に用いられる最終清算数値)との差金決済となる。

▶先物価格

経済合理性から算出される先物価格は，**先物の理論価格**と呼ばれる。1年後に取引するという条件で，現時点で価格と数量について先物（1年後の）取引を約定する。このとき，先物価格は理論的に計算される。

株価であれば，一般には次の計算式で先物理論価格は計算される。

$$株式先物理論価格 = 株式現物価格 \times \{1 + (短期金利 - 配当利回り) \times 残存日数 \div 365\}$$

短期金利をかける意味としては，現物株に相当する金額を先物限月まで一定期間運用すれば，最低限でも短期金利分の運用益が得られるためである。理論的には，リスクフリー（無リスク）の短期国債で運用した場合の金利は，最低限の運用益となる。しかし他方，現物株で運用すれば得られたはずの配当は，得られないために，控除することとなる。

また前提として，満期を迎えた先物価格は，満期日の現物価格と一致する。すなわち満期前には，先物の市場価格は理論価格から乖離することもあるが，満期日においては，先物の理論価格＝先物の市場価格＝現物価格となる。

このため，現時点で資金を借入れして現物を購入し1年後に決済（返済）することと，現時点で先物（1年物）を買い1年後に決済することは，同じこと（価格）になる。現時点で，1万円で現物を購入（借入れ）し，5％の金利を払い，配当を300円得るとすると，総費用は10200円となる。したがって，現時点での先物（1年物）の理論価格は10200円となる。先物取引では証拠金取引であるから，元手（証拠金）以外を借入れしての取引と同じである。

しかし先物の市場価格は，満期前には，理論価格からの乖離が発生する。理論価格が10200円であるとき，市場価格が10500円であれば，理論価格よりも割高な先物を売ることで，差益を儲けることができる。

▶先物の投資方法

（1） ヘッジ取引

ヘッジとして，先物を取引することができる。先物のヘッジ取引には，売りヘッジと買いヘッジがある。

売りヘッジは，現物株を保有していて，値下がりが予想される場合に用いられる。たとえば，現物株を多数購入していたが，株価の値下がりが予想され，損失が予想されるとする。この場合，現物株を購入すると同時に，先物を売り

建てておく。現物の株価低下によって,現物では損失が発生する。しかし先物では売り建てていたため,先物が値下がりした時点で,買いにより決済される。先物では高値で売り,安値で買いとなったため,利益が発生する。現物の損失は,先物の利益と相殺される。売りヘッジ手段として,先物が取引される。なお,通常,現物の価格が低下するとき,先物価格も低下する。

ヘッジ取引においては,ヘッジするタイミングが重要となる。ヘッジ取引においては,現物株ポートフォリオ(Portfolio,保有有価証券の組み合わせ)の特性把握が重要となる。現物株の株価指数に対する,個別株や個別株から構成されるポートフォリオの値動き率をベータ (β) 値と呼ぶ。株価指数が1変化するときに,1.2変化するポートフォリオのβ値は1.2となる。この場合,指数動向に1.2倍したヘッジをかける必要がある。

(2) アービトラージ(裁定)取引

裁定取引は,広義においては,2つの資産の価格差に着目し,割高な一方を売り,割安な他方を買うことにより,利鞘を得る投資行動を指す。しかし証券(株式)市場での裁定取引,特に先物に関わる取引としては,現物株価指数と先物株価指数の価格差に着目し,利鞘を得る投資行動を指す。先物株価指数としては,TOPIX先物,日経225先物などが使用され,売買される。他方,現物株価指数としては,東証株価指数(TOPIX)や日経平均株価(225)が使用され,売買される。

先物指数はTOPIX先物や日経平均先物といった商品があるため,その先物指数を売買できる。しかし,現物指数にはTOPIXや日経平均といった商品自体は存在しない。このため現物指数を売買するためには,個別の指数構成銘柄をすべて売買することになる。他方,TOPIXは東証上場の全銘柄が対象の時価ベース指数であるが,日経平均は225銘柄が対象の平均株価(除数で調整)指数である。このためTOPIX指数構成銘柄を売買するよりも,**日経平均構成銘柄**を売買する方が,比較的容易である。結果として,裁定取引との関係では,日経平均が使用されるケースが多い。日経平均先物は大証のほか,シンガポール,シカゴなど海外の取引所でも上場されている。

先物価格が割高の場合,裁定取引は以下のようになる。まず理論価格に対し割高となっている先物指数を売り建て,同時に現物の指数構成銘柄を買い建てる。日経平均の場合,日経225構成銘柄を保有する。その後,清算日において,先物の理論価格と先物価格が一致するため,先物を買い戻し,同時に現物の指

数構成銘柄を売却し，裁定取引を解消する。

　東証では，裁定取引については，プログラム取引の一形態と位置づけている。**プログラム売買**とは，立会売買において，25銘柄以上の売りまたは買い発注を一度に行う売買である。裁定取引では，日経平均先物を利用する場合，現物の日経平均225銘柄を同時に発注することが多く，プログラム売買に該当する。

　プログラム売買は，もともと，コンピュータによるプログラムにもとづく売買を指している。近年の機関投資家による株式売買では，ファンド・マネージャーなどによる発注よりも，コンピュータによる自動発注が多くなっている。裁定取引も，こうした傾向の一部と考えられる。

　(3)　スプレッド取引

　先物のスプレッド取引（スプレッドとは売値と買値の価格差のこと）とは，同じ株価指数で異なる限月間でのスプレッド，異なる株価指数でのスプレッドを利用する取引である。限月間スプレッド取引では，同じ先物指数でも，期近物と期先物でスプレッドが開く場合，割高な指数を売り，割安な指数を買う。そして割高な指数が限月に近づき，理論価格と一致するとき売却する。異なる株価指数でのスプレッド取引では，割高な指数を売り，割安な指数を買う。日経平均225先物が割高で，TOPIX先物が割安であれば，日経平均225先物を売り，TOPIX先物を買う。その後，日経平均225先物の割高が修正された局面で，日経平均225先物を買い，TOPIX先物を売り，取引を終える。

　(4)　スペキュレーション（投機）取引

　スペキュレーション取引は，リスクを引き受ける，投機的な取引である。先物取引では証拠金が少額で済むため，少ない元手の金額でも大きな金額の取引が可能となる。現物などのヘッジとして先物を取引するのではなく，先物だけを少額の元手で売買する。

　以上でみてきたように，先物取引はさまざまな手法で取引されている。図9-1は1991年以降の日本におけるTOPIX先物と日経平均225先物の売買高（1日平均）を示している。先物取引が開始された1990年代初期には，TOPIX先物の売買高は約7000枚（先物取引の売買単位）程度であり，日経平均225先物の10分の1程度であった。その後，2000年前後には，TOPIX先物と日経平均225先物の売買高はやや接近したが，2006年以降，再び日経平均225先物の売買高が増えている。日経平均225先物の売買が活発化する背景には，すでに説明したように，裁定取引において，時価ベースのTOPIXよりも，平均

■図9-1　先物売買高の推移

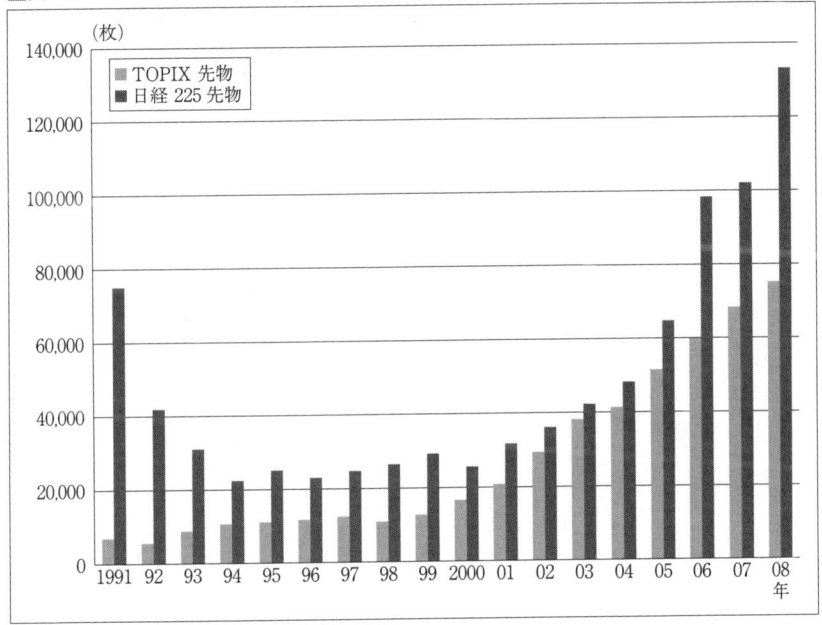

(出所)　日本銀行『金融経済統計月報』より作成。

株価ベースの日経平均の方が，現物株を売買しやすいといった事情があるとみられる。

2　オプション

▶オプションとは

　オプションとは，将来時点において商品（金融商品を含む）を一定の価格（権利行使価格と呼ぶ）と数量で売買する権利である。すなわちたとえば，日経平均先物を1年後に，1万円など一定価格の権利行使価格で買う，または売る権利である。仮に1年後に日経平均（現物）が10500円となっていれば，買う権利（コール・オプション）を行使して，割安な1万円で買うことができる。しかし，仮に日経平均が9500円となっていれば，購入したコール・オプションを放棄し，9500円で購入することとなる。

簡単に表現すれば、オプションとは、買い手にとっては、掛け捨ての保険といえる。買い手にとって有利であれば、保険によって権利を行使できる。逆に買い手に有利でなければ、掛け捨ての保険は放棄される。しかし売り手は掛け捨て保険の保険料を受け取っており、買い手から権利の行使があれば、必ず売買に応じる義務を負っている。

先物取引では、反対売買によって必ず決済される。しかしオプション取引はあくまで買い手にとって権利であり、オプションを行使するか、否かは買い手の義務ではない。このため、相場観がはずれた場合、オプションを放棄し、オプションの購入代金（プレミアム）が損失となる。

先物の場合、1年後の日経平均先物を1万円で買い建てた場合、満期において日経平均が10500円であれ（利益が発生）、9500円であれ（損失が発生）、決済することが必要となる。しかし、オプション取引によって、価格動向次第で損失を回避することが可能となった。

オプション取引には4種類ある。コール・オプション（買う権利）を買う、売る。プット・オプション（売る権利）を買う、売る、といった4種類である。コール・オプションでもプット・オプションでも、買い手はオプションの購入代金（プレミアム）を支払う。買い手はオプションの購入後、権利行使か、権利放棄か、といった選択が可能である。しかし売り手はプレミアムを得る代わりに、買い手の売買に必ず応じる義務がある。コールの売り手は、買い手が買う権利を行使した場合、権利行使価格で売る義務がある。またプットの売り手も、買い手が売る権利を行使した場合、権利行使価格で買う義務がある。したがってオプションの売り手は、プレミアムを得ることで、価格動向に関わりなく、売買に応じる義務とリスクを負うことになる。

▶オプションの種類

株式のオプション商品には、**株価指数オプション**と個別銘柄のオプションがある。株価指数オプションは、日経平均オプションとTOPIXオプションなどである。

現在、大証では日経平均225オプション、日経平均300オプションが取引され、東証でもTOPIXオプションが取引されている。このほか、シンガポール取引所でも日経平均225オプションが上場され、取引されている。シンガポールにおける日経平均225先物は大証に匹敵する売買高となっている。

個別銘柄のオプションについては，東証では**有価証券オプション**，大証では**個別証券オプション**と呼んでいる。東証の有価証券オプションは，個別株券が143種類，ETF（上場投資信託）3種類，不動産投資信託（REIT）9種類となっている。大証の個別証券オプションは，ETFが2種類，個別株券が148種類となっている。東証でも大証でも，各業界の代表的な銘柄を中心にオプション銘柄が選定されている。

▶オプション取引の仕組み

　オプション取引により得られる利益（同時にプレミアム価格）には，**本質的価値**と**時間的価値**がある。本質的価値とは，現時点で権利行使すると得られる利益であり，時間的価値とは権利行使日までに株価が上昇するという，上乗せされた期待部分である。

　株価が550円のとき，権利行使価格が500円のコール・オプションを権利行使すれば，すぐに50円の利益が得られる。こうした現時点で権利行使すれば得られる価値が本質的価値である。

　権利行使価格が500円のコール・オプションを保有しているが，株価が500円以下であれば，本質的価値はゼロであるが，プレミアム（オプション価格）はゼロとならない。これは権利行使日までに株価が500円以上に上昇するといった期待感による上乗せ部分があるためで，これが時間的価値と呼ばれる。

　ここではコール・オプションで説明する。株価と権利行使価格が同じ水準にあるとき，「アット・ザ・マネー」（at the money）と呼ぶ。アット・ザ・マネーでは本質的価値はゼロで，時間的価値だけがあり，プレミアムとなる。権利行使日までに株価が上昇するという期待感から，時間的価値がプレミアムに反映される。

　株価が権利行使価格よりも高い場合，「イン・ザ・マネー」（in the money）と呼ぶ。この場合，権利行使すれば利益がすぐ発生するので，本質的価値と時間的価値の双方がプレミアムに反映される。

　株価が権利行使価格よりも低い場合，「アウト・オブ・ザ・マネー」（out of the money）と呼ぶ。本来的価値はゼロであり，時間的価値もアット・ザ・マネーよりも小さくなるが，プレミアムはゼロにはならない。時間的価値が反映されるからである。以下で，オプションの4つの基本的取引を説明する。

■図9-2 オプション取引

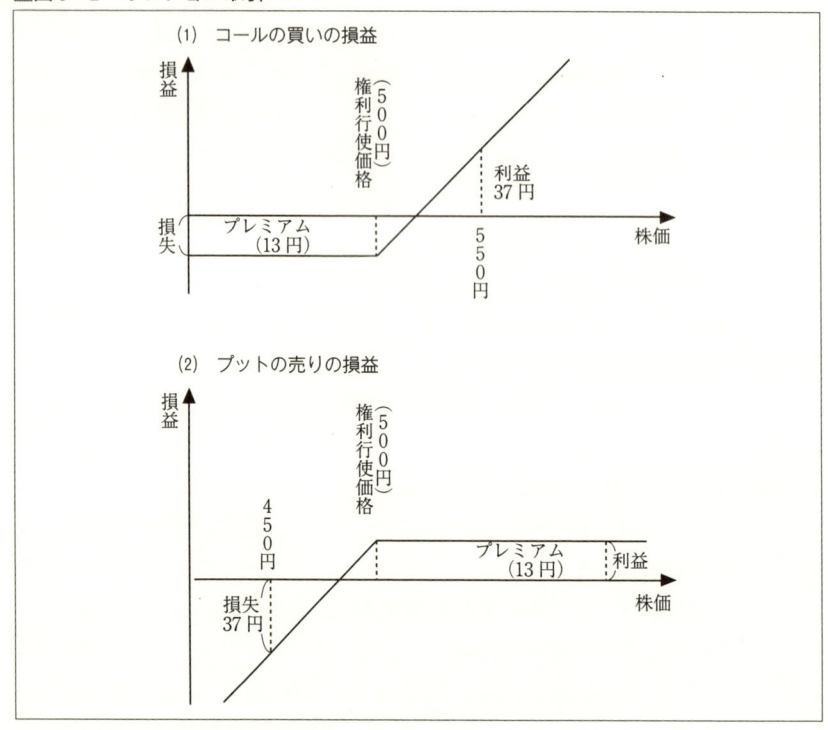

(1) コールの買いの損益

(権利行使価格 500円)
損益
損失
プレミアム（13円）
利益 37円
550円
株価

(2) プットの売りの損益

(権利行使価格 500円)
損益
450円
損失 37円
プレミアム（13円）
利益
株価

(1) コールの買い

　株価が500円のとき，1カ月後に行使価格500円のコール・オプションをプレミアム13円で購入した，とする。1カ月後に株価が550円に上昇した場合，500円で購入できる。したがって550−500−13＝37円が利益となる。この場合，株価の上昇により，利益は無限大（プレミアム分を差し引く）となる。

　逆に，1カ月後に株価が450円に下落した場合，500円で購入する権利を放棄する。したがってプレミアム13円が損失であり，最大損失もプレミアム13円となる（図9-2参照）。

　コールの買いでは，利益は無限（プレミアム差し引き後），損失はプレミアムが上限となる。基本的に相場を強気（上昇する）にみる場合，コールの買いポジションをとる。

(2) コールの売り

　株価が500円のとき，1カ月後に行使価格500円のコール・オプションをプ

レミアム 13 円で売った，とする。1 カ月後に株価が 550 円に上昇した場合，売り手は 550 円で調達し，500 円で売ることとなる。500 - 550 - 13 = -37 円が損失となる。この場合，株価上昇に伴う損失は無限大（プレミアム分を差し引く）となる。

　逆に，1 カ月後に株価が 450 円に下落した場合，相方はコール・オプションを行使しないので，コールの売り手は，プレミアム 13 円が利益であり，最大利益も 13 円となる。基本的に相場を弱気（下落する）にみる場合，コールの売りポジションをとる。相場が下落する場合，利益が発生するからである。

　(3)　プットの買い

　株価が 500 円のとき，1 カ月後に行使価格 500 円のプット・オプションをプレミアム 13 円で買った，とする。1 カ月後に株価が 450 円に下落した場合，450 円で現物株を購入すれば，500 円で売る権利があり，買い手は権利行使できる。500 - 450 - 13 = 37 円が利益となる。この場合，株価下落に伴い，利益は大きく（プレミアム分を差し引く）なる。

　逆に，1 カ月後に株価が 550 円に上昇した場合，買い手は権利を放棄すればよい。プレミアム 13 円が損失となり，最大損失も 13 円となる。基本的に相場を弱気（下落する）にみる場合，プットの買いポジションをとる。株価が低下するほど，利益が発生するからである。

　(4)　プットの売り

　株価が 500 円のとき，1 カ月後に行使価格 500 円のプット・オプションをプレミアム 13 円で売った，とする。1 カ月後に株価が 550 円に上昇した場合，買い手は権利行使しないので，売り手はプレミアム 13 円が利益となり，最大利益も 13 円となる。

　逆に，1 カ月後に株価が 450 円に下落した場合，買い手は 450 円で現物株を買い，500 円での売りを権利行使する。この場合，売り手は 500 円で買う義務がある。450 - 500 - 13 = -37 円が損失となる。株価が低下するほど，損失は大きく（プレミアムを差し引く）なる（図 9 - 2 参照）。

　基本的に相場を強気（上昇する）にみる場合，プットの売りポジションをとる。相場が上昇した場合，利益が発生し，下落すると損失が発生するためである。

▶オプションの投資効果

オプションを利用した場合の効果には，以下のような効果がある。

(1) ヘッジ効果

プット・オプションによって，価格下落リスクをヘッジできる。またコール・オプションによって，価格上昇リスクをヘッジできる。こうした価格変動リスクをオプションによってヘッジできる。

(2) 危険限定効果

オプションでは，利益は無限大だが，損失はプレミアムに限定される（コールとプットの買い）。このためオプションで損失をプレミアムに限定する効果がある。

(3) レバレッジ効果

オプションでは，投資額に対し，元本額が小さい。小さい元本で，大きな投資が可能である。このため元本に対し，値上がり率や値下がり率が大きくなる。元本が小さく，てこの効果（＝レバレッジ効果）で，利益や損失が大きくなる。

▶オプションの投資戦略

オプションの投資戦略としては，**アンカバー・ポジション**（すでに説明したコールの買い，売り，プットの買い，売りなど），**ヘッジ・ポジション**（現物や先物とオプションを組み合わせる），**スプレッド・ポジション**（同じ種類のオプションの買いと売りを組み合わせる），**コンビネーション・ポジション**（異なる種類のオプションの売りと買いを組み合わせる），合成ポジション（オプションと先物の合成）などがある。以下では代表的な戦略として，ヘッジとスプレッドを取り上げる。

(1) ヘッジ・ポジション

ヘッジ・ポジションには，プロテクティブ・プットとカバード・コールがある。いずれも現物株（TOPIX）購入とオプションを組み合わせている。

(i) プロテクティブ・プット　現物株でTOPIXと同じポートフォリオを1000で買い付けたとする。同時に，900のプット・オプションを，プレミアム18で買う。仮にTOPIXが1200に上昇すれば，プット・オプションを行使せず，1000のTOPIXを1200で売却できるので，$1200-1000-18=182$が利益となる。この場合，TOPIXの上昇に伴い，利益は無限大となる。逆にTOPIXが1018以下であれば，損失が発生する。しかし売りオプションが900で可能であるから，損失は$1000-900+18=118$が最大である。

プロテクティブ・プットでは，ヘッジとしてプット・オプションがプロテクティブ（防御的）に利用される。基本的に相場を強気（上昇）にみており，ヘッジとしてプットを利用している。

(ii) カバード・コール　同じくTOPIXと同じポートフォリオを1000で買い付けたとする。同時に，行使価格1000のコール・オプションを，プレミアム63で売る。相場がほとんど動かないと予想し，プレミアム収入を狙うときに，この手法を利用する。1000からプレミアム分63を差し引いた，937以上にTOPIXが上昇すると，利益が発生するが，利益は最大でプレミアム分63に限定される。TOPIX上昇により，コールの買い手は権利行使するため，1000で売り渡すが，購入価格と相殺されるため，プレミアム63が残る。他方，937以下では損失が発生し，TOPIX下落に伴い大きくなる。しかし損失はプレミアム分63だけ，小さくなる。現物株では損失となるが，コールの買い手が権利放棄するため，現物株の損失はプレミアム分だけ小さくなる。

(2) コンビネーション・ポジション

コンビネーション・ポジションには，ストラドル（Straddleとは買いと売りの双方に「またがる」ことを意味する）の買い，ストラドルの売りがある。

(i) ストラドルの買い　相場が上下のいずれかに大きく変動することが予想されるときに利用される。日経平均225が10000円であるとし，行使価格がそれぞれ10000円のコール・オプションとプット・オプションを買う。プレミアムはコールが760円，プットが640円であるとする。この時，日経平均225が11400円以上であれば，10000円の買いオプションで買い付け，11400円以上で売ることで利益が発生（760＋640＝1400，プレミアムを超過）する。逆に，日経平均225が8600円以下に下落すれば，8600円で市場から買い付け，売りオプションにより10000円で売ることで利益が発生する。日経平均225の変動が大きければ，利益は無限大となる。

しかし，日経平均225が満期日までに8600〜11400円の範囲内にとどまると，損失が発生する。オプション行使による利益が，プレミアムを下回るためである。損失は日経平均225が10000円のままだった時に最大となり，1400円の損失となる。

(ii) ストラドルの売り　相場がもみ合いでほとんど動かず，プレミアムを狙うために利用される。日経平均225が10000円のとき，行使価格が10000円のコールとプットをそれぞれ売る。プレミアムはコールが760円，プットが

640円とする。

　日経平均225が10000円以上であれば，コールの買い手は10000円で買う権利を行使し，10000円以上で市場において売る。コールの売り手は，10000円で売る義務があり，市場において10000円以上で買う。このため日経平均225が11400円（プレミアム合計で1400円）以上に上昇すると，コールとプットの売りで受け取ったプレミアム以上に損失が膨らみ，差し引きで損失となる。

　逆に，日経平均225が10000円以下であれば，プットの買い手は，市場において10000円以下で買い付け，10000円で売る権利を行使する。プットの売り手は，10000円で買う義務があり，市場において10000円以下で売る。このため日経平均が8600円以下に下落すると，プットの売り手としては損失が1400円以上になり，受け取ったプレミアム1400円を超え，差し引きで損失となる。

　ストラドルの売りでは，日経平均225が8600円以下か，11400円以上に変動すると損失が発生する。他方，8600〜11400円の範囲内であれば，利益が発生する。利益は最大で1400円であり，日経平均225が10000円で変動しなかった場合に最大となる。

3　スワップ

▶スワップとは

　スワップとは，異なるキャッシュフローを交換（スワップ）することを指す。具体的には，異なる金利や通貨などを交換することを指す。金利の場合，固定金利と変動金利，長期金利と短期金利を交換する。通貨の場合，円建ての債権・債務とドル建ての債権・債務を交換する，などがある。先物・オプションは取引所取引が中心であるが，スワップは**店頭デリバティブ**である。またスワップは契約であり，証券ではない。

▶金利スワップ

　金利スワップでは，主として固定金利と変動金利がスワップされる。金利スワップは，主として**金利変動リスク**をヘッジするため，固定金利と変動金利等を交換する取引といえる。

　A銀行は5年物債券で固定金利によって資金調達しており，短期貸出で変

動金利によって資金運用しているとする。すなわち，かつての長期信用銀行に近いビジネスモデルである。このA銀行では，金利が低下すると，貸出が変動金利であるため，貸出金利が低下し，損失を生むリスクがある。調達の固定金利よりも高い貸出金利であれば，損失は発生しないが，貸出金利が調達金利を下回ると，逆鞘となり，損失が発生する。

　他方，B銀行は短期金融市場で変動金利によって資金調達している。しかし運用では長期貸出で固定金利によっている。すなわち都市銀行に近いビジネスモデルであり，譲渡性預金（CD）等で調達し，住宅ローンなど長期・固定金利で運用している。このB銀行では金利が上昇すると，調達が変動金利のため，調達金利が上昇し，損失が発生するリスクを抱えている。

　こうした場合，A銀行とB銀行で相互の調達金利をスワップすることで，金利変動リスクをヘッジできる。具体的には，仲介者（スワップディーラー）がA銀行とB銀行を引き合わせ，A銀行がB銀行の変動金利を支払い，B銀行がA銀行の固定金利を支払う。このスワップにより，A銀行は調達・運用とも短期の変動金利となる。またB銀行は調達・運用とも長期の固定金利となる。A銀行，B銀行とも，**資産・負債のミスマッチ**（短期と長期，変動と固定といった不一致）から解放されている。

▶通貨スワップ

　通貨スワップは，異なる通貨建てによるキャッシュフローを交換することで，**為替リスクを軽減することを指す。**

　X社では，資金調達がドル建て債券発行であり，利払いもドル建てとする。また資金運用や売上は国内業務が中心であり，円建てが中心とする。このため，X社では為替レートが円安・ドル高になると，円建ての利払い額が増加する為替リスクがある。X社は国際債券市場でも知名度があり，ドル建て債券を海外で発行できるが，たとえば住宅メーカーで内需型企業と仮定する。

　他方，Y社では資金調達が国内銀行からの借入れであり，円建てが中心である。しかしY社では輸出業務が中心であり，資金運用や売上はドル建てが中心である。したがってY社では円高・ドル安になると，売上が円建てでは減少することとなる。国内の製造業が国内銀行から借入れしつつ，アメリカなど海外市場向けに輸出していると仮定する。

　この場合，X社とY社で通貨建てをスワップし，X社がY社の円建て負債

（銀行借入）を返済する。またY社がX社のドル建て社債を返済する。この通貨スワップにより，X社は売上や資産とともに，負債も円建てとなる。またY社は売上や資産とともに，負債もドル建てとなる。

以上でみてきたように，先物やオプションが証券としての性格を有するのに対し，スワップは交換という契約である。こうした要因も背景にあり，先物・オプションが取引所取引であるのに対し，スワップは店頭（業者間）取引となっている。

▶スワップ取引の応用

すでに説明したように，スワップは金利や通貨を交換することで，変動リスクを軽減する。しかしスワップ取引を使用することで，より有利な資金調達が実施されている。

世界銀行や**欧州投資銀行**（EUの公的金融機関）は，可能な限り低金利での資金を調達し，途上国やEUへの加盟希望国に低金利かつ長期で貸し出している。こうした国際的な金融機関は，もともと格付けが高いが，ドル建て市場ではより評価が高く，有利な資金調達が可能であった。他方，IBMなど多国籍企業はドル建て市場よりも，ドイツマルク建て市場やスイスフラン建て市場で評価が高く，低コストの資金調達が可能であった。

世界銀行など国際的金融機関が貸出（運用）にあたりドイツマルク建てを必要とし，他方IBMがドル建て資金を必要とする。こうした場合，まず世界銀行はドル建てで資金調達し，IBMはドイツマルク建てで資金調達する。ファイナンス後，世界銀行とIBMは通貨をスワップして，世界銀行はドイツマルク建て資金を低コストで手にする。

このようにスワップを利用することで，より低コストの資金調達が可能となっている。図9-3はわが国におけるスワップの取引残高を示している。わが国の企業も金利変動リスクや，為替変動リスクに晒されており，スワップの利用は高まっている。通貨スワップは2000年には4000億ドル程度であったが，2009年には1兆2000億ドル程度まで増加している。為替関係のスワップとして，このほかに，**フォワード・為替スワップ**（将来時点での為替スワップ）があるが，図9-3には含まれていない。また金利スワップも急増しており，金利スワップの取引残高は2000年には10兆ドル程度であったが，2009年には25兆ドル程度に増加している。スワップディーラーの多くは銀行であり，スワップ

■図9-3 スワップの取引残高

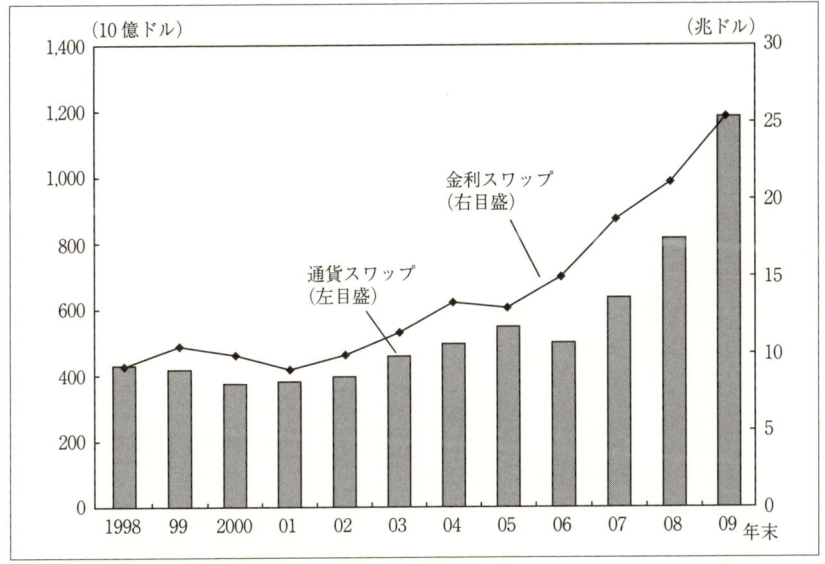

（出所）『日本銀行統計』より作成。

は店頭取引であるが，銀行間取引（店頭取引）で膨大なスワップなどのデリバティブが取引されている。

4　サブプライム問題と金融危機

▶ CDSとは何か

　2007年から2008年にかけての金融危機は，基本的には**サブプライムローン**の証券化商品を，ヘッジファンドや大手銀行が保有し，多額の損失を計上したことに原因があった。しかし，金融危機を増幅させた要因として，クレジット・デフォルト・スワップ（CDS）をあげることができる。CDSもまた，店頭デリバティブの代表的な商品であり，その取引額は世界的に増加している。

　CDSは，**参照証券のデフォルト**（破綻，元利払いの不履行）リスクについて，相手方（**カウンターパーティ**とも呼ばれる）に保証してもらう保険商品である。たとえば，投資家AがB国の国債を保有しているとする。この場合，保険会社CがB国の国債デフォルトによる元利払い不履行について，元利払いを保

証することになる。保険会社Cは投資家Aに対し，B国国債を参照証券とするCDSを販売し，デフォルトの際には元利払いを保証する。投資家Aは保険料として，CDSプレミアムを保険会社Cに対し支払う。参照証券のリスクが高ければ，当然ながらCDSプレミアムは高くなる。最近では，参照証券のリスク指標としてCDSプレミアムが使用されており，南欧諸国の国債はCDSプレミアムが高くなっている。国債のデフォルトはアルゼンチンなどで現実に発生した。

すなわちCDSは本来，**信用リスク**をヘッジする保険である。信用リスクとは，利払い遅延やデフォルトなどが発生するリスクの度合いであり，価格変動リスクとは異なる。価格変動リスクは，株式など証券価格が変動するリスクであり，価格変動リスクをヘッジするために，先物やオプションが活用されることになる。しかしCDSは価格変動リスクをヘッジする手段ではなく，発行証券の信用リスクをヘッジする手段である。

しかし，問題は，他のデリバティブと同様に，リスク・ヘッジから出発しつつも，CDS自体を**トレーディング目的**で売買できることである。参照証券（B国国債）を保有していなくとも，CDS自体だけを売買できる。したがって必然的に，CDS売買が投機化していくこととなる。

このほかに，CDSの基本的問題として，相手方（カウンターパーティ）との取引であり，取引所に上場されていないため，価格評価が困難なことである。CDSを保有している場合，その時価評価が会計上必要になるが，価格評価が容易ではない。

また**銀行の自己資本比率**上の問題もある。銀行は国際的業務を遂行するためには，BIS（国際決済銀行）による自己資本比率をクリアしなければならないが，CDSを利用することにより，欧米の銀行は自己資本比率をクリアしやすくなっていた。すなわち銀行が証券を保有している場合，国債等以外の証券はリスク・ウエイトがあり，分母のリスク資産が大きくなり，自己資本比率の低下につながる。しかし，銀行が証券を保有していても，CDSでヘッジしていれば，その証券には保険がかかっているとみなされ，リスク・ウエイトが大幅に軽減され，分母のリスク資産増加には結びつかなかった。2008年の金融危機に際して，欧米の銀行はきわめてレバレッジが高い（総資産が自己資本の50倍といった状態）が，BIS自己資本は10％程度であった。これは欧米の銀行がCDSを活用して，リスク・ウエイトを軽減していたためである。CDSにより，銀行

の高レバレッジが可能になったともいえる。

▶CDSとモノライン保険会社

　もともとCDSはアメリカで金融保険保証会社である**モノライン保険会社**（金融保証専門であることで，モノと呼ばれる）が手がけてきた。モノライン保険会社は地方債などで保険を販売し，アメリカの地方債がデフォルトした場合，元利保証をしてきた。日本では，地方債には「暗黙の政府保証」がついているとされ，最近まで地方債のデフォルトは考えにくかった。しかし，アメリカでは地方債は地方政府の財政によって担保されており，地方債のデフォルトが想定されてきた。このため，モノライン会社が地方債の保証業務を営む余地もあった。

　モノライン保険会社は大手4社に寡占化が進んでいたが，多くは金融機関系であり，大株主には金融機関が並んでいた。モノライン会社は地方債の保証業務を手がけてきたが，1998年から資産担保証券（ABS）や不動産向けローン担保証券（MBS）のCDS販売に進出した。地方債の保証業務だけでは，十分な収益源とならなかったためである。そして，モノライン保険会社は，2007年にはサブプライムローンが組み込まれた債務担保証券（CDO）のCDSを1250億ドル販売していた。

　またCDSから合成されるCDOはシンセティックCDOと呼ばれるが，シンセティックCDOは巨額化し，金融危機の大きな背景となった。通常のCDOはMBSなどから構成されているが，シンセティックCDOはCDSから構成されている。MBSを参照証券とするCDSがあった場合，そのCDSからCDO（シンセティックCDO）が生まれる。このように，二重，三重にも，デリバティブ商品が構成され，巨額化し，金融危機の背景となった。

▶大手保険会社の破綻とCDS

　当初はモノライン保険会社などによって，CDSは手がけられていた。しかし大手保険会社である**AIG**などの子会社によっても，CDSは販売された。CDSは参照証券の信用（デフォルト）リスクに関する保険商品であったから，CDSの売り手は，参照証券（具体的にはサブプライムローンによるMBSなど）のデフォルトが発生すると，保険の支払い義務を負う。しかし，シンセティックCDOなども含め，その金額があまりに巨額であり（AIGの子会社によるCDS想定元本は4410億ドル），AIG等によって払いきれないものであった。またAIG

■図9-4 わが国のCDS取引高

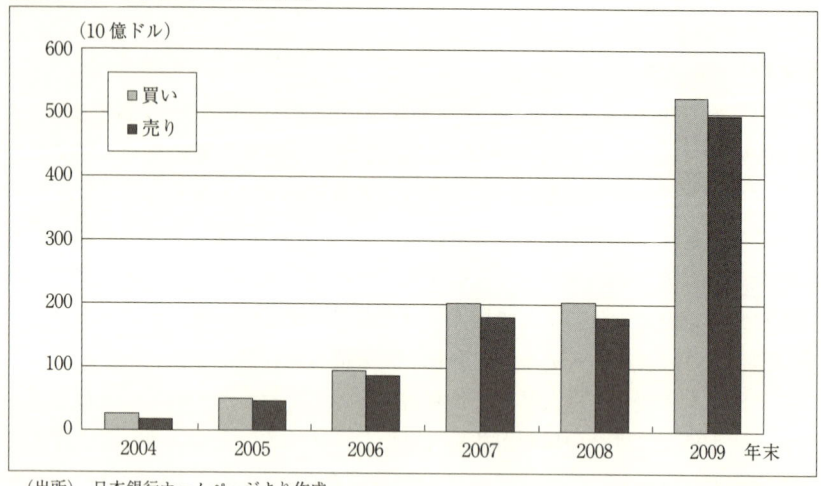

(10億ドル)
凡例: ■買い ■売り
横軸: 2004, 2005, 2006, 2007, 2008, 2009 年末
縦軸: 0〜600

(出所) 日本銀行ホームページより作成。

等のCDS取引相手はアメリカの大手金融機関全体となっており，AIGの破綻はアメリカ金融証券市場の震撼を意味した。このため米政府が金融危機対策に乗り出さざるをえなくなった。結果として，金融危機は巨額の政府資金を必要とし，米政府に大きな財政赤字をもたらした。

▶日本におけるCDS

こうして海外で普及したCDSであったが，日本においてもCDS取引は増加している。図9-4はわが国におけるCDS取引残高を示している。2004年にはCDS取引残高（想定元本）は買いが270億ドル，売りが180億ドル程度であったが，2009年には売り・買いともに，5000億ドル程度に達している。また金融危機以降の2009年に急増したことも注目される。日本では信用リスクの保険として，CDSが注目されている。また清算機関（取引所等）での取引への移行なども議論されている。

図9-4は日本におけるCDS取引残高であるが，外資系金融機関相互で取引される日本銘柄を参照証券とするCDSは含まれていない。国際スワップ・デリバティブ協会（ISDA）によると，グローバルなCDS市場の取引残高（想定元本）は2007年に62.2兆ドル，2008年に急減したものの38.6兆ドルであり，日本国内の100倍程度に匹敵する。

従来，日本でCDS取引が少なかった背景としては，第1に邦銀によるCDS活用が十分ではなかったこと，第2に日本の社債市場の規模が小さく，CDSを活用する社債投資家が少なかったこと，第3にシンセティックCDOなどCDSを利用した証券化商品が小さかったこと，等があろう。しかし，日本での銀行貸出は欧米に比較して依然大きく，銀行貸出を参照するCDSが増加する可能性はあるといわれる。

・参 考 文 献

■引用・参考文献
　大和総研［1995］,『よくわかる株価指数先物・オプション（新訂版）』経済法令研究会
　中空麻奈［2009］,「金融市場におけるCDSの功罪の整理」『証券アナリストジャーナル』10月号, 5-16ページ
　後藤文人［2009］,「日本のCDS市場の現状と課題」『証券アナリストジャーナル』10月号, 17-28ページ

■学習のための文献
▶学生がデリバティブを学ぶ場合，ビデオ（DVD）活用がわかりやすく有効
　日本経済新聞社作成ビデオ
　　日経ビデオ『株式先物取引早わかり』
　　日経ビデオ『株価指数オプション取引早わかり』
　東京証券取引所作成ビデオ
　　『TOPIX先物取引』
　　『TOPIXオプション取引への旅』
▶日経平均225先物を中心に，わかりやすくデリバティブを解説
　大阪証券取引所ホームページ　http://www.ose.or.jp/derivative
▶TOPIX先物を中心に，わかりやすくデリバティブを解説
　東京証券取引所ホームページ　http://www.tse.or.jp/rules/derivatives/index.html
▶金融危機との関係でCDS等について解説
　代田純編［2010］,『金融危機と証券市場の再生』同文舘出版

第10章　証券行政と証券政策

1　証券行政の体系と自主規制機関

▶証券行政の体系

　多くの主要国（または地域）において金融市場または金融システムに関する政策を担う公的機関は財政当局，金融監督当局，中央銀行である。証券市場に係わる金融監督当局として，アメリカには**証券取引委員会**（SEC），イギリスには**金融サービス機構**（**FSA**）[1]があり，日本の場合には内閣府の外局として**金融庁**（証券取引等監視委員会と公認会計士・監査審査会を付設）が設置されている。

　日本では，第2次世界大戦後にGHQ主導のもとで設立された証券取引委員会が1952年に廃止されて以来，長い間金融行政は大蔵省（現財務省）が担当してきた。しかし，1990年代の一連の証券・金融不祥事，中央省庁再編などにより，金融監督権限，金融市場の企画・立案権限の順に大蔵省から金融監督庁（1998年6月発足）へ，金融庁（2000年7月に金融監督庁から改組）へと権限が委譲されていった。

　金融庁は，長官のもとに審判官と3部局を擁し，「金融システムの安定」，「公正・透明な市場の確立」，「利用者の保護・利用者利便の向上」の政策目的のもとで金融商品取引法の執行にあたることが基本的な職務である。具体的には，金融制度の企画・立案，銀行・保険・証券会社などの民間金融機関や証券取引所などの市場関係者の検査・監督，証券市場における取引ルールの制定といった機能を担っている。

証券取引等監視委員会は1991年の証券・金融不祥事を機に1992年7月に大蔵省のもとに設置され，行政権限の移管とともに現在では金融庁に設置されている。具体的な職務は日常的な市場監視，金融商品取引業者等に対する検査，法令違反行為（インサイダー取引など）や犯則事件に対する調査などがある。さらに，法令違反行為等に対しては金融庁長官への行政処分や課徴金賦課の勧告，犯則事件にもとづく違法行為に対しては検察官への告発などの権限を有している。

公認会計士・監査審査会は，2001年から2002年にかけてアメリカのエンロン，ワールドコム破綻で表面化した不正会計事件を機に監査監督の重要性が国際的に高まったことを受け，2004年4月に設置された。主たる職務は，日本公認会計士協会の「品質管理レビュー」（監査事務所がきちんと監査を行っているか否かに対する協会の調査）に対する審査ならびに監査事務所等に対する検査，公認会計士に対する懲戒処分等の調査・審議などである。

▶自主規制機関

自主規制機関とは，適切な行為規範を定め，会員（業者）にその遵守を求めることなどを通じて行政を補完し，市場と業者に対する利用者の信頼向上などの公益目的を達成するために組織された私的団体をいう。

自主規制には，市場と業務を熟知する業者が規制を行うため実際的で妥当なルールが制定・執行される，会員等が規制コストを負担するため過剰な規制が抑えられるなどメリットがあげられる。また，自主規制の機能は国によって異なるが，概して①規則の制定，②法令・規則に対する会員の遵守状況の調査，③法令・規則に違反した会員への制裁，④会員に対する苦情への対応・解決，⑤会員による取引に関する争い（紛争）の斡旋といった機能を備えている。

証券分野における自主規制機関としては，現在の日本には，証券取引所（金融商品取引所）のほか，日本証券業協会（日証協），投資信託協会（投信協），日本証券投資顧問業協会などがあり，いずれも法律にもとづいて設立され，行政の監督を受けている。証券取引所は金融商品市場の開設者として，**金融商品取引法**にもとづいて自主規制業務を遂行している。ここで，自主規制業務とは，金融商品等の上場・上場廃止に関する業務のほか，上記機能の①～③に該当する業務である。取引所は，内閣総理大臣の認可を受けて自主規制業務の全部または一部を自主規制法人に委託することができ，さらに株式会社形態の取引所

は自社内に自主規制委員会を設置して、自主規制業務を委託することができる（業務に関する事項の決定のみであり、その執行は含まない）。

　取引所以外の日証協等は、金融商品取引法第4章に規定する**金融商品取引業協会**に該当する。自主規制機関としての金融商品取引業協会は、内閣総理大臣の認可を要する「**認可金融商品取引業協会**」（認可協会）と、総理大臣の認定でよい「**認定金融商品取引業協会**」（認定協会）に分類されるが、日証協は前者に、それ以外の投信協などは後者に属する。認可協会、認定協会とも上記①～⑤の基本的な機能は備えているが、認可協会の場合には店頭売買有価証券市場の開設を認められていることが大きな特徴である。また、日証協は、証券市場全般を管轄する自主規制機関として、紛争処理などを含めて証券取引全般にわたる広範な規則等を定めているほか、金融庁から証券外務員の登録事務を委任されている。

　自主規制機関ではないが、証券分野に係るセーフティネットとしての**投資者保護基金**について以下に説明しておく。証券分野におけるセーフティネットとしては、1969年に寄託証券補償基金が設立されていた。これは法的根拠をもたない財団法人であったが、証券恐慌を経て1968年4月から証券業への参入は登録制から免許制に変わり証券業者自体の保護が図られたため、1980年代まではセーフティネットのあり方が問題となることはなかった。しかし、1990年代以降の三洋証券、山一證券をはじめとした証券会社の破綻や経営不振に加え、証券会社のずさんな顧客資産管理の表面化を機に、破綻証券会社に対する一般顧客の債権保護を目的に1998年の証券取引法改正によって投資者保護基金制度が公式に創設された。この目的を達成するために、投資者保護基金は①破綻証券会社が顧客資産を弁済できなかった場合の支払い（1顧客につき上限1000万円）、②迅速な返還履行のための証券会社向け融資といった業務を行う。現在では、同制度にもとづく基金として日本投資者保護基金しかないが、基金の複数設立は法的に可能である。ただし、証券会社（**第一種金融商品取引業者**）はいずれかの基金への加入が義務づけられている。

2 証券政策とは

▶証券政策の定義と目的

証券政策とは，証券市場発展の方向性を規定づけるために意識的に動員される一連の証券行政・規制の導入や変更と定義される。証券政策を立案，施行する主体は上述した金融庁などの行政機関である。しかし，日証協，証券取引所といった**自主規制機関**も，自主規制という形で証券政策の遵守を証券会社等の市場参加者に促し，それを監督する一方で，市場での問題を行政機関に報告することによって証券政策の課題を提示してきた。また，学識経験者，関係各界の代表者等で構成され，金融庁に従属する**金融審議会**（旧**証券取引審議会**）も証券市場に関する行政課題を先取りして議論し，証券政策の方針を提言してきたという意味では，証券政策の重要な当事者といえよう。[2]

証券政策の最終目的としては，第1に企業資本充実を実現すること，第2に企業支配の維持または移動を図るまたは容易にすること，第3に上記2つの目的を達成すべく証券の流動化を促進することがあげられる。これらの最終目的を達成するために具体的に実施される証券政策の方向性としては，次の2つがある。第1は，発行・流通市場への資金流入を促進して，企業の資本蓄積を助けることに重点を置く方向である。第2に，市場への資金源泉としての投資家を保護することに重点を置く方向である。これら2つの方向のどちらに重点が置かれるかは，資本蓄積の段階とそこにおける市場制度の整備状態によって変わってくる。資本蓄積が少ないために証券市場を通じた資金調達の圧力が強い一方で，市場制度の整備が遅れている場合には前者に重点を置かざるをえないだろう。一方，資本蓄積が進展して資金調達負担が軽減され，さらに市場制度も整備されてくれば重点は後者に移ることになる。その意味で，証券政策の究極的な目的は投資家保護であるといえよう。

したがって，証券政策の段階を分類する上で，企業の資金調達圧力，より具体的にいえば資金過不足の程度が重要な指標となる。そこで，図10-1で経済主体別の資金過不足（対名目GDP比）をみてみた。非金融民間法人企業（以下，企業）の推移をみると，明確なトレンドの変化がみてとれる。つまり，1970年代前半までは経済復興と高度経済成長に支えられて企業は圧倒的な資金不足主

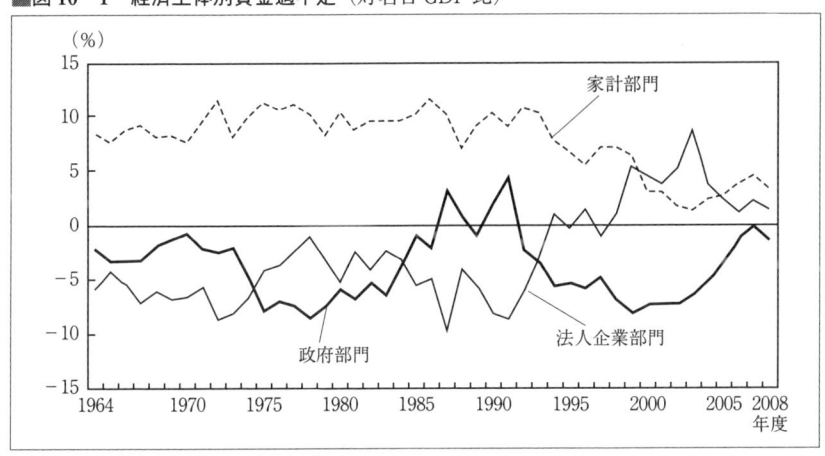

■図 10-1　経済主体別資金過不足（対名目 GDP 比）

(注)　1980 年度を境に部門の定義が異なる。
　　1979 年度以前——法人企業部門：法人企業，政府部門：中央政府・公団・地方公共団体，家計部門：個人。
　　1980 年度以降——法人企業部門：民間非金融法人企業，政府部門：一般政府・公的非金融法人企業，家計部門：家計・対家計民間非営利団体。
(出所)　内閣府，日本銀行のホームページ掲載の統計より作成。

体であった。しかし，1970 年代後半以降は経済の安定成長期への移行もあり企業の資金不足の程度は緩和され，さらに 1990 年代に入ってからの経済構造の変化（一段の経済の潜在成長率の低下）によって，1990 年代半ば以降はついに資金余剰主体となっている。企業に代わって 1970 年代以降に資金不足主体として存在感を増しているのは政府である。そこで，以下では①戦後〜1970 年代前半，② 1970 年代後半〜1980 年代，③ 1990 年代以降に時代区分して証券政策の変遷をみていく。なお，①の戦後から高度成長期に至る時代は，証券政策の観点からさらに，1960 年代半ばの証券恐慌を境に分割することができる。先取り的にいえば，証券恐慌までは企業の資金需要が強すぎて自立的な証券政策がほとんど展開できなかった時代である。それが展開できるようになったのは，1960 年代半ばまでの家計と企業の資本蓄積を経て，証券市場を通じた資金需給の逼迫が緩和した 1960 年代後半以降である。したがって，本節では戦後から証券恐慌までの状況を概観し，証券恐慌以降の証券政策については上記の時代区分に従って次節以降で説明する。

▶証券政策前史：戦後〜高度成長期前半（証券恐慌）

戦後，1949年5月に東京，大阪，名古屋をはじめとする証券取引所が再開された。取引所の再開にあたり，先物取引の禁止，取引の時間順位の記録，上場証券取引の市場集中主義の「証券取引再開3原則」がGHQから出された。また，取引所再開に先立つ1947年にはGHQの指導のもとで証券取引法が制定されたが，翌48年には同じGHQのもとで同法が全面改正され，以後数次の改正を経ながらも2006年の**金融商品取引法**成立まで日本における証券取引の基本法として機能した。このように，戦後の日本では証券取引の枠組みは基本的にGHQによって定められたのである。

この時期の証券市場にとって重要な背景は，「戦後復興から高度成長に至る過程で企業の資金需要が極めて旺盛であった反面，資金供給側の資本蓄積は極めて貧弱であった」ということである。したがって，当時の金融行政の最優先課題は，限られた資金をいかにして安定的・効率的に供給して，旺盛な資金需要に応えるかということと同時に，金融機関経営の安定を通じた金融システムの安定を図ることによって資金供給源を確保することであった。

こうした課題に対処するためにとられた方策が，零細な資金を銀行に集めて，経済復興に重要な重化学工業に重点的に配分する**間接金融システム**の確立であった。このシステムを補強するために，さらに3つの政策がとられた。1つは，長期信用銀行制度（長短分離），信託銀行制度（信託分離），外国為替専門銀行制度，中小企業専門金融機関制度，銀行・証券分離制度を核とする**専門金融機関制度**の確立であり，そのための一連の法的整備が1950年代前半に行われた。この専門金融機関制度が，後々銀行が証券業務等に参入するときの障害となり，最終的に1990年代の金融システム改革に結びつくのである。2つ目は，資金供給面の補強策としての，日本銀行貸出→市中銀行→産業を通じた資金供給ルートの確立である。3つ目は**人為的**な**低金利政策**をとったことであり，具体的には預金金利の規制，起債懇談会・起債打合会（うちあわせ）（後の起債会）等を通じた社債発行制限により行われた。

証券市場も長期資金調達の場として機能していたが，銀行に資金を集中することが優先されたため，**差別税制**などにより証券投資は不利な立場に置かれていた。[3]一方で，1951年6月には先物取引禁止の代替としての信用取引制度創設や，証券投資信託法の施行による投資信託制度導入など証券市場の活性化策がとられた。さらに，1950〜51年にかけての商法改正により，授権資本制度，

無額面株式発行制度，資産再評価による評価益の資本組入れなどが導入され，1952～53年にかけて増資が急増した。しかし，専門金融機関制度と日銀信用にもとづく資金供給ルートを柱にした強固な間接金融システムにより，証券市場は限界的な資金調達の場にとどまった。

間接金融システムを推進した結果，企業の資本構成の悪化（銀行借入への過度の依存）と，銀行による日銀借入依存が1950年代後半に大きな問題となった。これを是正するため「**金融正常化論**」が唱えられ，その一環として設備投資資金調達の場として証券市場の育成とそれに伴う企業資本の充実も主張された。こうした流れを受けて，1961年に配当軽課措置がとられた（1964年より強化）。これによる増資コストの低下は，1961～62年にかけて増資の飛躍的な増加を引き起こす一方，株式の過剰発行による1株当たり利益の低下を引き起こした。ここで重要な点は，金融正常化論とは別問題として，高度成長期にある企業の資金需要は従前と変わらず旺盛であったことである。政策当局は銀行を通じた資金供給に加えて企業の資本充実を意図したため，証券の発行市場はその限度を超えて拡張した一方，発行された証券を流動化する資金すら企業の資金調達で吸収されてしまった[4]。これでは，証券政策として独自性を出しようもなく，ただ産業への資金供給と違反摘発に終始するのみであった。

しかしながら，金融引締政策（1961年7月～62年10月）の浸透による企業の（総資本）利潤率の低下に加え，過大な増資がもたらした株式の供給超過により1961年夏以降証券（株式）市場は低迷し，これが最終的に**証券恐慌**につながるのである。

3　証券政策の展開1

▶高度成長期後期：証券恐慌～1970年代前半

この時期の日本における経済・金融環境の特徴としては，第1に1966年1月に戦後初の国債が発行されたこと（**均衡財政主義**からの脱却）があげられる。しかし，この時期はその発行額が少なかったため，証券政策に大きな影響を与えることはなかった。第2の特徴として，経済の回復と国際化の進展があげられる。証券恐慌を経て経済は再び高度成長軌道へ回帰したことに加え，1964年のOECD加盟とIMF8条国移行に伴う対内直接投資の自由化推進への対応

などから企業の資金需要は旺盛であった。しかし，企業の自己金融の進展と個人金融資産の蓄積もあり，資金需給逼迫の度合いは証券恐慌以前より緩和され，これが証券政策を本格的に展開する余地につながった。

　こうした環境を背景に，証券政策の課題としては，証券不況の防止，株式市場の自由市場としての自律的展開，国債発行下の公社債市場の整備，証券市場の国際化があった。これらのうち重要な展開を示したのが最初の2つの課題であり，それに係わる政策の実施を通じて投資家保護の強化が図られた。

　証券不況の再発防止に係わる政策は1965年10月の証券取引法（証取法）改正によってその基本路線が敷かれ，1965年から71年頃にかけて精力的に実施された。具体的には次の4つに分類される。第1に，証券業務の登録制から免許制への移行（1968年4月）。第2に，取引所と業者団体（証券業協会）による市場や業者に対する監督，自主規制の強化。第3に株式流通市場対策（バイカイの禁止，自己売買抑制，信用取引改善など），第4にディスクロージャー（開示）政策（大蔵省による公認会計士への監督強化，監査法人制度創設）である。

　いずれも投資家保護の強化につながる重要な再発防止政策だが，証券政策の転換点を示すものとして重要なものは登録制から免許制への移行であろう。つまり，免許制への移行は対業者政策が証券恐慌以前までの事後的な「取締行政」から事前的な「予防行政」へと転換したことを示すと同時に，証券業への参入・退出が強く規制され，業者保護の強化につながったといえよう。

　第2の課題である自律的市場の育成とは，価格機能が十分に働く株式市場を育成することをいう。このためには，発行市場において株主額面割当発行から**時価発行**に移行し，市場実勢による増資の自動調節作用が働くようにしなければならない。政策当局は証券取引審議会（証取審）での議論などを通じて時価発行の普及を促し，1966年に日本通運が時価転換社債を，69年には日本楽器（現ヤマハ）が株式を時価で発行して以来，時価発行が徐々に浸透していった。

　しかし，時価発行が普及すれば供給圧力の緩和による高株価とそれに伴う株価変動の増大が生じるため，それに応じた流通市場対策および投資家保護政策が必要となってくる。前者に関しては引受業者による発行条件，株主へのプレミアム・利益還元などを規定した発行基準の申合せ（1970年4月に時価転換社債，72年4月に時価発行）が取り決められ，市場実勢を考慮しない時価発行の暴走が抑止された。後者に関しては，開示政策が推進され，1971年3月の証取法改正で有価証券報告書提出会社の範囲拡大，半期および臨時報告書制度創設，

有価証券届出書の虚偽記載に対する罰則強化が導入された。

最後に，国際化の進展への対応としては，1972～76 年にかけて国内市場の開放策を中心に次のような政策が実施された。外債発行に関する省令施行，外国投信の国内販売自由化，外国企業の国内での株式・社債発行に関する省令施行，外債の上場開始，海外業務における証券・金融の相互乗入れの実現などである。

▶安定成長期：1970 年代後半～80 年代

この時期の経済・金融環境の特徴は 2 つある。1 つは，経済が高度成長から安定成長へ移行したことである。この結果，企業の資金需要が縮小して銀行借入依存度が低下する反面，最大の資金不足部門は企業から公共部門（政府）に変化し，国債が大量に発行されるようになった。一方で，高い貯蓄率が維持されていたため，銀行は新たな収益機会として証券業務への参入を望んだのである。第 2 の特徴は，日本の国際競争力が高まり貿易黒字が増大するとともに，国内の金融・証券市場もそれに歩調を合わせて拡大していったことである。これは，アメリカを中心とする海外からみれば，日本の金融・証券市場でのビジネス機会の拡大を意味する。そのため，それまで閉鎖的であった国内市場の対外開放圧力を生んだ。具体的には，預金金利自由化を中心とする**金融の自由化**と**円の国際化**，並びに外国証券会社に対する取引所会員権の開放などである。

前項で述べたように証券恐慌以降，証券政策はその独自性を発揮していたが，この時期の政策は上述した国内外の問題に対応せざるをえなかった。具体的な政策課題として，第 1 に公社債市場の整備，第 2 に銀行の証券業務参入に対する証券法制の対応，第 3 に証券業務の対外開放圧力への対応があった。

(1) 公社債市場の整備

1970 年代後半以降，国債発行額の急増などから日本銀行は買いオペレーションにより銀行等が保有する国債を吸収しきれなくなった。そのため，銀行等保有国債の流動化が問題となり，1977 年 4 月以降，その売却制限が漸次緩和されていったのである（売却制限の完全撤廃は 1995 年 9 月）。国債流通市場の整備・拡大により需給を反映した価格が形成されるようになると，発行市場にもそれを反映させざるをえなくなる。結果的に，1978 年 6 月以降順次公募入札方式が導入されていき，長期金利の自由化が促進された。また，国債の大量発行は**債券現先市場**を拡大させ，それに応じて 1976 年 3 月に現先市場が大蔵省

により公式に認知された。現先取引は金利規制を受けない自由金利であったことから，現先市場の拡大は短期金融市場の側面から**金利自由化**を促したのである。

社債等についても，金利自由化の流れの中で発行市場の弾力化に関する政策が実施された。80年代前半までの主なものは，個別企業の年間起債枠撤廃・起債回数自由化，社債発行限度の拡大，新株引受権付社債（ワラント付社債）の創設である。また，有担保原則の見直しにより，1979年にはシアーズ・ローバック社（公募社債），松下電器産業（転換社債）による無担保債が発行されている。

しかし，起債会の存在，受託制度と担保重視といった制約により，物的担保の少ない高収益企業は制約の少ない海外市場で積極的に起債し，1980年代前半には国内市場の空洞化が深刻な問題となった。こうした状況を踏まえ，普通社債の無担保適債基準の緩和（1987年2月）などが実施されたが，その成果として最大のものは1988年4月の起債会廃止であろう。これにより社債発行における銀行関与の程度が低くなり，発行の自由度がかなり上昇した。

(2) 銀行の証券業務参入に対する証券法制の対応と対外開放圧力への対応

上述したように企業の銀行借入依存度低下や金利自由化による収益圧迫から，銀行業界は新たな収益機会としての証券業務参入を望んでいた。これを受けて，銀行による公共債の証券業務が行えるよう，1981年6月に銀行法が全面改正されると同時に証取法も65条を中心に改正された。具体的には，証取法に65条の2が新設され，認可を条件に銀行による公共債に係わる業務の参入が認められるようになったのである。これにより1983年4月から銀行による**国債の窓口販売**（窓販）が，1984年6月より**国債のディーリング**が開始された。

国際化に関しては，1980年12月に改正外国為替管理法が施行され，海外との資本取引が原則自由化された。それに先立つ1970年代前半までに非居住者による対内証券投資や証券発行は認められるようになっていたが，外国証券会社の国内業務開放は遅れていた。そうした中で，金融の自由化と円の国際化を求めるアメリカの外圧により**日米円ドル委員会**が設置され，1984年5月にその報告書が発表された。そこには日本の金融・資本市場の対外開放が記されており，これを受けて外国証券会社に対する免許が増えるとともに，1985年12月には東証がメリルリンチ等外国証券会社6社に対して初めて正会員として加入を承認した。

(3) その他の政策

上記以外の重要な政策として，先物市場の創設と投資家保護があげられる。まず，前者についてだが，前述したように戦後の取引所再開時には3原則により先物取引は禁止されていた。しかし，1970年代初めから80年代初頭にかけて英米では派生商品の取引制度が整備されていった。こうした国際的な流れと日本での国債市場の急拡大を受けて，1985年6月に証取法が改正され，同年10月から東京証券取引所で債券先物取引が開始された。さらに，1988年5月の証取法改正で（同時に金融先物取引法も成立），有価証券先物指数や有価証券オプション取引も解禁されたことにより，日本市場は1980年代後半に現物，先物，オプションのすべての取引手法を完備するにいたった。

1980年代後半の証券（特に株式）市場の活況に伴い事業法人等の取引参加者も増え，不適切な市場取引も目に付くようになってきた（85年の投資ジャーナル事件，87年のタテホ化学工業の財テク失敗など）。また，米英でも1980年代に不公正取引に関する規制が整備されてきたことから，証券市場の国際化の進展に伴い，取引ルールも欧米のレベルまで整備する必要もあった。そこで，1980年代後半には投資顧問業法（86年5月）などが成立したほか，1988年の証取法改正では**インサイダー取引規制**の導入，企業情報開示制度の改正などが行われた。また，1990年6月の証取法改正では株式等の大量保有状況に関する情報開示（5％ルール）の導入，公開買付制度の見直し等が整備され，投資家保護が図られている。

以上が1970年代後半から80年代にかけて実施された証券政策の概要だが，この時期には前述したデリバティブ取引制度の整備のように英米でも非常に重要な改革が行われている。それらの改革は次節で説明する1990年代の日本で実現されるものに通じることから，以下にその概略について説明しておこう。

▶**70年代後半から80年代にかけての米英における重要な証券政策**

まずアメリカでは，1975年に**売買委託手数料の完全自由化**と取引所集中義務の撤廃が実施された（手数料の完全自由化は5月1日に実施されたため「メーデー」と呼ばれている）。業務分野規制に関して，アメリカでも**グラス・スティーガル法**（GS法）により銀行業務と証券業務が厳格に分離されていたが，1987年以降，株式，社債等の引受・ディーリング業務による収入が総収入の一定割合以下である証券会社については銀行持株会社による保有を認めるという形で，そ

─── ● コラム㉒　ブローカーとジョバーの分離 ───────

「職能分化」は，証券流通業者の間でもみられた。その好例は，イギリスのロンドン証券取引所（LSE）における「ブローカー」と「ジョバー」と呼ばれるディーラーとの分離である。1986年の取引所改革まで，LSE では会員業者はブローカーとジョバーのどちらかしか選択できないことになっていた（これを single capacity と呼んだ）。ジョバーは立会場内に陣取って，担当銘柄の売り買い両方向の気配値を提示する。他方，ブローカーは顧客から売買を受注し，顧客に最も有利な気配値を提示しているジョバーを探し出し，彼と交渉して顧客注文の最良執行に努める。ジョバーは立会場内での自己売買に専念し，場外で顧客から受注することを禁じられる。他方，ブローカーは顧客注文に対して自己勘定で売り（買い）向かうことを禁じられる。

この LSE の内部ルールは，ブローカーとディーラーの間にある「利益相反」を排除するためのものといわれた。ブローカーは顧客利益を優先すべきであるが，ディーラーは自己の利益を追求するのであり，同じ業者が両者を兼営すると，自己（ディーラー）の利益を優先して顧客利益を損なうのではないか，というわけである。

single capacity は，固定手数料制によってブローカーが安定した収益基盤を約束されていたから成り立っていたのだが，1986年の手数料自由化とともに，安定収益基盤が失われたため，廃止された。ブローカー・ディーラー併営（これを dual capacity と呼んだ）の道が開かれたのである。

の分離規制が徐々に緩和されていった。最終的に，1999年の**グラム・リーチ・ブライリー法**（GLB 法）により，証券業務に従事する子会社の銀行による保有禁止が撤廃されている（コラム⑮→ 159ページ）。

イギリスでは，1986年10月にビッグバンと呼ばれる大規模な証券取引所改革が行われた。そこでは，売買委託手数料の自由化，単一資格制度の廃止（自己勘定で売買して値付けするジョバーと顧客注文をジョバーに取り次ぐブローカーの兼業の容認），外部資本の参加容認（銀行等による会員業者の買収や会員権獲得の容認），証券取引所の株式会社化容認が行われた。さらに，1986年には1986年金融サービス法が制定された。これによりシティの伝統であった業者による証券市場の自主規制は法的な規制・監督制度に取って代わられ，投資家保護が強化されるようになった。この法律は，後に証券のみならず銀行，保険を含めた金融商品・サービス全般の規制と監督を規定した2000年**金融サービス市場法**に全面的に改定された。この法律により単一の規制・監督機関として金融サービス機構

(FSA) が設立され，銀行・保険・証券等のすべての金融サービス業者を一元的に規制・監督するシステムが確立された。

4 証券政策の展開2

ここでは1990年代以降の証券政策の展開を説明する。この時期の最大の特徴は1980年代後半に生じたバブルの崩壊と経済構造の変化を受けての経済ならびに証券市場の低迷である。したがって，政策当局の焦点は，経済構造の変化により銀行部門において生じた余剰経営資源を市場中心の金融機能で活用し，ひいては間接金融偏重の金融構造を変革することであった。

この時期の重要な証券政策は，何といっても1992年の**金融制度改革法**成立，97年の**金融持株会社解禁**，98年の**金融システム改革法**成立である。前二者は金融業態間の相互参入を促す政策である。最後の政策はいわゆる**日本版ビッグバン**と呼ばれる証券政策の集大成であり，それにより**売買委託手数料の完全自由化**，証券業参入の原則登録制，取引所集中義務など証券業の規制緩和に係る重要な政策が実施された。これらの改革の主要なものは，前節3項で説明した80年代までの米英（特にアメリカ）における証券市場改革を敷衍したものである。つまり，日本の証券市場を活性化し，証券市場・証券業の国際的地位を維持・向上させるためには，米英に歩調をそろえた制度を導入せざるをえなかったのである。2000年代に入ってからもさまざまな証券政策がとられたが，2006年の**金融商品取引法**成立以外はこの1990年代の制度改革を補完するような政策といえよう。

▶金融制度改革法の成立と金融持株会社の解禁：業態間相互参入の幕開け

間接金融偏重の根本的原因は，終戦後に確立された**専門金融機関制度**にあり，それを見直すために金融制度調査会（金制調）は1985年9月に「専門金融機関制度をめぐる諸問題研究のための専門委員会」（制度問題研究会）を発足させ，その報告書が1987年12月に発表された。それを受ける形で，1988～91年にかけて金制調，証券取引審議会（証取審），保険審議会（保険審）による一連の検討を経て1992年6月に金融制度改革法が成立した（1993年4月施行）。

金融制度改革法により，証券取引法（証法）上の有価証券定義を広げると

同時に証券化関連商品の取扱業務を証券会社，銀行等が共有することとなった。[6]
しかし，証券政策の観点から最も重要な改革は，何といっても100％子会社形式での**業態別子会社方式**により銀行等の金融機関，証券会社による異業種金融分野への相互参入が可能となったことである。証券分野についていえば，証取法65条の3を設けて，銀行の証券子会社設立を許したのである。ただし，当初は，金融機関による証券業務の新規参入に伴う弊害防止の観点から，①業務範囲の制限（株式ブローカー業務の禁止，免許の条件により株式の発行業務と流通業務，転換社債・ワラント付社債・ワラントの流通業務，株価指数先物とオプション取引の業務を除外），②業務隔壁（ファイヤー・ウォール）の設置などの措置がとられた。このうち業務範囲の制限は段階的に緩和・撤廃され，1999年10月には株式ブローカー業務（顧客の注文による証券会社への書面取次サービス）も行えるようになったが，同時に，顧客保護に関しても，ほぼ証券会社並みの規制が加えられることになった。また，業務隔壁についても銀行と証券子会社の営業職員等による顧客への共同訪問の禁止，証券子会社の主幹事制限等が緩和された。さらに，2002年9月からは銀行と証券会社が同じ店舗で営業することが認められている。

　また，金融業態間の相互参入制度という点では，1997年の**金融持株会社解禁**も重要である。アメリカでは銀行・証券分離制度をとりながらも，すでに持株会社方式を使って弾力的な金融機関経営を行っていたが，日本では独占禁止法9条により持株会社の設立は禁じられていた。しかし，産業界からの強い要望もあり，1997年6月についに独禁法9条が改正され持株会社が解禁となった。さらに，金融持株会社に関しても，1997年12月の銀行持株会社等整備法（金融持株会社法）成立によりその設立が可能となった。金融持株会社制度とは，銀行，証券，保険といった金融機関を傘下子会社（直接，間接の株式保有比率が50％超）にもつ親会社が持株会社となって，グループとして金融業務を行う組織形態のことをいう。これにより，金融業態間の相互参入が柔軟に行えるようになったのである。

▶**金融システム改革法：日本版ビッグバン**
　1992年の金融制度改革法ならびに1997年の金融持株会社解禁により，金融業態間の相互参入について法制上の枠組みが一応は整備されたといえよう。しかし，証券市場の沈滞は90年代半ばになっても続いており，経済活性化のた

第10章 証券行政と証券政策   267

■表10-1　日本版ビッグバンによる主な改革

証券業務
株式売買委託手数料の完全自由化，証券業参入の免許制から原則登録制への移行（投資顧問業など一部の業務は認可制）

業務分野規制の緩和
銀行本体による投資信託の窓口販売・有価証券デリバティブ取引・資産担保証券等の新しい有価証券（特定目的会社の有価証券）に対する証券業務等の解禁，業態別子会社に対する業務範囲制限の撤廃

有価証券市場の改革
取引所集中義務の撤廃，私設取引システム（PTS）の導入

資産運用手段および方式の充実
有価証券の定義の拡充（証券投資法人の投資証券など），証券総合口座・ラップ口座の解禁，証券デリバティブ取引の全面解禁（有価証券店頭デリバティブ取引の導入），会社型投資信託（証券投資法人）および私募投信の導入，銀行本体による投資信託の窓口販売の解禁

投資家保護
連結ベースを主体とした会計情報開示制度への移行（連結財務諸表制度自体は1977年に導入されている），インサイダー取引規制等の公正取引ルールの整備，証券会社の行為規制の拡大と自己資本規制比率の見直し，証券会社の分別管理義務と退出規制の見直し，投資家および保険契約者保護のための「投資者保護基金」，「保険契約者保護機構」の新設

（出所）　福光・髙橋編［2007］などから作成。

めにも市場機能の活性化は重要な政策課題となっていた。

　1996年11月，当時の橋本総理は，2001年を目途に日本（東京）がロンドン，ニューヨークと並び立つ国際的金融・資本市場へ復権することを打ち出した。いわゆる「フリー・フェアー・グローバルな市場」を標榜した**日本版ビッグバン構想**である。この政策に係わる議論は証取審，金制調，保険審（以上3審議会は1998年に金融審議会として統合），外国為替審議会，企業会計審議会のそれぞれで行われ，その議論の中では「間接金融体制から直接金融体制」の方向が前面に出された。そのため，直接金融市場である証券市場の改革が中心となり，その改革の多くは1998年12月施行の**金融システム改革法**で実現した。同法にもとづき実現した主な改革は表10-1に整理した通りである。

　日本版ビッグバンでは多くの改革がなされたが，なかでも実質的に最も大きな影響力をもったのは**株式売買委託手数料の完全自由化**であろう。これにより，格安の手数料を武器にしたインターネット取引の急速な普及など，証券取引形

態に大きな変革がもたらされた。

▶1990年代のその他政策

　金融制度改革法や日本版ビッグバンといった華々しい改革の裏に隠れてしまっているが、1990年代にはほかにも非常に重要な政策が実施されている。第1に、投資家保護関係の政策である。まず、証券会社の財務健全性確保の観点から、1990年に**自己資本規制比率**が導入され、92年以降その適用が義務づけられている（第6章4節参照）。また、1991年に証券大手4社（当時）を中心とした法人顧客等への損失補塡などの証券不祥事が発覚し、これへの対応として、91年10月の証取法改正で損失補塡、一任勘定が禁止され、さらに、92年5月の改正では前述したように**証券取引等監視委員会**が設置された。

　第2の重要な政策は、公社債市場における諸規制・諸慣行の是正、撤廃が相次いで実施されたことである。具体的には、以下の措置がなされた。①社債発行限度規制撤廃、社債募集の受託会社を廃止して、**社債管理会社制度**を導入（1993年10月）、②5年物発行による社債年限の制約の事実上の撤廃（93年11月）、③私募債の1回当たり発行額・年間発行額・起債回数の制限の撤廃とCPの発行適格基準の実質的な撤廃（96年4月）、④**適債基準・財務制限条項**の設定義務づけの撤廃（96年8月）。このうち、最後の適債基準・財務制限条項の設定義務づけの撤廃は、社債発行の完全自由化措置として非常に重要な政策である。

▶日本版ビッグバン以降の証券政策

　日本版ビッグバンにもとづく諸改革は、2000年度末をもって一応完了した。しかし、これで証券市場に関するすべての改革が終了したわけではなく、2001年以降も証券市場の機能強化に向けた改革が進められている。具体的には、金融庁は2001年8月に「証券市場の構造改革プログラム――個人投資家が主役の証券市場の構築に向けて」、2002年8月に「証券市場の改革促進プログラム」、さらに2004年12月に「金融改革プログラム――金融サービス立国への挑戦」を発表している。これらのプログラムにもとづきさまざまな施策が行われた。具体的には、2003年以降の証券取引法の改正において、証券会社・投資信託委託業者・認可投資顧問会社の最低資本金の引下げ（1億円→5000万円）、取引所の持株会社制度の導入、証券仲介業制度の創設と銀行等への証券仲介業

務の解禁,証券決済システムの整備,**不公正取引**(インサイダー取引,**相場操縦**,風説の流布等)・発行開示書類・継続開示書類に関する課徴金制度の創設,**金融商品取引法**の成立などの措置がとられた。

　これらの改革はいずれも重要なものだが,包括的な意味で最も重要な改革は,2006年6月の金融商品取引法(金商法)の成立であろう(2007年9月に完全施行)。同法は従来の証券取引法,金融先物取引法,有価証券に係わる投資顧問業の規制等に関する法律,外国証券業者に関する法律を統合したものである。この法律の成立に伴い,他の金融関連法も含めて,投資商品・サービスに関する横断的に統一した投資家保護体系が確立し,その意味で証券政策の主要課題である投資家保護について1つの画期を迎えたといえよう。

　さらに金融庁は2007年12月に「金融・資本市場競争力強化プラン」を発表した。このプランにもとづき2008年の6月までに,日本版預託証券(JDR)の流通制度整備,現物拠出型上場投資信託(ETF)の多様化,外国会社が発行するすべての有価証券に対する英文開示の対象有価証券の拡大などの措置がとられた。さらに,2008年6月の金商法改正では,ETFの多様化,プロ向け市場の枠組み整備,証券会社・銀行・保険会社間のファイアー・ウォール規制の見直し,銀行・保険会社グループの業務範囲の拡大(イスラム金融など[7]),金商法上の課徴金制度の見直し等が措置された。また,2009年6月の改正では金融商品取引所と商品取引所の相互乗入れ,格付会社に対する公的規制(登録制の導入等),金融ADR制度(金融商品に関する顧客の苦情・トラブルを処理する紛争解決機関を創設する制度,Alternative Dispute Resolution)が,2010年5月の改正では,店頭デリバティブ取引等に関する清算機関の利用の義務づけ,取引情報保存・報告制度,証券会社の連結規制・監督等が導入されている[8]。これらの政策は,2006年以前の制度改革に比べれば,すでに確立された制度を補完するものといえよう。しかしながら,投資家保護の枠組み整備が一段落したことを受けて,証券政策の目的,課題の重点が産業競争政策としての市場活性化に移行していることをうかがわせる。

5 証券法制の概要

▶金融商品取引法の枠組み

金融商品取引法（金商法）は証券取引法（証取法）を改正してその名称を変更する形で2006年6月に成立し，2007年9月から全面施行された。形式的には証取法の改正だが，実質的には新法の制定といってよいほど法律の適用範囲および内容に変更が加えられている。

金融市場，特に証券市場が適切に機能するためには，次の2つの条件が必要であろう。第1に，企業や証券の価値が情報にもとづいて正しく評価されること（**市場の効率性の確保**），第2に市場が投資家にとって信頼され，アクセスが容易であること（**市場の公正性の確保**）。これらの条件を確保するために，金商法の第1条（目的）は，「この法律は，企業内容等の開示の制度を整備するとともに，金融商品取引業を行う者に関し必要な事項を定め，金融商品取引所の適切な運営を確保すること等により，有価証券の発行及び金融商品等の取引等を公正にし，有価証券の流通を円滑にするほか，資本市場の機能の十全な発揮による金融商品等の公正な価格形成等を図り，もつて国民経済の健全な発展及び投資者の保護に資することを目的とする」と規定している（下線は筆者）。つまり，下線「―」の部分で先に述べた第1の条件を満たすために企業情報の開示制度を規定している。また，下線「＝」部分で企業（発行体）と投資家をつなぐ証券取引所，証券会社等の証券関係機関の規制を定め，下線「〜」部分で**相場操縦**や**インサイダー取引**など**不公正取引**の禁止を定めることによって，第2の条件を満たすことを意図している。このように市場の効率性と公正性を確保することによって，最終的に「国民経済の健全な発展」および「投資者の保護」を図ることを目的としているのである。

上記の目的に関連した金商法上の具体的な諸制度のうち，不公正取引の禁止と開示制度については本節の以下の項で詳述するとして，ここでは，証取法から金商法への改正の特徴について説明する。

金商法への改正で重要な特徴は規制の「**横断化**」と「**柔軟化**」が図られたことである。まず，横断化は，投資家にとって同様の経済的効果をもたらす金融商品・サービスについては，同じような仕組みのもとで規制，保護が図られる

べきという考え方にもとづいている。従来は，同様の経済的効果を有する金融商品でも銀行業，証券業，保険業といった業態ごとに別々の法規制がなされていたほか，組合契約（各当事者が出資をし，共同の事業を営むことを約束する契約）などにもとづく各種ファンド（和牛商法など）には，いずれの業法でも規制されないといった問題もあった。金商法では，上述のようなファンドを集団投資スキームとして包括的に規制対象とするとともに，信託受益権，抵当証券，商品ファンドのように従来異なる法律で規制されていた金融商品も対象に含めている。また，業者に関しても，販売・勧誘，投資助言，投資運用，資産管理等を業務として行う場合には，第一種および第二種金融商品取引業，投資助言・代理業，投資運用業といった業務種別は設けるものの，金融商品取引業者としての登録を一律に課し，できるだけ共通の行為規制が適用されるようにしている。

　柔軟化には，業者を含めた市場参加者の特性の違いに応じて規制に差異を設けることによって，規制コストを抑制するだけでなく，規制が競争や市場の発展（効率性）をできるだけ妨げないようにする意図がある。具体的には次の3点において柔軟化がみられる。第1に，開示規制において流通性の高い証券と低い証券（私募債など）とで開示すべき情報に差異を設けること。第2に，業規制において上述した4つの業務に応じた参入規制を設けること。第3に，顧客を特定投資家（プロ）と一般投資家（アマ）に分けた上で，各投資家に対する行為規制に軽重をつけることである。

　なお，投資家保護の観点からはすべての金融商品を同一の法律で規制し，商品の特性ごとに同じルールを適用することが望ましいが，所轄する行政官庁の違いなどから金商法の制定においてそれは実現されなかった。そこで，金商法の適用外となったが，同じ経済的機能を有する金融商品については，それを規制する各法律で可能な限り金商法と共通のルールが適用できるよう改正が行われている。

▶不公正取引

　不公正取引は**インサイダー取引**と**相場操縦**等に大別することができる。インサイダー取引とは，会社経営者など未公開情報を入手できる地位にある者が未公開の重要情報を利用して行う証券取引をいう。インサイダー取引を認めると情報の公平性が損なわれ，投資家の取引が不活発となる可能性がある。結果と

して市場の流動性が失われ，市場機能（効率性）が損なわれるということが，インサイダー取引が禁止される主たる理由である。

インサイダー取引の規制は，アメリカにおいて 1980 年代以降に本格的に執行されるようになった。現在では SEC 規則（10b5-1・2）で定められている。また，イギリスや EU でも 1980 年代にインサイダー取引が正式に規制され，現在では各々 2000 年金融サービス市場法（パート 8）と市場阻害行為指令によって規制されている。なお，これらの法令では，インサイダー取引のみならず，後述する相場操縦等に対する規制も定められている。

日本では 1988 年の証取法改正によってインサイダー取引の禁止が導入され，現在では金商法 166 条で「内部情報」にもとづくインサイダー取引を禁止し，167 条で「外部情報」にもとづくインサイダー取引を禁止している。166 条では，①重要事実を知った，②会社関係者または（会社関係者から情報の伝達を受けた）情報受領者が，③当該事実の公表前に，④関係証券の売買を行うことを禁止している。167 条では，上記②が公開買付者等の関係者に変わる。

インサイダー取引に対する罰則は規制導入以来強化され，現行では自然人に対して 5 年以下の懲役，500 万円以下の罰金，またはその両方が，法人の場合には 5 億円以下の罰金が科される。インサイダー取引により得た利得は没収・追徴される。さらに，インサイダー取引は行政処分としての課徴金の対象になっているが，罰金と課徴金の併科は可能である。また，インサイダー取引の民事責任については，民法の不法行為規定に従って損害賠償を請求することとなる。

相場操縦とは，市場における価格形成（相場）を人為的に操作することをいい，金商法 159 条は相場操縦の行為類型として表 10-2 に掲げた 5 つを規制している。

相場操縦は価格形成を人為的に操作するという意味で市場（参加者）に対する詐欺的行為と解される。こうした詐欺的行為は自らが利益を得るのみならず，善意の市場参加者に対しても悪意をもって投資判断を攪乱させるという点で，インサイダー取引より悪質な不公正取引といえよう。そのため，相場操縦規定違反にはインサイダー取引より重い罰が科されている。具体的には，自然人の場合 10 年以下の懲役，1000 万円以下の罰金またはその併科があり，法人の場合には 10 億円以下の罰金が科される。さらに，相場操縦により得た利得は没収・追徴の対象となる。また，相場操縦行為は後述する風説の流布や偽計取引

■表 10 - 2　相場操縦の行為類型

行　為	概　要
1. 仮装取引	同一人が同一銘柄について同時期に売り注文と買い注文を出すように，有価証券等の権利の移転を目的としない取引。
2. 馴合い取引	複数の者が通謀して仮装取引を行うこと。
3. 変動操作	大量の売買注文を市場に出すことによって相場を人為的に変動させる行為。この場合，同じ大量の売買注文の発注でも，投資家にその相場が自然の需給関係により形成されたものであると誤認させて有価証券の売買取引に誘い込む目的を持って大量の売買注文を発注することが要件であり，いわゆる「見せ玉」取引（売買が盛んなように見せかけるために架空の注文を出し，約定が成立しそうになると取り消す行為）もこれに該当する。
4. 表示による相場操縦	相場が自己または他人の操作によって変動するべき旨を流布する行為，または有価証券の売買等を行うにつき虚偽または誤解を生じるような表示を故意にする行為。
5. 安定操作	相場を釘付けにし，固定し，または安定させる目的をもって一連の売買取引を行うこと。ただし，有価証券の募集・売出しの元引受証券会社が一定のルールに従って対象証券の市場価格を買い支える場合は違反行為とならない。

（出所）　黒沼［2009］などから作成。

とともに行政処分としての課徴金の対象となる。さらに，相場操縦の場合には金商法160条に民事賠償責任規定が定められている。

また，相場操縦に類した詐欺的行為の禁止規定として，金商法157条は有価証券の売買等について不正の手段・計画・技巧をすること等を禁じ（詐欺的行為の包括的な禁止規定），158条は，風説の流布（虚偽または不正確な情報を流すこと），偽計取引（事実を隠してまたは偽って取引を進めること），暴行・脅迫を禁じている。特に，現代では，インターネットを通じて虚偽または不正確な情報が容易に拡散できるだけでなく，取引所の自主ルールに則った開示情報に虚偽情報を載せた場合（ライブドア事件など）には法的な罰則が適用されないことから，風説の流布の規定は重要性が高まっている。

▶開示規制

金融商品市場（証券取引所）に有価証券を上場する場合，有価証券の発行者には，金商法および証券取引所規則により，企業内容に係わる一定の事項を開

■図10-2 開示制度の体系

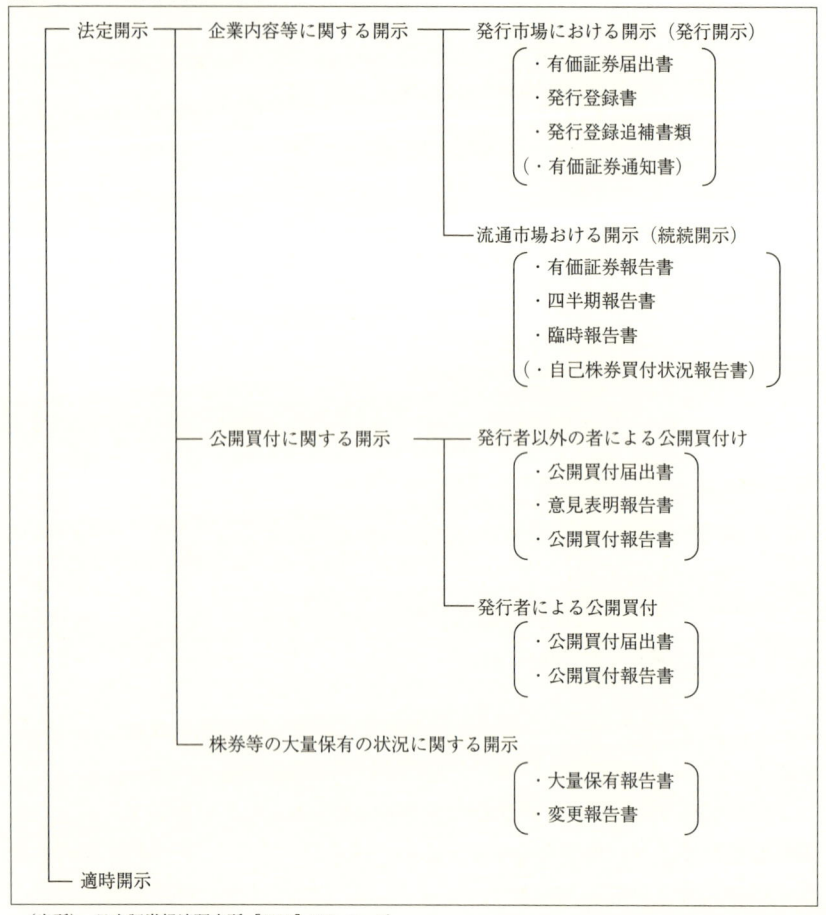

```
法定開示 ─┬─ 企業内容等に関する開示 ─┬─ 発行市場における開示（発行開示）
         │                          │   ・有価証券届出書
         │                          │   ・発行登録書
         │                          │   ・発行登録追補書類
         │                          │   (・有価証券通知書)
         │                          │
         │                          └─ 流通市場おける開示（続続開示）
         │                              ・有価証券報告書
         │                              ・四半期報告書
         │                              ・臨時報告書
         │                              (・自己株券買付状況報告書)
         │
         ├─ 公開買付に関する開示 ─┬─ 発行者以外の者による公開買付け
         │                        │   ・公開買付届出書
         │                        │   ・意見表明報告書
         │                        │   ・公開買付報告書
         │                        │
         │                        └─ 発行者による公開買付
         │                            ・公開買付届出書
         │                            ・公開買付報告書
         │
         └─ 株券等の大量保有の状況に関する開示
             ・大量保有報告書
             ・変更報告書

適時開示
```

（出所）日本証券経済研究所［2010］265ページ。

示することが求められる。このような規制を**開示規制**といい，金商法により求められる**法定開示**と取引所により求められる**適時開示**に区分される（図10-2）。開示規制は，会社の経営状況を開示して投資家の合理的な投資判断に資することを目的とするものであるが，それ以外にも後述する発行開示に関しては証券会社等による販売圧力から投資家を保護することも目的の1つと解されている。

法定開示には，発行市場において一定の内容の企業情報を開示する**発行開示**と定期的，継続的に一定の内容を開示する**継続開示**がある。これらは有価証券

の発行者に課されるものであるが，発行者以外に課されるものとして**公開買付けに関する開示**と**株券等の大量保有の状況に関する開示**（上場している株券等の保有割合が5％を超える場合に提出する報告書で，**5％ルール**と呼ばれる）とがある。また，これらの開示書類以外にも，上場企業は，事業年度ごとに，その属する企業集団・その企業に係わる財務計算に関する書類その他の情報の適正性を確保するために必要な体制について評価した内部統制報告書，有価証券報告書等の適正性に関する確認書を提出しなければならない。

　開示書類が整備されても記載内容が十分かつ正確でなければ意味がない。情報の正確性を担保する工夫として公認会計士・監査法人による監査，上述の内部統制報告書と確認書の提出があるわけだが，さらに虚偽記載を行った場合等に対する関係者の刑事責任，民事（損害賠償）責任，課徴金が金商法に定められている。特に，2005年前後に明らかになった虚偽記載事件（西武鉄道，カネボウ，ライブドアなど）以降，罰則強化の方向で進んでいる。なお，開示違反について，刑事責任は「虚偽記載」のみに，課徴金は「虚偽記載」と「記載すべき事項の不記載」に，民事責任はこの両者に加えて，「誤解を生じないために必要な事実の不記載」についても適用される。

　具体的には，刑事罰では，発行・継続開示違反とも，虚偽記載のある書類を提出した者（発行者の代表者など）に10年以下の懲役，1000万円以下の罰金，またはその両方が科せられ，発行者の代表者などが法人の財産または業務に関し虚偽記載を行ったときは，発行者（企業）に10億円以下の罰金が科せられる。行政罰（課徴金）では，発行開示違反には募集・売出し総額の2.25％（株券等は4.5％）の課徴金が課せられ，継続開示違反には，有価証券報告書の場合，600万円と有価証券の時価総額に10万分の6を乗じた額のいずれか多い額，四半期報告書・臨時報告書の場合にはその半額が課せられる。

　最後に近年の動きとして，**国際会計基準（IFRS）**の採用について説明する。IFRSは国際会計基準審議会（IASB）によって設定される時価ベースの資産負債アプローチを特徴とする会計基準であり，EUをはじめ世界各国で導入に向けた動きが進んでいる。日本でも，その任意適用については2010年3月期の年度財務諸表から一定の上場企業の連結財務諸表に認め，強制適用については2012年を目途としている。

6 証券税制

　日本の所得税制は基本的に総合所得課税を建前としており，その源流は戦後のシャウプ勧告にまでさかのぼる。現行税制の基本的枠組みは1987〜89年の抜本的改正で形成され，利子所得の一律源泉分離課税，非課税貯蓄制度の原則廃止，有価証券譲渡益の原則分離課税化など金融所得課税が抜本的に見直された。

　金融所得に対する課税のあり方としては，金融所得以外の課税と一体化して総合的に課税する考え方から，金融所得とそれ以外の所得にのみ分けた二元課税，さらには金融所得の源泉をさらに金融商品ごとの譲渡益，利子・配当等に細分化して細かく課税する考え方までさまざまである。日本をはじめとする主要国では金融所得の源泉ごとに細かく課税する方式が採用されている。また，1990年代の株式市場の低迷に対応して，後述するように市場振興策としてさまざまな時限的措置もとられている。

　1990年代後半から2000年代初頭にかけて実施された証券税制の改正としては，まず98年にストック・オプション，特定目的会社，会社型投資信託等に対する税制が整備された。1999年4月からは長年の懸案事項であった有価証券取引税および取引所税（先物・オプション取引に係わる税）が廃止されている。2000年にはエンジェル税制が拡充された。エンジェル税制とは，一定の条件を満たすベンチャー企業へ株式投資を行った個人投資家に対する税制優遇措置であり，制度自体は1997年税制改正で導入されている。また，2001年には長期保有株式の少額譲渡益非課税制度と緊急投資優遇措置が創設された。前者は保有期間1年超の株式の売却益を100万円まで非課税とする制度だが，2002年末で廃止された。また，後者は，2001年11月30日から02年末までに取得した株式を05年から07年末までに売る場合，購入額1000万円までを非課税とすることができる制度であり，この措置も予定通り07年末で廃止となった。

　さらに，2002年度および03年度の改正により証券税制が03年1月から大きく変わり，その後も変更が加えられている。改正の中心は上場株式などの譲渡益課税制度だが，それ以外にも配当課税と投信課税が変更されている。

　上場株式の譲渡益課税については，まず，①源泉分離課税を廃止して申告分

── ● コラム㉓　金融（銀行）規制と証券規制 ──────────

　本章第2節で述べたように，証券規制（政策）の究極的な目的は投資家保護にある。一方，西村［2003］によれば，金融規制（以下，銀行規制）の目的は信用秩序の維持と預金者保護の2つである。同じ金融市場に関する規制でありながら，証券と銀行の規制目的の意味合いは大きく異なるといえよう。これは両業務の特性に由来すると考えられる。

　証券業務の本質は投資家による証券売買の仲介である。したがって，証券業者の破綻による預かり証券・資金の保護という意味での投資家保護の比重は必ずしも大きくない（ただし，投資信託のような資産運用業に関してはこの意味での投資家保護の意味は大きいであろう）。むしろ，強引な勧誘などの業者による不適切な行為，インサイダー取引や相場操縦などの不公正取引，証券発行者による不適当な情報開示（または不開示）といった市場取引全般にわたる不適切な状況を規制・監督することによって投資家保護を図るのである。こうした投資家保護を徹底することを通じて市場の効率性を確保し，適切な資金配分を促すことになる。この意味で，証券規制における投資家保護とは，証券会社だけでなく，証券取引所や証券発行者を含めたいわば市場全体を規制・監督することによって達成されるのである。

　一方，銀行は預金者に対して預金という負債を負う反面，企業への貸出等の債権を獲得する。ここで重要なことは，銀行は預金口座を通じて社会全体に対して決済システムを提供しているということである。個人間，個人と企業間，または企業間の資金決済は支払い者の預金口座から，受け取る者の預金口座へ振り替えられることによって完了することを思い出してほしい。つまり，銀行規制における信用秩序の維持と預金者保護という目的は，銀行を保護することを通じて金融資産としての預金を保護すると同時に社会的な決済システムを守ることを意図しているのである。したがって，銀行規制の枠組みは，銀行行動の規制・監督が中心であって，預金者を含めた市場を対象とするものではない。

　このように証券業務と銀行業務との本質的な相違から，基本的には証券規制と銀行規制とが業態別に行われている結果，規制の隙間を生じさせ，また規制裁定（金融機関が規制の緩やかな分野の業務に走る）機会を与えている。また，金融持株会社等を利用した（複数の業態にまたがる）巨大な金融グループも生まれており，こうした金融グループに対する規制・監督のあり方も問題となっている。こうした状況を受け，世界主要国における証券・銀行・保険の各規制機関の国際機構で構成するジョイント・フォーラムは，2010年1月8日に報告書「金融規制の業態別特徴及び範囲のレビュー」(Review of the Differentiated Nature and Scope of Financial Regulation) を公表し，各業態の規制の整合性等につき分析・提言を行っている。

離課税に一本化する，②基本税率を 26% から 20%（国税の所得税が 15%，地方税の住民税が 5%）に引き下げる，③株式譲渡損失が出た場合，翌年以降 3 年間にわたって繰越控除できる，④投資家の申告負担を軽減する**特定口座制度**（簡易申告口座と源泉徴収口座の 2 つから選択可）を創設するといった基本的な変更が行われた。さらに，これとは別に，次のような時限的な優遇措置もいくつか講じられている。すなわち，① 2003 年 1 月から 07 年末までの 5 年間は，株式の保有期間にかかわらず 10%（所得税 7%，住民税 3%）の軽減税率が適用される，② 2001 年 9 月 30 日までに取得した株式を 03 年から 10 年末までの間に売却した場合，実際の取得費と 01 年 10 月 1 日終値の 80% のいずれか有利な方を取得費とすることができる。これらのうち，①の軽減税率の措置は，2007〜11 年度の税制改正を経て，2013 年末まで延長されている[9]。

上場株式の配当課税については，従来，配当を他の所得と合算して課税する総合課税（配当金額によっては源泉分離課税の選択も可能）が原則で 10〜37% の（所得）税率が適用されていた。しかし，2003 年 4 月からは基本税率 20% の源泉徴収による申告不要という制度が創設され，この申告不要または総合課税を選択する形式に改正された。なお，2003 年 4 月から 2008 年 3 月までの 5 年間は，配当課税に関しても上場株式譲渡益の場合と同様に 10% の軽減税率が適用されることとしていたが，2007〜09 年度の税制改正を経て，この措置は 2011 年末まで延長されている。さらに，2008 年度税制改正では，個人投資家の株式投資リスクを軽減するため，2009 年より，上場株式等の譲渡損失と配当との間の損益通算の仕組みを導入することとなった。2009 年は損益通算できる上場株式等の配当所得の金額は申告分離課税を選択したものに限られたが，2010 年からは源泉徴収口座内における損益通算が可能になっている。

最後に，公募株式投資信託の譲渡益と収益分配金についても，前者は 2003 年 1 月から，後者は 2004 年 1 月から上場株式の場合と同様に基本税率 20% の源泉徴収による申告不要または総合課税の選択へ改正された。さらに上場株式の譲渡益，配当と各々同じ期間 10% の軽減税率が適用されることとなった（この適用期間も上場株式の場合と同様に一連の税制改正により 2013 年末まで延長）。また，2003 年度以降の税制改正を経て，現在では公募株式投信の償還（解約）損益または株式の譲渡損と，上場株式または（異なる）公募株式投信の譲渡益とを損益通算することができる。さらに，2004 年度税制改正により，公募株式投信の譲渡損失が繰越控除制度（3 年）の対象となった。

・注

1) 厳密にいえば FSA は行政機関ではなく，業者の拠出金で運営される私的会社である。
2) 証券分野の審議会として，1952 年 9 月に大蔵省に証券取引審議会が設けられた。一方，銀行分野，保険分野においては金融制度審議会，保険審議会が各々設置されていたが，これら 3 審議会は 1998 年 8 月に金融庁のもとに金融審議会として廃止統合された。
3) 差別税制とは，法人税の段階で利子支払いは費用控除される反面，配当支払い原資には課税し，また，投資家段階では財産所得の課税に当たって配当課税より利子課税を軽くすることである。
4) 具体的には，公社債投資信託は，その解約払戻金に備えるためにも，行政指導により資金の 80% を新発債の購入に充てることとなっていた。しかし，実際には，債券の過剰発行に対応せざるをえず，払戻しのための準備金（投信準備金）を残す余裕はなかったのである。
5) バイカイとは，取引所を介さずに証券会社の内部において，売り注文と買い注文をつけあわせて売買を成立させる方法をいう。
6) 具体的には，有価証券概念の整備（証券または証書が存在しない権利，証券化関連商品，CP などを証取法の対象化），公募概念（人数基準，勧誘対象者など）の明確化，私募の導入（私募の取扱いを証券業務とし，証取法の対象化），証券化関連商品の開示規定の整備がある。
7) イスラム金融とはイスラム教の教義に則った金融取引をいう。原油価格高騰によりイスラム圏諸国の経済成長が高まっていることから，その資金を取り込むために近年ではイスラム金融への取組みがイギリス等で活発になっている。イスラム金融の特徴として次の 2 つをあげることができる。第 1 は，「金利」の概念がなく，つまり金利の受払いがないことである。第 2 に，「イスラム法の規範（シャリア）」に反するものに関連する金融取引は排除されるということである。たとえば，イスラム教では豚肉やアルコールの摂取が禁じられていることから，酒造会社への融資などは反宗教的なものとして排除される。
8) 一定規模以上の証券会社またはそのグループに関して，連結ベースでの自己資本規制，事業報告義務等が課されるようになった。
9) この軽減税率は 2013 年末に廃止されるが，その代わりとして 14 年から日本版 ISA (Individual Savings Accounts，個人貯蓄口座) が導入される予定である。日本版 ISA とは，証券会社等に開設した非課税口座で管理されている少額の上場株式，公募株式投資信託などにつき，この口座を開設した年から 10 年内に支払いを受ける配当・分配金や譲渡益に関して非課税となる制度である。

・参考文献

■引用・参考文献

川合一郎 [1981a]，「現段階における証券市場政策の課題」『川合一郎著作集 第 4 巻』有斐閣

川合一郎 [1981b]，「市場構造の変化と証券政策」『川合一郎著作集 第 4 巻』有斐閣

黒沼悦郎［2009］,『金融商品取引法入門（第3版）』日本経済新聞出版社
財務省財務総合政策研究所財政史室編［2003］,『昭和財政史：昭和49～63年度 第6巻 金融』東洋経済新報社
田坂元［1979］,「証券政策の展開と特質」川合一郎編『日本の証券市場――証券恐慌以後』東洋経済新報社
西村吉正［2003］,『日本の金融制度改革』東洋経済新報社
日本証券経済研究所［2010］,『図説 日本の証券市場 2010年版』日本証券経済研究所
福光寛・髙橋元編［2007］,『ベーシック 証券市場論（改訂版）』同文舘出版

■学習のための文献

▶日本の証券政策につき比較的簡潔にまとめて解説しているもの
　日本証券経済研究所［2010］,『図説 日本の証券市場 2010年版』(特に第2章と第17章),日本証券経済研究所

▶日米を中心に重要な証券政策につき証券市場・証券業の状況と関連させながら論じているものとして，日本証券経済研究所の証券経営研究会が取りまとめている以下の文献がある（いずれも発行所は日本証券経済研究所）。
　『金融市場の変貌と証券経営』(1998年),『証券会社の組織と戦略』(2001年),『証券ビジネスの再構築』(2004年),『金融システム改革と証券業』(2008年)

▶日本版ビッグバン以降の証券政策のあり方を示した文献
　蠟山昌一編［2002］,『金融システムと行政の将来ビジョン』財経詳報社

▶金融商品取引法に関して比較的わかりやすく解説している文献
　黒沼悦郎［2009］,『金融商品取引法入門（第3版）』日本経済新聞出版社
　山下友信・神田秀樹編［2010］,『金融商品取引法概説』有斐閣
　ただし，金融商品取引法はほぼ毎年のように改正されるので，新しい部分は下記の金融庁ホームページに掲載される資料で補う必要がある。

▶証券税制に関して比較的わかりやすく解説している文献
　『図説 日本の税制』(財経詳報社より毎年刊行)
　日本証券経済研究所［2010］,『図説 日本の証券市場 2010年版』(第16章),日本証券経済研究所

▶近年の証券政策を知るための情報源
　金融庁ホームページ（http://www.fsa.go.jp/）
　日本証券業協会ホームページ（http://www.jsda.or.jp/）
　日本銀行ホームページ（http://www.boj.or.jp/）

索引

● アルファベット

ABS →資産担保証券
AIG 249
APT →裁定価格理論
ATS 59
BIS 133
Capital Adequacy 166
CAPM →資本資産価格モデル
CBO 193
CDO 193
CLO 193
CMBS 193
CP →コマーシャル・ペーパー
ECN 58, 59
FB →政府短期証券
FRB →連邦準備制度理事会
FSA →金融サービス機構
Great Moderation の時代 87
IR 活動 223
ISDA 250
LBO →レバレッジド・バイアウト
M&A →企業の合併・買収
MBO 224
MBS →不動産向け担保ローン証券
MM 理論 72, 100
NASDAQ 124
NMS →全米市場システム
NYSE →ニューヨーク証券取引所
PBR →株価純資産倍率
PER →株価収益率
proxy fight 26
PTS 58, 59, 124
q レシオ →株価実質純資産比率
RMBS 193
ROA 131
ROE 131
SEC →証券取引委員会
SIV 125
SP500 66
SPV →特別目的事業体
SRI →社会的責任投資
SWF →政府系ファンド
TB →短期国債

● あ 行

アウト・オブ・ザ・マネー 239
悪性インフレ 74
アクティブ運用 191
アセット・ファイナンス 91, 104
アット・ザ・マネー 239
アノマリー 85
アルゴリズム取引 59
アンカバー・ポジション 242
アンダーライター 146
アンダーライティング 145
安定株主工作 207
安定配当 28
委託手数料 56, 163, 167
委託売買業者 145
委託売買業務 145
委託売買制度 53
委託売買手数料 145
委託保証金 127, 153
一括登録制度 156
一般信用取引 127
委任状合戦 26
イールド・カーブ 141, 152
インカム・ゲイン 28
インサイダー取引 119, 269, 270, 271, 272
インサイダー取引規制 263
イン・ザ・マネー 239
インデックス 188
インデックス・ファンド 84
インフレヘッジ 74
インベストメント・バンク 155
ウォールストリート・ルール 156, 195
受渡基準 168
売気配値 148
売出業務 146

売りヘッジ 234
永久国債 64
　──の理論価値 64
営利企業 36
営利性 12
エージェンシー問題 20
エンジェル税制 276
円の国際化 261
追い証 127, 233
欧州投資銀行 246
横断化 270
応募者利回り 138
大口取引 147, 196
オークション売買 120
オーダー・ドリブン 121
オーバー・ローン 92
オプション料 142
オープン市場 136
オープン・マーケット・オペレーション 140
オリジネーター 104
オールタナティブ 191
オンライン・ブローカー 167

● か 行

会員業者 147
会員制度 54, 123
買気配値 148
外国人投資家 125
解散 29
開示規制 274
会社型投信 179
回収業者 65
買取引受 146
外部資金 92
カウンターパーティ 247
価格の変動制 122
価格変動リスク 148
格付け 101
額面 18
　──の均一化 18
額面発行 97
カストディアン 66
化体 43
株価実質純資産比率 75, 76

株価指標 72
株価収益率 72, 130
株価純資産倍率 73, 76, 130
株価の先見性 81
株価のファンダメンタル要因 79
株券 44, 45, 46
　──の電子化 51
　──の不発行 48
株券失効制度 48, 60
株券不所持制度 48, 52
株式 15, 45
　──の相互保有 203
　──の持合い 203
　──の理論価格 64
株式50 231
株式会社 14
　──への転換 60
株式買取請求権 30
株式価格 63
株式指数オプション 238
株式大量保有報告書 219
株式投資収益率 72
株式投信 178
株式等の大量保有の状況に関する開示 275
株式なき株券 46
株式売買委託手数料の完全自由化 267
株式分割 71, 79, 96
株式持合い比率 76
株式流通市場 117
株式割当 97
株主 14
　──の権利 23
株主安定化工作 78
株主支配 199
株主総会 25
株主代表訴訟 29
株主代表訴訟権 29
株主平等の原則 23, 24
株主名簿 44
株主有限責任 23
株主割当額面増資 71, 80
株主割当額面方式 71
貨幣証券 47
空売り 137, 153, 164, 188
空売り比率 128

索引 283

借換債 107
為替リスク 245
換金売り相場 81
幹事会社 150
幹事証券 150
幹事手数料 150
間接金融システム 258
機会コスト 71
機関化現象 200
機関投資家 58, 73, 177
企業 11
企業グループ 203
企業再建整備 74
企業再生ファンド 191
企業集団 203
企業統治の問題 22
企業年金 183
企業年金連合会 181
企業の合併・買収 77, 153
企業買収 65
　　——などに関する相談業務・仲介業務 161
議決権 25, 63, 66
　　——の行使方法 26
擬制資本 64
基礎的リスク 166
既発債 135
逆日歩 127
キャピタル・ゲイン 28
共益権 23
業績相場 80
業態分離規制 174
業態別子会社方式 266
共同発行市場公募地方債 113
業務範囲の制限 161
均衡財政主義 259
銀行の自己資本比率 248
近代ポートフォリオ理論 86
金融近代化法 158
金融コングロマリット 158
金融債 174
金融サービス機構 253, 265
金融サービス市場法 264
金融資産 171
　　——の蓄積 174, 176

金融市場の均質化 194
金融システム改革法 265, 267
金融商品仲介業者 159
金融商品取引業協会 255
金融商品取引所 52
金融商品取引法 50, 254, 258, 265, 269, 270
金融審議会 256
金融政策 176
金融正常化論 259
金融制度改革法 161, 265
金融相場 81
金融庁 253
金融の自由化 261
金融持株会社解禁 265, 266
金融連関比率 171, 174
金融連関比率上昇 175
金利コストの抑制 112
金利自由化 262
金利変動リスク 244
空間的な資本の集積 21
クオーツ・ドリブン 121
クーポンレート 135
グラス・スティーガル法 158, 263
グラム・リーチ・ブライリー法 264
クレジットカードローン 175
経営支配権 63, 66
経営者支配 72, 199
経営リスク 66
経過利子 139
経済の安定化への寄与 112
経済の超安定期 87
継続開示 274
競売買 120
契約不履行 66
系列関係 208
ケインズ経済学 109
気配駆動型 121
減価償却費 92
現金担保付証券貸借取引 153
限月取引 233
現在価値 64
建設国債 107
減損処理 216
権利 45
　　——の売買 43

公開会社　12
公開買付　78
公開買付けに関する開示　275
公開市場操作　140
公債の中立命題　109
合資会社　15
公示催告　48
厚生年金基金　181
合同会社　15
行動ファイナンス　86
購入代金　238
公認会計士・監査審査会　253
交付国債　107
公募地方債　113
合名会社　15
効率的市場　84
効率的市場仮説　84
合理的無関心　33, 199
小型株効果　85
国　債　106, 174
　──のディーリング　262
　──の窓口販売　262
国債依存度　108
国際会計基準　275
国債市場特別参加者　110
国債市場特別参加者制度　111
国債発行が金融市場に与える影響の最小化（中立性）　112
国債発行政策　111
国民年金　181
国民年金基金　181
個人投資家　126
国庫短期証券　107
5：3：3：2規制　183
固定手数料制　56
5％ルール　275
個別証券オプション　239
個別発行方式　114
個別リスク　83
コーポレート・ガバナンスの問題　22
コーポレート・ガバナンスへの影響　195
コマーシャル・ペーパー　95
コール・オプション　142
コール市場　42
コンソル公債　64

コントロール・ディスカウント　78
コントロール・プレミアム　77
コンビネーション・ポジション　242

● さ 行

債　券　63
債券オプション取引　142
債券現先市場　261
債券現先取引　136
債券先物オプション取引　142
債券先物取引　141
債券貸借取引　137
債券ディーラー　140
債権の転売　41
債権の売買　42
債券利子　64
債券レポ取引　136, 137
再構築　75
在庫保有コスト　148
財産証券　63
財産所得　65
最終利回り　138
財政融資資金特別会計国債　107
裁定価格理論　85
裁定機能　152
最低固定手数料制　118
裁定取引　85, 152
財投機関債　113
才　取　121
財　閥　201
財閥解体　74, 78, 201
財務アドバイザリー業務　152
財務アドバイザリー・フィー　163
財務制限条項　100, 268
債務超過　29
債務不履行　95
先物の理論価格　234
先渡し取引　232
差金取引　231
サービサー　65
サブプライムローン　247
サブプライムローン問題　87
差別税制　258
残額引受　146
参照証券のデフォルト　247

索引

3ファクターモデル　85
残余財産　29
　——の分配を受け取る権利　29
残余財産請求権　29, 63, 73
自益権　23
時価会計　215
時価発行　260
時価発行増資　97
時間的価値　239
時間的な資本の集積　21
資金循環　92
資金余剰　92
自己株式の取得　217
自己金融　66, 91
自己資本規制比率　165, 268
自己資本充実　80
自己売買業者　146
自己売買業務　145
自己募集　149
資産管理業務　150, 152
資産管理手数料　153
資産証券化　96
資産担保証券　193
資産の証券化　104
資産・負債のミスマッチ　245
自社株買い　217
自主規制機関　254, 256
市場集中義務　53, 56, 118
市場の公正性の確保　270
市場の効率性の確保　270
市場誘導業務　162
市場利子率　64
市場リスク　83, 166
システマティック・リスク　83
私設市場　58, 59, 124
実物資産　171
品貸料　127
シナジー効果　77
支配証券　63
紙幣　49
私募投信　179
私募ファンド　188
資本還元　64
資本コスト　77
資本資産　64

資本資産価格モデル　82
資本証券　47
資本多数決制　19, 66
社員　13
シャウプ勧告　276
社会的責任投資　125
社債　174
社債管理会社　101
社債管理会社制度　268
社債受託制度　100
社債発行限度枠　100
ジャスダック　124
社団　13
社団性　12
柔軟化　270
住民参加型市場公募地方債　113
主幹事会社　151
需給相場　81
出資・拠出国債　107
出資者　12
主要目的ルール　222
種類株　95
純資産額規制　98
純投資　209
場外取引　117, 123
少額化　18
証券　45
　——の電子化　50
証券アナリスト　130
証券化　175, 192
証券化商品　66, 192
証券恐慌　259
証券業への影響　195
証券政策　256
証券貸借取引　151, 161
証券貸借取引業務　152
証券取引委員会　58, 253
証券取引再開三原則　231, 258
証券取引システムへの影響　196
証券取引所　53, 147
証券取引審議会　256
証券取引等監視委員会　253, 268
証券民主化運動　202
証券流通市場　117
証拠金　141, 153

証拠金取引　152, 233
証拠証券　44
上場　55
上場会社　12, 52, 55
上場株式　147
上場管理　119
上場管理制度　53
上場基準　55, 119
少数株主権　24
乗数効果　109
譲渡自由の原則　31
　株式の――　23
場内取引　117
情報開示　56
情報生産機能　149, 151, 156
情報の非対称性　151
剰余金の配当　27
　――を受け取る権利　27
除権決定　48
除権判決　60
除数　132
ジョバー　264
　――とブローカーの分離　157
ジョバー制　121
所有期間利回り　138
所有と経営の分離　15, 65, 66, 200
人為的な低金利政策　258
新株引受権付社債　102
新株予約権　102
新規財源債　107
新規上場　146
審査・起案機能　150
シンジケート団引受方式　110
シンジケート・ローン　94
真正売買　106
信託報酬代行手数料　161
人的資本　65
新発債　134
信用銀行　157
信用審査　151
信用取引　127, 152, 161
信用リスク　42, 248
スタグフレーション　86
ストック・オプション　102
ストック・オプション制度　34

スプレッド　121, 148
スペキュレーター　81
スペシャリスト制　121
スワップディーラー　245
政策投資　183, 184, 208
清算機関　250
制度信用取引　127
政府関係機関債　107, 113
政府系ファンド　125
政府短期証券　107, 136
政府保証債　113
生命保険　183
世界銀行　246
世界金融危機　140
セカンダリー市場　135
設権証券　46
1993年銀行法　158
全米市場システム　58
専門金融機関制度　258, 265
総額引受　146
増資　96
相乗効果　77
相場操縦　269, 270, 271, 274

●た　行
第2命題　72
第一種金融商品取引業者　255
代行手数料　163
第三市場　57
第三者割当　97
タイムリーディスクロージャー　119
第四市場　57
代理人問題　20
ダウ30種工業株平均株価　71
ダウ式修正株価　72
ダウ平均　71
立会場　54
単位株　98
単一資格制　117
短期金融市場　128
短期国債　107, 136
単元株　98
探索機能　156
単純株価　72
単純利回り　138

索引　287

単独株主権　24
単利　138
地方債　107, 113
中央銀行　42, 176
注文駆動型　121
長期国債先物オプション取引　142
長期国債先物取引　142
直接利回り　138
直利　138
定款　13
ディスカウント・オファー　78
ディスカウント・ブローカー　150
ディスクロージャー　56
ディストリビューター　146
ディストリビューティング　145
デイ・トレーダー　128
ディーラー　146, 148
ディーラー業務　160
ディーリング　145
手形　46
適債基準　100, 268
適時開示　119, 274
敵対的買収　35
テクニカル分析　130
手数料自由化　153
手数料割引業者　150
デッド・ファイナンス　91
デフォルト　66, 101
デリバティブ　151, 188
デリバティブ市場　152
転換社債型新株予約権付社債　102
店頭市場　56, 147, 148
店頭取引　117, 123, 135
登記　13
投機家　81
投機証券　63
倒産隔離　106
投資一任業務　154, 187
投資家保護概念　55
投資銀行　154, 155
投資顧問業　187
投資顧問業法　155
投資顧問業務　152
投資尺度　72
投資者保護基金　255

投資収益率　82
投資助言業務　154, 187
投資信託　155, 178, 187
――にかかる代行業務　161
投資信託委託会社　155, 161, 179, 187
投資信託業務　152
投資信託法　155
投資と投機の結合　72
堂島の米市場　232
東証株価指数　131
登録制　160
特定口座制度　278
特別決議　26
特別私募債　113
特別目的事業体　96, 104, 192
特例国債　107
特例有限会社　36
土地　63
特許権　65
トービンの q 理論　76
取引先リスク　166
取引所市場の形成　117
取引所取引　117, 135
取引所の株式会社化　123
取引所の公益性　123
トレジャリー業務　153
トレーダー　146, 148
トレーディング勘定　164, 168
トレーディング目的　248
トレーディング利益　163

● な　行

内部留保　28
ナショナルシ団方式　114
ナスダック　124
ナスダック市場　58
南海泡沫事件　19
日米円ドル委員会　262
日経平均株価　131
日経平均構成銘柄　235
日本銀行　140
日本証券業協会　139
日本相互証券　135
日本版ビッグバン　265
日本版ビッグバン構想　267

入札方法　110
ニューヨーク証券取引所　57, 124
認可金融商品取引業協会　255
認可制　160
認定金融商品取引業協会　255
値洗い　233
値がさ株　132
熱狂相場　81
ネット証券　128
年金　181
年金積立金管理運用独立行政法人　181
のれん　63
のれん価格　65, 77

● は 行

買収ファンド　77
配当　64
配当請求権　27, 63, 76
配当性向　28, 79
配当政策　28
配当利回り　28, 130
配当割引モデル　64, 72, 79
売買委託手数料の完全自由化　263, 265
売買差益　145
売買損益　163
バスケット取引　147
バーゼル規制　104
発行開始　274
パートナーシップ　126
バブル　88
バブル相場　81
バリュー株効果　85
反転効果　85
半値・八掛け・二割引　134
販売手数料　146
非営利企業　36
引受・売出業務　146, 160
引受業者　146
引受業務　145, 146
引受シンジケート　150
引受責任料　146
引受手数料　146
非ケインズ効果　109
非公開化　224
非公募地方債　113

非上場化　224
非上場会社　52
ビッグバン　118, 264
1株1議決権の原則　25
評価益　209
評価損　213
標準化　232
標準偏差　82
表面利率　135
ピンクシート　124
ファイヤー・ウォール　159, 161
ファンダメンタル分析　129
フォワード・為替スワップ　246
不況期の株高　81
含み益　209
含み資産　209
含み資産価値　75
含み損　213
複利　138
複利利回り　138
不公正取引　269, 270, 271
普通株　95
普通決議　26
普通国債　107
物的証券　63
プット・オプション　142, 238
浮動株比率　133
不動産投信　179, 191
不動産向けローン担保証券　193
プライベート・エクイティ・ファンド　191
プライマリー市場　134
プライマリー・ディーラー制度　111
プラザ合意　103
振替決済制度　50
フリーライド問題　33
ブルーデントマン・ルール　184
プレミアム　238
ブローカー　121, 145, 264
ブローカー業務　160
ブローカレッジ　145
プログラム売買　236
ブロックトレーディング　196
分散投資　83, 155
分売業者　146
分売業務　145, 146

索引

閉鎖機関　73
閉鎖機関指定　74
閉鎖機関令改正　74
ベータ　83
ベータ値　235
ヘッジファンド　85, 125, 188
ベンチャーキャピタル　191
法人　12
法人性　12
法定開示　274
保管業者　65
保管振替法　51
ポジション　148
募集・売出取扱業務（等）　146, 160
募集設立　36
募集手数料　163
募集取扱業務　145, 146
募集取扱手数料　146
発起設立　36
ボラティリティー　122
ボルカー・ショック　86
本質的価値　239
本来の資本資産　64

● ま 行

マイルドインフレーション　87
マーケット・インパクト　122, 195
マーケット・メーカー　148
マーケット・メーカー制　118
マーチャント・バンク　155
マネジメント・バイアウト　224
満期変換　41, 147
満期変換機能　42
みなし額面調整　132
ミラー（Miller, M. H.）　100
無因証券　46
無額面株式　98
無形資産価格　77
無償増資　96
メインバンク　93
メインバンク関係　208
メザニン　96
メーデー　263
モジリアーニ（Modigliani, F.）　100
持ち切り　156

元引受　151
モニタリング　151
モノライン保険会社　249
モーメンタム効果　85

● や 行

約定基準　164, 168
約定見返勘定　168
有因証券　46
優越的地位の濫用防止　158
有価証券　44, 48, 50
有価証券オプション　239
有価証券化　43
有価証券担保金勘定　164
有価証券取引税　136
有限会社　15
有限責任原則　14
有償増資　96
優先株　95
要求資本利益率　77, 79
預金者保護と銀行経営の健全性確保　158

● ら 行

ラップ口座　153
利益処分権　66
利益相反防止　158
利害関係者　12
利潤証券　63
リスク　82
リスク調整済み割引率　64
リスクフリー　140, 234
リスク・プレミアム　80
リスクヘッジ　129, 151
リストラクチュアリング　75
リターン　82
リバース・レポ　137
利回り革命　66, 175
利回り曲線　152
リーマン・ブラザーズの倒産　87
流動性リスク　42
劣後株　95
レバレッジ　131
レバレッジ効果　71
レバレッジド・バイアウト　200
レポ取引　151, 153

レポ・レート　137
連邦準備制度理事会　159
65条1項　161

● わ 行

割引率　64

■ 編者紹介

二上　季代司（にかみ　きよし）
1952 年　大阪府に生まれる
1980 年　大阪市立大学大学院経営学研究科博士課程単位
　　　　取得退学
現　在　滋賀大学名誉教授，日本証券経済研究所主席研
　　　　究員
主　著　『日本の証券会社経営』東洋経済新報社，1990 年

代田　純（しろた　じゅん）
1957 年　神奈川県に生まれる
1989 年　中央大学大学院経済学研究科博士課程満期在籍
　　　　中退
現　在　駒澤大学経済学部教授
主　著　『日本の株式市場と外国人投資家』東洋経済新報
　　　　社，2002 年

証券市場論
Securities Markets　　　　　〈有斐閣ブックス〉

2011 年 4 月 5 日　初版第 1 刷発行
2021 年 4 月 25 日　初版第 5 刷発行

編　者　　二　上　季代司
　　　　　代　田　　　純

発行者　　江　草　貞　治

発行所　　株式会社　有　斐　閣
　　　　　郵便番号 101-0051
　　　　　東京都千代田区神田神保町 2-17
　　　　　電話 (03)3264-1315〔編集〕
　　　　　　　 (03)3265-6811〔営業〕
　　　　　https://www.yuhikaku.co.jp/

印　刷　　株式会社三陽社
製　本　　大口製本印刷株式会社

© 2011, K. Nikami, J. Shirota. Printed in Japan
落丁・乱丁本はお取替えいたします。
★定価はカバーに表示してあります。
ISBN 978-4-641-18393-3

|JCOPY| 本書の無断複写（コピー）は，著作権法上での例外を除き，禁じられています。複写される場合は，そのつど事前に（一社）出版者著作権管理機構（電話03-5244-5088, FAX03-5244-5089, e-mail:info@jcopy.or.jp）の許諾を得てください。